謀反は成功しない。その理由とは?
成功した謀反を誰も謀反とは呼ばないから

ジェームズ・ハリントン
(十七世紀英国の政治哲学者)

小林正信 著

伊賀越え

光秀はなぜ家康を討ち漏らしたのか

淡交社

伊賀越え——光秀はなぜ家康を討ち漏らしたのか　目次

凡例

※本書で使用する史料について、略称で記したものは左記の通りである。

『信長文書』→奥野高広『増訂織田信長文書の研究』(上・下、補遺、索引吉川弘文館)

『秀吉文書』→名古屋市博物館編『豊臣秀吉文書集』(一〜七)

『家康文書』→中村孝也『徳川家康文書の研究』(上・中・下之一、下之二)

『愛知県史』→『愛知県史』資料編⑪　織豊1

『三宅家史料』→『明智一族三宅家の史料』(清文社、二〇一五年)

『宗及他会記』→『宗及茶湯日記』(天王寺屋会記)他会記(淡交社、二〇二一年)

『宗及自会記』→『宗及茶湯日記』(天王寺屋会記)自会記(淡交社、二〇二三年)

※引用文にある(　)書きは、著者によるものである。また、読みやすくするため、原則書き下し文にしている。

※本文に記載する研究者の肩書は、令和六年(二〇二四)三月時点のものである。但し、故人には「故」を付し、最後の肩書を記している。

※従来、「後北条氏」と表記された伊勢盛時流北条氏については、故・渡辺世祐明治大学教授以来、故・杉山博東京大学教授、小和田哲男静岡大学名誉教授など多くの研究者の業績に鑑みて「伊勢北条氏」と表記することにする。

※細川藤孝は天正元年(一五七三)に長岡に改姓しているため、それ以前は細川(長岡)とし、それ以降の表記は「長岡(細川)」としている。なお、嫡子・忠興の代に細川姓に戻しており、細川忠興で統一する。但し、親子表記と光秀の関連では、長岡姓を用いる。

はじめに
天下分け目の「草内《くさじ》・飯岡《いのおか》の戦い」

天正十年（一五八二）六月二日未明、明智軍が織田信長の宿舎・本能寺を取り囲んだ。ほぼ同時に織田・徳川双方から「光秀謀反《むほん》」の急報を伝える伝令は、徳川家康主従の宿舎があった和泉国堺（現・大阪府堺市）へ向かった。その後、信長の生害などの情報は随時更新されていったことはいうまでもない。早朝、家康のもとに重臣の酒井忠次《ただつぐ》、石川数正《かずまさ》、本多忠勝《ただかつ》、榊原康政《やすまさ》、織田家接待役の長谷川秀一《ひでかず》などが集まり、今後の対応策を協議した。結果、本文中（116頁）で示す三つあった回避・逃亡ルートは明智方によって塞《ふさ》がれており、すでに袋のネズミであるという結論に達した。その他、別の本国三河（現・愛知県）帰還案もあったが、この時点では裏付けが取れなかった。家康は信長の後を追い、京都にある浄土宗総本山知恩院《ちおんいん》で切腹する覚悟を決めた。ともかく、家康主従二百五十名余りは堺を出た。これは「死出の上洛」であった。

ところが、河内国《かわちのくに》飯盛山《いいもりやま》（大阪・生駒山地北端）付近で本国帰還案の成否を確認すべく偵察から戻った本多忠勝と京都から駆け付けた政商の茶屋四郎次郎《ちゃやしろうじろう》は、帰還可能との報告を行った。そこで家康は「伊賀越え」による本国帰還を決断した。忠勝は、明智軍が上陸想定地である橋本《はしもと》湊《みなと》（現・京都府八幡市）に未だ到着しておらず、山崎方面にも動きがなかったことで、家康襲撃計画が遅れている事実を確認した。しかし、完全武装の明智軍の来襲は時間の問題であった。忠勝は家臣に明智軍の動きを見張らせ、発見した段階で狼煙《のろし》をあげるように命じた。それはこの時代の伝達手段としては常識である。

読者の皆さんの中で「草内《くさじ》・飯岡《いのおか》の戦い」（現・京都府京田辺市）を知っている人はいないだろう。研究者でも明智軍と徳川軍の戦いがここであったことは初耳のはずである。草内は、国道三〇七号を大阪府枚方《ひらかた》市方面から京都府京田辺市に入り、木津川に架かる山城大橋の手前の西岸付近にある。また、飯岡は木津川沿いにあり、草内の南隣に位置する。確かに天正十年六月二日（現在の六月下旬頃）の昼下りから夕刻にかけて起きたこの戦いは、ごく小規模なものであった。弓・鉄砲などの飛び道具を持たず、甲冑も身に着けていない徳川の諸卒《しょそつ》（護衛・雑用の侍）は二百余人であった。これに対して明智軍は完全武装であったが、それでも千人程度であったと思われる。しかし、この「草内・飯岡の戦い」は「山崎の戦い」「小牧《こまき》・長久手《ながくて》の戦い」「関ヶ原の戦い」に勝るとも劣らない天下分け目の戦いであり、その歴史的意義も勝るとも劣らない。

飯岡でほぼ全滅することになる徳川の行列は、尊延寺《そんえんじ》峠（現・大阪府枚方《ひらかた》市）を抜けてしばし休憩した後、木津川の上流に位置する「藪《やぶ》の渡し」（現・京都府相楽郡精華町《そうらくぐんせいかちょう》）方面に向かった。彼らは家康の影武者となった甲斐《かい》国（現・山梨県）の武将・穴山梅雪《あなやまばいせつ》と小荷駄《こにだ》奉行・高力清長《こうりききよなが》に率《ひき》いられていた。もし、注意深くこの行列を観察したならば、堺を出発した時に比べて総勢は二割ほど減っていたことに気づいたであろう。

一方、「草内の渡し」から木津川の東岸にたどり着いた面々は、家康をはじめ、宿老の酒井忠次、石川数正、本多忠勝、榊原康政の他、石川康通《やすみち》、菅沼定政《すがぬまさだまさ》、高木広正《ひろまさ》、大久保忠隣《ただちか》、同忠《ただ》佐《すけ》、阿部正勝、本多信俊《のぶとし》、牧野康成《やすなり》、久野宗朝《くのむねとも》、三宅正次《まさつぐ》、森川氏俊《うじとし》、渡辺守綱《もりつな》、服部正成《まさしげ》、酒井重勝《しげかつ》、松平康忠《まつひらやすただ》、天野康景《あまのやすかげ》、本多藤四郎《とうしろう》、花井吉高などであり、その多くが後に譜代大名となった。さらに、伝令の武士・長谷川秀一、穴山梅雪の側近や小姓《こしょう》なども若干名いた。

また、家康の有力家臣の子弟である小姓たちも随伴していた。彼らの中には後に四天王に加えられた近江国佐和山十八万石の井伊直政《いいなおまさ》（二十二歳）、出羽国山形二十二万石の鳥居忠政《とりいただまさ》（十七歳）、下総国《しもうさ》古河《こが》七万二千石の永井直勝《ながいなおかつ》（二十歳）をはじめ、菅沼定利《さだとし》、松平玄成《まつだいらはるしげ》、松下光綱《みつつな》、青木長三郎《ちょうざぶろう》、小沢忠重《おざわただしげ》、三浦おかめ（正重《まさしげ》か）、内藤新五郎などがいた。彼らは江戸幕府創世期にその中心的存在となった。木津川を渡河《とか》した家康主従は、五十名前後であろう。

家康主従などが小舟で渡った木津川は、布引《ぬのびき》山脈を源流とし伊賀から南山城を経て淀川と合流する一級河川である。この日の木津川は前日の雨で増水していた。逃亡する側にとってそれは天からの恵みであった。また、季節柄、川辺の草は生い茂り、見通しも悪かった。冬枯れの川辺であれば、結果は変わったかもしれない。

俗にいう「伊賀越えの危難」とは、家康とその重臣・小姓たち数十名が「草内の渡し」から対岸（東岸）に渡る「木津川渡河《とか》作戦」のことである。いわば、これは二段ロケット作戦であった。成功のカギは、一段目のロケットである家康主従が増水した木津川を渡河し、二里（約八キロ）ほど先にある織田家奉行人・山口秀景《ひでかげ》の城（現・京都府宇治田原市）まで遁《のが》れることができるか、否かであった。そこからは織田家の支配地域であり、安全圏であった。

そして、二段目のロケットは、穴山梅雪と高力清長に率いられた二百余名の徳川家臣たちで、彼らは囮《おとり》である。彼らは最後の一人になるまで明智軍に抵抗して時間を稼ぎ、明智軍の注意を一段目のロケットから明智軍の注意をそらすことが最後に与えられた使命であった。

この戦いでの明智軍の損害は、大将格の一人を失ったものの軽微なものであった。しかし、明智軍にとっては取り返しがつかない敗北となった。たとえ真正の家康主従に気づいたとしても渡河した後では、明智軍は増水した川を渡って追うことができなかった。これらの川舟は先乗りした本多忠勝が、「草内の渡し」周辺でかき集めたものである。明智軍に舟はなかった。

明智軍の最大の敗因は、直前に家康襲撃を指揮することになっていた総大将が行方不明となり、その混乱によって襲撃計画が半日遅れたことにあった。しかも、この総大将が消えたことで、明智軍には家康や重臣たちの顔を知る者がいなかった。明智軍は発見した徳川の行列を全滅させる他なかった。これに手間取って時間を費やしたことも災いした。

もし家康主従が全滅した場合、「桶狭間の戦い」で惨敗した今川氏、「長篠《ながしの》の戦い」で大敗した武田氏以上に事態は深刻であった。家康の嫡子となった長丸《ちょうまる》（秀忠）は四歳である。家康以下重臣や有力家臣の大半を突然失った徳川家は、解体されて領国の三河《みかわ》・遠江《とおとうみ》・駿河《するが》は北条氏《ほうじょううじ》政《まさ》などに侵略されるなどして草刈り場になったに違いない。

動機はともかく、この期に光秀が決起した理由は明確である。それは信長と嫡子・信忠《のぶただ》、家康と重臣たちを一網打尽にする千載一遇の好機が到来したからである。光秀がその気になれば、信長・信忠親子についてはいつでも討つことができた。しかし、信長の盟友である家康が領国にいたならば、弔い合戦のために進軍してくることは自明であった。光秀はその後の展望が描けなかった。「織田・徳川同盟」は「明智光秀の乱」を防ぐ安全装置として機能していた。

裏を返せば、家康の「伊賀越え」の成功は、光秀の破滅に直結した。家康主従の本国帰還を許せば、家康は毛利氏との戦い（「西国出陣」）のため待機していた当代最強の軍勢を率いて一か月以内に戻ってくる。これは正しく信長の弔い合戦でもあり、しかも徳川の大軍は、織田家の北陸方面の総大将・柴田勝家と関ヶ原付近で合流することも予期された。光秀は「山崎の戦い」に勝利したとしても、東部で壊滅的な敗北を喫することは必定であった。

そこで、本書の副題でもある「なぜ光秀は家康を打ち漏らしたのか」という問題は、「伊賀越え」の意義そのものであると共に、いわゆる「本能寺の変（明智光秀の乱）」の全体像を把握する上でも避けては通れない最大の疑問として立ちはだかる。「明智光秀の乱」について計画性はなかったと考える人もいるが、そうではない。信長と信忠を討った段階で光秀は用済みとなり、自他共に盟友と信じられた人物が、はしごを外した事実を知らないからである。不覚にも光秀も全くそれを予期していなかった。この裏切りはもとより確信犯であった。

一方、家康は当事者である。その全容を知りたいとの思いは、今日の歴史学者の比ではない。しかも家康は強制力を行使できる最高権力者であり、存命中に証人や証拠にも事欠かなかった。家康は「明智光秀の乱」も「伊賀越え」も天下および織田家簒奪《さんだつ》を狙った二人の手品師のグランドデザインの中に組み込まれていた事実を知った。著名な手品師、スティーブ・コーエンは「要は常に先を読まなければならない。本当に先を読めば、自分でそのゲームのルールを定め、他の人を従わせることができる」といったが、これは事前準備の重要性を語っている。

　信長の有力家臣の一人にすぎなかった無位無官の羽柴秀吉は「明智光秀の乱」の三年後に関白となった。秀吉は信長と織田政権の内情を知り尽くしていた。キング《（関白）》メーカー（意中のキングを擁立する一方、自らは表舞台に立たず、裏で大きな影響力を持つ人物）は誰なのか。それは当時、自他共に光秀とは「一体の侍」とされていた長岡（細川）藤孝《ふじたか》であった。信長の存命中に秀吉と藤孝両者が水面下で共謀していたならば、信長と光秀双方をコントロールして両者を同時に破滅させることを意図した「複合謀反《むほん》」の計画は実現可能であった。

　果たして、実際に秀吉と藤孝は「明智光秀の乱」を前提にして織田家と天下の乗っ取りを計画していたのか。本書では信長存命中のフライング・スタート、秀吉と藤孝両者の事前準備の実態について、いくつかある極めて不自然な事例を具体的に考察していくが、それだけではケネディ兄弟暗殺事件と同じく迷宮入りしてしまう。そこで、「伊賀越え」の実態を再構成することで、連鎖する疑惑をつなぎ合わせていく。そして、最後に事前準備があったことを示す決定的な証拠（史料）を長岡（細川）藤孝につきつけよう。この史料は、改竄《かいざん》前と改竄後のものが現存することから言い逃れはできない。

なお、本書で使用する歴史用語「明智光秀の乱」は、高校教師の故・武田忠利氏が政権転覆《てんぷく》を狙ったクーデターを「本能寺の変」と呼ぶことは論理矛盾であるとして提唱した仮称である。「変」は水戸浪士が大老・井伊直弼《なおすけ》を襲撃し暗殺した「桜田門外の変」のようなテロを意味する。また、関白などを歴任した同時代の公家・近衛《このえ》前久《さきひさ》は「明智《あけち》乱《らん》之《の》刻《みぎり》」と記している事実がある（『禁裏・公家文庫研究』第九輯）。「本能寺の変」の呼称が定着したのは近代以降であり、慣習的に使用されているにすぎない。その全体像を示す歴史用語も必要である。それは「天正十年六月政変」が適当かもしれない。

では、「伊賀越え」作戦で本国帰還を果たした全貌を、時間軸で区切りながら解説していくこととしよう。これは奇跡ではなく、奇術であったことから、秀吉と藤孝によって巧妙に仕組まれた家康救出計画についても説明しなければならない。それがなければ、家康主従の運命は、もっと堺に近い場所で影武者・穴山梅雪と囮《おとり》の徳川家臣団の末路と同じ結果になっていた。

この計画がなかった場合、あるいは不発に終わったならば、徳川幕府など夢のまた夢の話となったことから、より実態に即して検証しその再現を試みることは、極めて重大な意味を持つことになる。なぜ秀吉と藤孝は、光秀に信長と信忠を殺害させ、一方で、家康を堺から救出する必要があったのか。本書は、秀吉と藤孝両人が作り上げた脚本にもとづく叙述である。

天正十年五月十二日

三河国岡崎出発◉家康上洛と信長の政権構想

遠江《とおとうみ》国の浜松城（現・静岡県浜松市）を発った徳川家康と重臣たちは、天正十年（一五八二）五月十一日に三河国岡崎（現・愛知県岡崎市）に着き、翌十二日に雨の中、領国を離れて近江国安土（現・滋賀県近江八幡市）へ参勤に向かった。留守居役を任された深溝《ふこうず》城（現・愛知県額田郡《ぬかたぐん》幸田《こうた》町）主・松平家忠は、二百五十名ほどの家康主従を小坂（現・愛知県豊田市）まで見送った。家忠が記した『家忠日記』は、家康をはじめ信長や秀吉の動向、有力国人の日常を記す重要史料である。

三週間後の六月四日に、家康主従は「伊賀越え（伊勢路）」から大浜（現・愛知県碧南市）に戻ってきた。家忠は三河を出発した時にはいたはずの兵卒二百余名がいないことに驚いた。家忠は「此方《この》、ご人数、雑兵共二百余うたせ候」と記している。「うたせ」とは「捨て石」にしたという意味である。確かに「伊賀越え」は奇跡的な生還ではあったが、命からがら逃げ帰ってきたことは間違いない。一体、この安土参勤・上洛の本来の目的は何であったのか。

家康の安土参勤について『信長公記』は、「駿河《するが》・遠江の拝領の御礼」と記しているが、それは名目にすぎない。結論からいえば、家康の安土参勤・上洛は信長の政権構想に連動していた。この政権構想は未完となったことから、多角的に織田政権の権力構造を説明する必要が生じる。当時の権力構造の大枠を確定させなければ、細部を記しても薄っぺらなものになってしまうに違いない。それは柱のない家と同じである。そのため、第一級の研究者の珠玉の業績を屈指することになるので、高度すぎると感じることがあるかもしれない。それでも読者の皆さんが理解できない内容ではないと考えている。また、読み進むにつれて次第にそれはクリアになっていくこともあると思われる。

◆家康の安土参勤と上洛

家康の上洛は、当初、前年の天正九年四月に予定されていた。遠江はともかく駿河拝領は、天正十年三月の「甲州征伐」の後の話である。天正九年四月の安土参勤・上洛については『家忠日記』に記されている。家忠は同年四月五日の条で家康が上洛するので安土への土産の金、馬《うま》、鎧《よろい》を家臣たちに上納させたと記している。原文は「家康御上洛について、安土御ミやケ（土産）金、馬鎧各国衆へ御宛候、手前三かけ当候」である。家康はすでに各国衆に上納金や現物での徴収を命じていた事実からも、上洛の中止は織田側の事情と考えなくてはならない。家康の真の目的は安土参勤ではなく、上洛であった。

また、天正七年（一五七九）十月二十四日に惟任《これとう》（明智）日向守《ひゅうがのかみ》光秀も丹波・丹後を信長から拝領し安土へ礼に行っている。しかし、光秀は家康のごとく重臣たちを引き連れて安土へ参上したわけではない。光秀は信長に礼を済ませた後、自分の領国に戻っている（『信長公記』）。

ところが、家康主従は安土参勤の後、領国へは帰らず、五月二十一日に信長の嫡子・織田信忠と共に安土を発って上洛している（『信長公記』）。そして、家康主従は同月二十八日には大坂城で一泊し、翌二十九日（晦日《みそか》）に和泉国堺へ入府した。家康の上洛は、元亀元年（一五七〇）十月以来十二年ぶりのことであった。堺訪問は、時間つぶしのための余興にすぎなかった。『信長公記』は、大坂と奈良への見物も予定されていたとする。これは信長と朝廷との交渉を待つ必要があったからである。

そもそもこの時代に丸腰で参勤することは、長年の盟友である信長といえども極めて危険な賭けであった。たとえば、「明智光秀の乱」の三か月後の九月に長岡（細川）藤孝は、丹後国（現・京都府北部）の名門・一色五郎を同国の宮津城（現・京都府宮津市）に招き入れ、騙《だま》し討ちにして丹後一国を手中に収めた。一色五郎には藤孝の娘が嫁いでいた。さらに、信長も病気と偽り、弟・信勝が清洲《きよす》城（現・愛知県清須市）に見舞いに来たところを殺害している。

そんなことは家康主従も百も承知していた。今回の上洛も相当な覚悟を持ってなされたものであった。家康主従には命がけで果たさなければならないだけの重大な事由があったことになる。それほどの重大事とは何か。

ここで特に注視しなければならないことは、永禄五年（一五六二）正月に成立し、以来、大きな成果をもたらしてきた「織田・徳川同盟」は当時、危機的な状況に陥っていたことである。家康主従の安土参勤・上洛の真の目的は、同盟の正常化と修復にあった。信長はこの問題を発展的に解決し最終的に同盟を更新することを決断して家康にその旨を提案し、家康もこれを受諾した。この信長の提案は、家康のみならず酒井忠次を筆頭に四人の宿老、主な重臣たちを引き連れて上洛させたことから、朝廷が深く関わる重大事が予定されていたことは想定された。

◆「織田・徳川兄弟同盟」と「東西複合国家体制」

天正十年六月二日に生じた家康の最大の損失は、織田政権が倒壊したことである。「明智光秀の乱」とその後の羽柴秀吉の背信によって「織田・徳川同盟」は解体を余儀なくされた。また、好むと好まざるとに関わらず、織田・徳川両者の力関係が逆転したことで亀裂は拡大していった。それは秀吉にとって誠に都合がよかった。そして、狙い通りでもあった。

結局、この同盟は天正十二年（一五八四）三月から四月の「小牧・長久手の戦い」の後、同年十一月十一日に信長の次男・織田信雄《のぶお》が羽柴秀吉と講和した時点で幕を閉じた。「織田・徳川同盟」は、秀吉が最終的に解体したことになる。同時に、秀吉は家康を取り込むことに成功した。

さて、「織田・徳川同盟」の意義について、故・朝尾直弘《あさおなおひろ》京都大学教授は「この同盟が歴史をつくったといっても、いいすぎとは思えない」と述べた。この同盟の盟主は信長であった。家康は准盟主ということができる。なお、信長の後継者は、嫡子・信忠に定まっていた。

実際にこの同盟が有効に機能したことにより信長は天下人となり、その勢力範囲を中部・北陸・畿内一帯・関東の一部および中国地方の東部にまで広げる一方、家康は三河・遠江・駿河三か国の太守《たいしゅ》にのし上がった。その意義については、信長・家康双方共に十分に理解していた。

ところで、この時代の同盟関係は、当主の嫡子・息女の婚姻によって象徴される。これは同盟関係の永続性を示すものであった。たとえば、「織田・斎藤同盟」では、織田信秀の嫡子・信長と美濃国主・斎藤道三《どうさん》の娘、通称・濃姫《のうひめ》の婚姻関係が、この同盟の象徴であった。それは信長と濃姫の事例に限らない。信長の宿敵、今川・伊勢北条・武田三氏による「三国同盟」も同じである。今川義元の嫡子・氏真《うじざね》の室は北条氏康《うじやす》の娘であり、氏康の嫡子・氏政の室は武田信《しん》玄《げん》の娘である。また、信玄の嫡子・義信《よしのぶ》の室は義元の娘であった。

家康が信長に従属していたかのような印象があるかもしれないが、それは実態とは異なる。「織田・徳川同盟」は確かに対等な関係ではなかったが、従属関係にはなかった。両者の同盟関係は、イエズス会の宣教師のルイス・フロイスが家康を信長の義弟としているように、信長を兄、家康を弟に仮託した「兄弟同盟」ということができる。この同盟も当初は信長の長女・徳姫と家康の嫡子・信康の婚姻によって成立していた。家康が信長に臣従したように見えるのは、家康の嫡男が信康と名乗ったことも影響しているのだろう。

兄弟同盟といえば、足利幕府も同じである。足利尊氏は京都で幕府を開き、将軍家は嫡子の義詮《よしあきら》に継承させた。一方、関東は次男・基氏《もとうじ》を「鎌倉公方《くぼう》」とし、関八州（武蔵《むさし》・相模《さがみ》・上総《かずさ》・下総《しもうさ》・安房《あわ》・常陸《ひたち》・上野《こうずけ》・下野《しもつけ》）と甲斐・伊豆を加えた十か国を管轄させた。佐藤博信千葉大学名誉教授は、この東西二人の公方と二つの権力が並立する武家国家体制を「東西複合国家体制」と名付けた。歴代の鎌倉・古河《こが》公方は、最後の古河公方・足利義氏《よしうじ》を除いて当代の将軍の一字が与えられた。二代鎌倉公方・氏満《うじみつ》と三代・満兼《みつかね》は三代将軍・義満の一字、四代・持氏《もちうじ》は四代将軍・義持《よしもち》から一字を授かっている。

ところが、歴代の関東の公方は、征夷大将軍の官職を関東に返還するように要求して、室町殿（将軍家）との抗争を繰り返した。持氏は六代将軍・義教《よしのり》と対立し「永享《えいきょう》の乱」を起こした。持氏の子・成氏《しげうじ》は八代将軍・義成《よししげ》（義政初名）から一字を与えられたが、「享徳《きょうとく》の乱」を引き起こした。成氏が鎌倉から下総古河に本拠を移したことにより、以来「鎌倉公方」は「古河公方」と呼ばれるようになった。この東西公方家の相克《そうこく》は、征夷大将軍には二つの意味があったことに真因があるが、それは後述する。（55頁）

この両者の抗争は、幕府が滅亡するまで収束することはなかった。室町幕府が安定性を欠いた大きな理由の一つである。同様に兄弟同盟であった「織田・徳川同盟」が発展し、信長が京都を中心とした室町将軍の支配領域を管轄したならば、関東の公方の領域は家康に管轄させる体制がまずは想起される権力構造ではないか。この先例を踏襲した「東西複合国家体制」が「織田・徳川同盟」の帰結となる、との見通しについて、順を追って検証していきたい。

◆「織田・徳川同盟」の成立と展開

まずは、「織田・徳川同盟」の誕生の経緯から順序だてて説明していく。長年、この同盟は、永禄五年（一五六二）正月に家康（当時は松平元康）が清洲まで出向き、盟約がなされたことから「清洲《きよす》同盟」ともいわれてきた。信長の本拠地である清洲へ家康が出向いたとすれば、それは完全に対等な同盟ではないということである。対等な同盟であれば、家康の伯父・水野信元が仲介したことから、三河国刈谷《かりや》（現・愛知県刈谷市）の刈谷城など、水野氏の支配地域で盟約がなされたと思われる。

ところが、最近、この説を否定する見解が出されている。この異論は、家康の清洲訪問を当時の関係史料で裏付けることができず、家康は東三河で今川軍との激戦の最中であったことなどを理由にしている。しかし、現実的に双方の当主が対面することなく同盟が結ばれたとは考えにくい。家康は今川氏の支配から離脱し、自立したばかりであった。三河平定を目論む家康が「桶狭間の戦い」（一五六〇年）で頭角を現した信長と同盟を結ぶことは、より切実な問題であった。

この同盟の成立は、今川氏と松平氏との君臣関係を打ち切って、絶縁することを意味した。今川義元の嫡子・氏真にとって信長は父の仇であったが、「桶狭間の戦い」での惨敗は弔い合戦ができないほど、その勢力を疲弊させた。家康が信長と同盟を結べば、氏真は迂闊《うかつ》に手が出せなかった。また、永禄六年（一五六三）三月に信康と徳姫の婚約が成立するが、九月には「三河一向一揆」が勃発し、一向宗徒の家臣たちは家康に歯向かった。この予兆はそれまでにあったと思われる。家康は一向一揆に備えるためにも、信長との同盟を早急に成立させる必要があった。

一方、信長は美濃の攻略のみならず、三好長慶《ながよし》や松永久秀との暗闘《あんとう》を繰り返していた将軍・足利義輝の上洛要請に前向きであった。織田軍が西上《せいじょう》を果すためには、武田氏や今川氏など東部の有力大名の動きを抑えておく必要があった。義輝の上洛要請に応じるためには、信長は家康と同盟を結び、その背後となる東部を固める必要があった。

史料がないといえば、両者が取り交わした盟約や尾張・三河の国境線が画定したことを示す「起請文《きしょうもん》」があったはずだが、写本も残っていない。「起請文」とは、神仏に誓う誓約書のことである。この同盟は、両家家中の異論を抑えて秘密裏に交渉が進められたことは間違いない。

信長は天文二十二年(一五五三)四月に舅《しゅうと》の斎藤道三とも尾張と美濃の国境にある富田寺内《とみたじない》の正徳寺《しょうとくじ》(現・愛知県一宮市)で会見している。この地は一向宗の寺内町で中立地帯である。したがって「織田・斎藤同盟」は対等な同盟とみなされる。信長はそこで前年三月に急死した父・信秀が結んだ「織田・斎藤同盟」の継続を確認した。両者の会見は『信長公記』の中でも名場面の一つである。この同盟も国境を画定する約束はあったが、起請文は残っていない。

この同盟への不満は、織田・斎藤双方にあった。この同盟に懐疑的な宿老・林秀貞《ひでさだ》などは、信長の弟・信勝を奉じて廃嫡《はいちゃく》を謀《はか》った。美濃では斎藤道三が隠居を強いられ、その後、子の斎藤高政《たかまさ》(後に一色義龍《よしたつ》に改姓改名)によって討ち取られている。斎藤家臣団の大半は高政を支持し、

「織田・斎藤同盟」を破棄させた。武田信玄は今川氏との同盟関係を破棄し、駿河を侵略したため今川氏を正室としていた嫡子・義信と対立し、廃嫡した上で切腹させている。このように、当主にとって同盟は命がけである。書類のやり取りだけで済む話ではない。現状「清洲同盟」の名称を否定するだけの根拠は見当たらない。

◆「三方ヶ原の戦い」と「織田・徳川同盟」

「織田・徳川同盟」は対今川、対武田という形で機能し、徳川の領域も東方へ拡大していった。元亀元年（一五七〇）には、家康とその家臣団は信長の管轄領域に三度も動員させられた。四月の「越前出兵」に続き、六月二十八日の「姉川の戦い」（現・滋賀県長浜市）では、家康が率いる三河武士団は織田家臣団をしのぐほどの活躍をした。確かに「織田・徳川同盟」は信長の担当地域では攻守同盟として十分に機能した。この同盟に大きな亀裂が走ったのは、織田・徳川連合軍が武田信玄に大敗した元亀三年（一五七二）十二月二十二日の「三方ヶ原《みかたがはら》の戦い」（現・静岡県浜松市）である。

この戦いについて家康研究の第一人者の一人、本多隆成《たかしげ》静岡大学名誉教授は、「その人生における最大の危機」としている。畿内情勢が悪化していたことから信長の浜松出陣は見送られた。信長は名代として宿老の佐久間信盛を浜松へ派遣した。ところが、信盛は力戦することなく兵力を温存させた。家康は遠江に侵入した武田信玄の背後を突くため浜松城から出陣したが、大敗した。この戦いは信長が膝を付いた唯一の負け戦《いくさ》である。

信玄のボディーブローは、信長と家康に極めて深刻な後遺症をもたらした。織田・徳川連合軍は天正三年（一五七五）五月二十一日の「長篠《ながしの》の戦い」（現・愛知県新城市）で武田勝頼《かつより》を叩きのめし、同十年三月には武田氏を滅亡させたが、結局、この後遺症は完治しなかった。織田援軍の体たらくは、信長も認識していた。信長は、家康の家臣・戸田直頼《なおより》に対する書状の中で名指しは避けながらも「今度浜松表不慮のていたらく候」と認めている（『信長文書』三五八）。

織田援軍の損害も大きかった。信長の守役として有名な平手政秀《ひらてまさひで》の子・汎秀《ひろひで》、信長の小姓として「桶狭間の戦い」で活躍した前田利家の弟・佐脇良之《さわきよしゆき》の他、長谷川橋介《きょうすけ》、山口飛騨、加藤弥三郎も戦死した。それ以上に「三方ヶ原の戦い」での信長の名代・佐久間信盛が率いる織田援軍の体たらくは、徳川家中で深刻な路線闘争に発展した。家康の家臣団の一部から、信長にいいように使われているのではないのか、という不満が渦巻いた。

一方で「長篠の戦い」までは、信玄の急死があったとしても、継嗣・武田勝頼は高天神《たかてんじん》城（現・静岡県掛川市）を陥落させるなど、武田側が優勢であった。勝頼が信長に不信感を抱く徳川家臣団に対して、調略《ちょうりゃく》を試みることは当然であった。勝頼の脅威が迫る中、家康は浜松を離れることができなかった。岡崎には家康とは不仲の正室・築山《つきやま》殿と嫡子・信康《のぶやす》がいた。勝頼はこの弱点を突いた。

築山殿は、今川家有力一門の関口氏純《うじずみ》の娘であった。信康の嫁・徳姫は、今川氏の没落を招いた仇敵《きゅうてき》・信長の娘である。武田信玄は今川氏真を裏切り、今川家を滅ぼしたが、武田家は勝頼に代替わりしていた。築山殿が信長を恨み、徳姫のみならず夫の家康まで憎めば、武田氏内通に導かれた。『新編岡崎市史』は、築山殿や重臣・石川春重《はるしげ》、大岡弥四郎《やしろう》など信康の家臣たちが武田氏に内通した事実を論証している。

岡崎で謀反が発覚したのは「長篠の戦い」の一か月前の天正三年（一五七三）四月であった。岡崎奉行・大岡弥四郎が謀反の疑いで鋸《のこぎり》引《び》きの極刑に処され、信康の傅役《もりやく》兼家老の石川春重は切腹した。家康の家臣団には当初から信長との同盟に懐疑《かいぎ》的な勢力がいたと思われる。「三方ヶ原の戦い」の後、織田から武田へ乗り換える動きが広がり、岡崎ではそれが主流になっていた。この問題を深刻化させたのは、築山殿が信康を巻き込んだからである。

余波はそれだけに止まらず、この年の十二月に信長は、水野信元を家康に殺害させた。信元は家康の母方の伯父にあたり「三方ヶ原の戦い」にも従軍していた。信元は織田方の戦いぶりを見て、武田氏へ寝返ったとみられる。信元と佐久間信盛は陣中で対立したことも想起できる。また、天正二年（一五七四）三月二十日付で足利義昭は、家康と信元宛に勝頼との講和を求める御内書《ごないしょ》を出した（『家康文書』）。信元はこの求めに応じ、それが発覚したと考えられる。

◆松平信康と「織田・徳川同盟」

謀反の張本人であった築山殿と信康は、天正三年四月の岡崎での謀反発覚時には、処分されなかった。ところが、同七年になってこの問題は蒸し返された。この年の四月七日に家康の側室・西郷氏が家康の第三子の長丸（二代将軍・秀忠）を出産したからである。信康と秀忠は二十歳違いであり、家康は三十七歳であった。信康は家康が十九歳の時の子である。なお、次男の御義伊《おぎい》（結城秀康《ゆうきひでやす》）は、母親の身分が低く、初めから後継者から外されていた。

黒田基樹《もとき》駿河台大学教授が新著で指摘しているが、秀忠の誕生によって信康の廃嫡が可能になった。それは、豊臣秀頼の誕生によって、関白・豊臣秀次の排除が可能になった理屈と同じである。大きな違いは、家康の場合、秀忠は正真正銘の実子であったことである。信康にとって嫡子誕生は命綱であった。『松平記』は、徳姫は二人の娘（福と熊）を出産したものの、男子の出産がないことを信康が責めたことが不和の原因であったとしている。

実際、徳姫に男子が生まれていたならば、信康の立場は好転したに違いない。男子は信長の外孫になるからである。根本的な問題は「織田・徳川同盟」路線の堅持《けんじ》にあった。徳姫が信康とは不和であるかないかに関わらず、正室・徳姫が男子を出産したならば、家康にも再考の余地があったことになる。天正七年（一五七九）六月五日に、家康は浜松から岡崎まで来て、信康と徳姫を取りなしている（『家忠日記』）。しかし、それはポーズにすぎなかった。家康は家臣たちの手前もあり、公平を期して信康の廃嫡を決定した。

信康の切腹は既定路線であった。黒田基樹氏によると、前年の天正六年九月から家康は信康の有力家臣に対し、岡崎での居住を禁じて信康からの引き離しを図っているとしている。家康は伯父の水野信元を謀反の疑いで殺害していることから、鼎《かなえ》の軽重《けいちょう》を問われていた。信康は、自分の死を知らせたくないので、自分よりも先に母親を殺害するよう家康に哀願したと思われる。状況が変われば、信康が「織田・徳川同盟」から離脱し、敵対することは予期できた。

家康は筆頭家老の酒井忠次を派遣して、天正七年七月十六日に信長の了解を取り付けた後、八月四日に信康を追放した。それは徳姫と信康の離縁を意味することから、信長の了解を取る必要があった。なぜなら徳姫は信長の事実上の正室であった生駒氏との間にできた娘であり、信忠・信雄の実の妹である。この三人は別格であった。信長にとって大事な娘の結婚が破綻し、しかも家康との縁戚関係が切れるという事態は、悪夢といえた。

信長は家康に穏便な解決策を求めたに違いない。ところが、八月八日に家康は信長の側近・堀秀政に宛て「今度、左衛門尉《さえもんのじょう》（酒井忠次）をもって申し上げ候ところ、種々ご懇《ねんご》ろの儀、その段お取り成し故候、かたじけなき意と存じ候」とした上で「よって三郎（信康）不覚悟につきて、去る四日、岡崎を追い出し申し候」と伝えている（『愛知県史』一三三六）。築山殿は八月二十九日に殺害された。信康は九月十五日に遠江国二俣（現・静岡県浜松市）の二俣《ふたまた》城で切腹し、母親の後を追った。

◆佐久間信盛の追放と「織田・徳川同盟」

家康は「織田・徳川同盟」を守るために妻子の首を信長に差し出した。妻子の首は重い。家

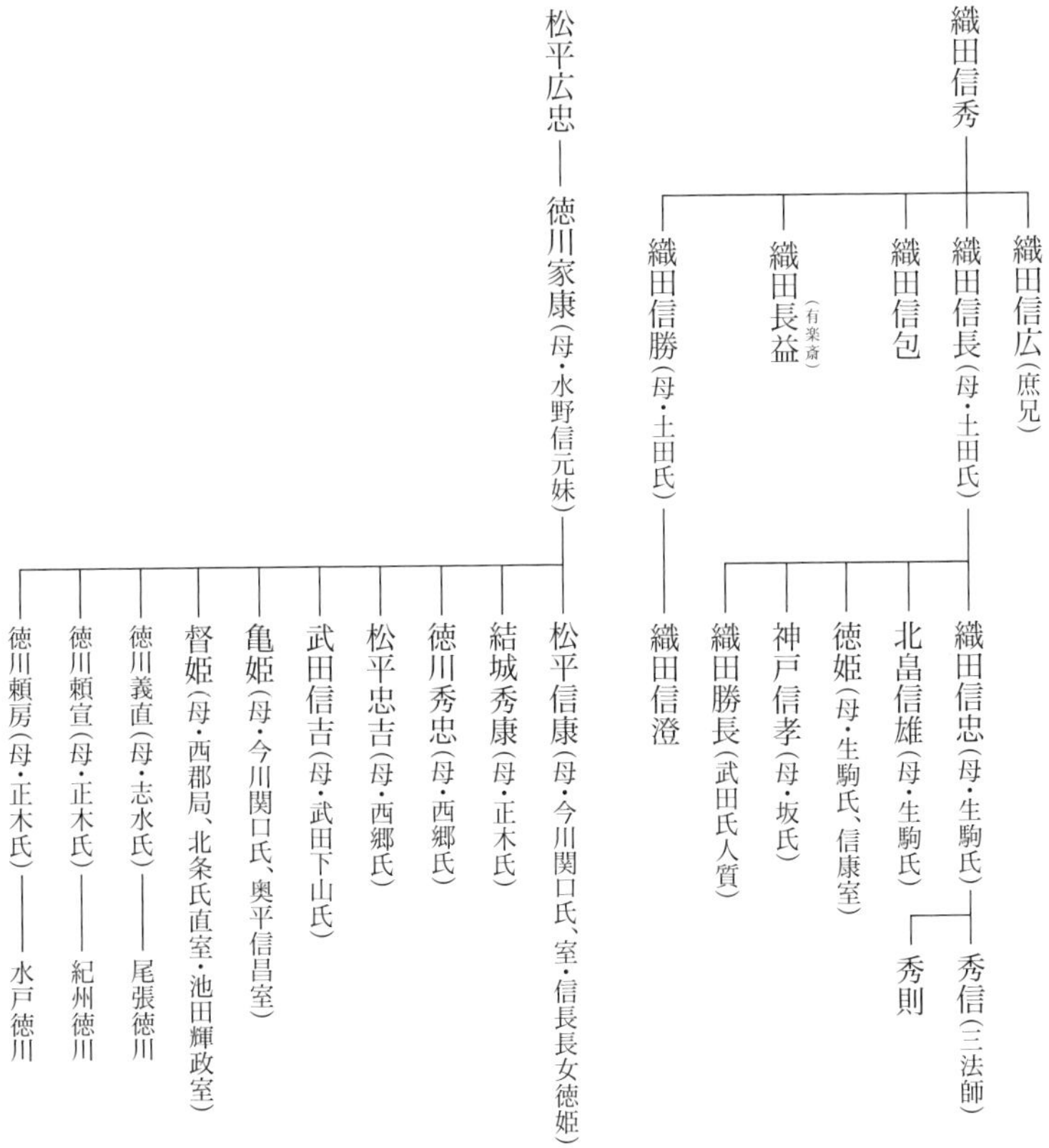

織田・徳川両氏の相関図　※但し、本書登場人物以外は割愛

康はその代償として、信長に佐久間信盛の首を要求した。それがなければ、家康の家臣たちは納得しない。酒井忠次が信康の処分を信長に伝えた際に、家康は信盛の処分を要求した。「織田・徳川同盟」の継続も信長の出方次第であった。今度は信長の胆力が試される番であった。

信康の実際の罪が同盟に対する背信であったことから、信長が徳川方の断固たる処置に対して文句のいえる筋合いはなかった。さらに、信長を悩ました難題は、信盛の処分であった。信盛は、信長が「大うつけ」と呼ばれた苦しい時代から一度も裏切ったことがなかった。また、親子共に「信」の字を与えた宿老であった。信盛の追放は、右腕を差し出すに等しい。決してそれは信長の本意ではなかった。

確かに信長は戦略や戦術に通じた名将中の名将であった。アレクサンダー大王、項羽《こうう》、カエサル、あるいはナポレオンなどにも共通しているように、信長の敵への報復はしばしば苛烈《かれつ》すぎた。しかし、それは将兵たちの復讐心を満足させるためでもあった。古今東西の名将は、いずれも将兵たちからの絶大な人気と信頼を拠りどころにしていた。佐久間親子の追放は、織田家臣団の信長への信頼と名声を揺るがしかねない非情処置であった。よく誤解されているが、信長が叱責《しっせき》した上で佐久間信盛・信栄《のぶひで》親子を追放にとどめ、切腹させなかったのは、精一杯の温情であった。家康や酒井忠次が信盛の切腹を要求していたことは間違いない。

天正八年（一五八〇）八月に十年におよぶ石山本願寺との「石山合戦」を終結した。第十一代本願寺門主である父・顕如《けんにょ》に逆らってなお抵抗を続けた教如《きょうにょ》が降伏した。直後にこの戦いの総大将であった佐久間信盛と子の信栄は追放された。教如が三月に父・顕如と共に降伏に応じていたならば、信盛と信栄の追放は五か月前の三月であった。

信長は家康に信盛の切腹を親子の追放にとどめるように頼み込み、時期は石山本願寺との講和が成立した時点とすることで、一応の了解を取り付けた。にもかかわらず、天正九年（一五八二）七月二十四日に信盛が熊野で死去すると、翌年正月十六日に子の信栄の帰参が許され、佐久間家の本領も安堵《あんど》された。『信長公記』は「不憫に思召されたか」と記している。信長の尊大さは、多分に見栄で粉飾されたものである。

十九条からなる信盛宛の信長直筆折檻状《せっかんじょう》が『信長公記』に記されている。その中で信長は、「三方ヶ原の戦い」で兄弟や信盛の重臣を討ち死にさせていたならば面目もたったのに、兵を惜しんで力戦しなかった、ときびしく批判している。これは信長自身が家康からの強烈な苦情があったことを明らかにしたものである。この折檻状で真に問題になっている事案は、次の第十七条目である。残る二条には処分内容が示されている。

　世の内、勝利を失わざるの処、先年遠江《とおとうみ》へ人数遣はし候刻《みぎり》、互に勝負ある習紛れなく候、しかりと言ふとも、家康使をもこれある条、をくれ（惨敗）の上にも兄弟を討死させ、又は然るべき内の者（佐久間の重臣）を打死させ候へば、その身時の仕合《しあわせ》によって逃れ候かと人も不審を絶つべきに、一人も殺さず、剰《あまつさえ》平手（汎秀）を捨てころし、世にありげなる面

をむけ（厚顔をさらしている）候儀、爰《ここ》をもって条々分別なきの通り紛れあるべからざる事
（傍線書きは著者）

折檻状の前十六条分はこの内容を曖昧にするために、すでに終わった話を書きならべたものにすぎない。これは方便である。もし折檻状が家康からの苦情を記したこの第十七条のみで責任を取らされたとしたならば、織田家臣団は治まらず、より深刻な遺恨と亀裂が織田・徳川双方の家臣団の間で生じたに違いない。

案の定、織田家中は治まらなかった。信長は八月十七日に今度は林佐渡守秀貞、安藤伊賀守守就《もりなり》親子、丹羽右近《にわうこん》を遠国へ追放した。『信長公記』によれば、折檻状は八月十二日に記されたとしているので、この処分に対する集団での抗議がなされたことになる。早く沈静化させたい信長は、佐久間親子追放に反対した者の中で、かつて咎《とが》のあった三人を追放した。『信長公記』は「子細は先年信長公御迷惑の折節、野心を含み申すの故なり」と記している。

この織田家臣団の遺恨は「小牧・長久手の戦い」の伏線の一つになった。「織田・徳川同盟」を解体することを目論む羽柴秀吉は、織田家臣団の集団心理を利用した。信長と信忠を同時に失った織田家臣団は、家康に対抗できる器量を求めた。誰もが秀吉の素性を知っていたが、織田家臣団の大勢は長いものに巻かれた。

この折檻状は語るに落ちて、家康が殺害した水野信元の所領を継承したのは、佐久間信盛で

あったとしている。これでは焼け太りである。それを許したのは他ならぬ信長であった。折檻状の第十条には「小河かり屋（東浦町・刈谷）跡職申しつけ候ところ」と記されている。水野信元の殺害に関しては、諸説があるが、家康が討ったことでは一致している。それにも関わらず、信元の所領は信長が信盛に与えたことになる。もし信長が、この時、信元の所領を家康の存分に任せていたならば、ここまで問題がこじれることはなかった。

結局、信長は水野信元の末弟・忠重《ただしげ》に領地を返還して水野家を再興させた。信長は自身の浅《せん》慮《りょ》によって信元と佐久間信盛を失った。しかも「織田・徳川同盟」にも大きな禍根《かこん》を残した。また、信盛の軍事力は、信長が折檻状で記しているように強大であった。それには「三河にも与力、尾張にも与力、近江にも与力、河内にも与力、大和にも与力、和泉にも与力、根来寺衆中付け候ば、紀州にも与力、少分の者ともに候へども七ヶ国与力、その上自分の人数」とある。

また、信盛の利権が三河にあったことも問題である。そして、畿内で信盛に対抗できる軍事力を有していたのは、光秀である。結果的に畿内の軍事支配権を光秀に一元化したことが、織田政権を倒壊させることになった。本を正せば、信長の場当たり的なご都合主義の結果である。

◆家康の初上洛と信長

足利義昭政権から織田政権、そして豊臣政府に従属するまでの家康の上洛は、武家社会における家康の地位に連動している。ここからはその意義と事実経緯をたどることにしたい。

天正十年（一五八二）五月の上洛は、家康にとって通算四度目の上洛となるが、過去三回の上洛は、永禄十三年（一五七〇）中である（四月二十三日、元亀《げんき》改元）。これは朝倉氏との戦いが浅井氏の寝返りによって、家康自らが畿内へ二度援軍として出陣したためである。軍事目的以外の家康の上洛は、同年三月五日で、これが最初となる。そして、天正十年五月二十一日の上洛は二度目となる。また、織田政権下での家康の上洛は、これが最初で最後となった。

家康は初の上洛で中央政界にデビューを果たした。家康は十五代将軍・足利義昭の命で「禁中の御修理・武家御用・天下静謐《せいひつ》」のために上洛した。この触れ状を発給したのは信長である。越前の朝倉義景は、この命に応じなかったことから征伐の対象となった。家康は足利将軍に御目通りが許されて、正式に将軍直臣となった。同時に三河の守護職《しゅごしょく》を足利将軍から事実上、容認されたことになる。信長も家康も先祖に将軍直臣がいなかった。将軍への御目通りが実現していなければ、武家社会では将軍からみて家臣の家臣、すなわち陪臣《ばいしん》という扱いになる。

初回の上洛後、家康は信長にしたがって越前朝倉攻めに参加したが、近江国小谷《おだに》城主・浅井長政が同盟を破棄し、寝返ったことで背後を突かれて袋のネズミになりかけた。長政の正室は信長の妹・お市であった。家康も信長と共に逃げ帰ったが、この時も巻き添えになりかけている（「金ヶ崎の退《の》き口」）。原因は、信長が浅井長政の真意を取り違えたことによる。長政が朝倉攻めに反対していたことは間違いなく、信長がこれを軽視したことに疑問の余地はない。それは当初、信長が浅井長政の挙兵の知らせを容易には信じなかったことにも表れている。

そして事実上、二度目の家康の上洛も「伊賀越え」という結末で終わった。これも信長が光秀の政治的な立場や信条を軽視したからに他ならない。光秀が異見はもとより警告もなく謀反を突然決行したとは考えにくいのである。

◆信長の「武家官位制」の創出と太政大臣

世界的な伝記作家、シュテファン・ツワイクは「サーベルと戦勝の上にのみ築かれた政権は、一回でも敗戦を喫すれば、それと同時に崩壊するのが常であり、血統と祖先による自然の正統を持たない支配者はすべて、必ずや機を見て新しい正統を創らねばならない」と述べた。

果たして信長が手にしようとした正統とは何なのか。ここから信長の政権構想について説明していくことになる。鍵となるのは、家康の地位である。その目的が判明している家康の三度目の上洛は、「伊賀越え」から四年余りが経過した天正十四年（一五八六）十月二十四日のことである。この上洛は信長の家臣であった関白・藤原秀吉に信長の盟友であった家康が臣従するためのものであった。秀吉は同年十二月に太政大臣となり「豊臣姓」を正親町《おおぎまち》帝から賜った。

家康は上洛以前に織田信忠の生前の官職である「三位中将《さんみちゅうじょう》」に任官し、上洛中に中納言《ちゅうなごん》となった。家康は、天皇と関白・秀吉を頂点とする朝廷の支配秩序に取り込まれたことになる。このように、家康の上洛は一度目も三度目も中央政権との関係を構築し、その地位を確定させた点では共通している。二度目となる天正十年五月の上洛もその点では同じではないだろうか。

家康が浜松を出発する二週間ほど前の天正十年四月二十五日に信長は「太政大臣《だいじょうだいじん》か、関白か、将軍への任官」を内々に朝廷から打診されていた。研究者はこれを「三職推任《さんしきすいにん》問題」と呼んでいる。五月三日には天皇の遣いである女官二人と武家伝奏《ぶけてんそう》・勧修寺晴豊《かじゅうじはるとよ》が安土へ派遣された。晴豊が記した日記（「天正十年夏記」）の五月四日条には「関東を討ち果たされたことは喜ばしい。将軍になさるのがよろしかろう」と記されている。原文は「関東打ち果たされ珍重候間《ちんちょうそうろうあいだ》、将軍になさるべきのよしと申し候へば」である。

この史料を根拠にして、朝廷は信長を征夷大将軍に任官させようとした、とする解釈がある。しかし、征夷大将軍は、本来、東国（関東）の王を意味する。また、将軍職は源頼朝以来、源氏が独占していた。平家を自称する信長にはなじまない。織田家と関東を結び付ける由来もなかった。しかも、信長は、永禄十一年（一五六八）十月二十四日に足利義昭を将軍に奉じた武勲の恩賞として、足利一族筆頭の名門・斯波《しば》氏の家督を継ぐことを認められたが、謝絶した。

信長の家は代々斯波氏に仕えていた。この名跡を信長が継承したならば、足利本家（室町殿）に代わって足利将軍家を継承することもあり得た。実際に上杉家の守護代・長尾景虎《かげとら》（上杉謙信）は、関東管領《かんれい》・上杉憲政《のりまさ》から家督を譲られて上杉政虎《まさとら》となった。長尾氏は平家姓であるが、上杉氏の姓は藤原氏であったことから、景虎は藤原政虎と名乗った。

このように要件を欠いていただけでなく、足利義昭の臣下であった信長が足利将軍を廃して自身が将軍になったのでは、正統性にも疑念が生じるとの指摘もある。一方、信長が太政大臣

◆

としてしかるべき源氏を関東に配置すれば、君臣関係にあった足利将軍を相対化できる。さらに、関東地へ征夷大将軍を返還することにもなった。信長が征夷大将軍に任官することはない。信長の意中の官職は、すでに橋本政宣《まさのぶ》東京大学名誉教授や池享《すすむ》一橋大学名誉教授が論証しているように、太政大臣であった。この地位は平清盛と足利義満が先例となる。清盛は一族・郎党を任官させて先例を作り、武家が官位や官職について実権を握る道を開いた。

源頼朝は太政大臣にはならなかったが、武家の任官については武家の棟梁である将軍家の専権とした。弟の源《みなもとの》義経《よしつね》が追放された理由は、この禁制を破ったからである。征夷大将軍・足利義満は、太政大臣となって初めて公武双方の「叙位《じょい》任官」の実権を握ったのである。実力さえともなえば、太政大臣は、官位・官職についてその裁量で決定する人事権を行使できた。武家で太政大臣となったのは、平清盛・足利義満・徳川家康・秀忠・家斉《いえなり》の五人である。

秀吉は武家ではなかったが、武家を包括的に統率する必要があったことから、太政大臣を兼任した。関白・太政大臣、豊臣秀吉は甥の秀次に関白職は譲ったが、太政大臣については死ぬまで手離していない。関白・豊臣秀次は武家の棟梁ではなく、あくまで天皇の執事にすぎない。なお、服部英雄九州大学名誉教授が指摘しているように、秀吉の実際の出自は非人層ではあるが、自身が萩中納言の落とし子と称していた以上（『関白任官記』）、武家ではなく公家である。

◆「織田・徳川同盟」と「武家官位制」

信長が太政大臣となれば、信長の盟友・家康も信長の任官にあわせて相応の官職で任官させなければならない。また、家康が酒井忠次以下、主な重臣たちまで安土参勤・上洛に連れてきたことは、彼らの正規の任官も予定されていたとみなされる。同様に、信長は柴田勝家や滝川一益《かずます》など、織田家宿老や重臣たちも一斉に任官させるつもりであった。

将軍から見て信長や家康の家臣は、家臣の家臣であり、「陪臣」にあたる。織田政権は、それまで独自の「武家官位制」を創出していなかった。実際に信長の存命中に織田家中で正規に任官した者は四人しかいなかった。天正十年六月二日の時点では、信長は正二位前右大臣、嫡子・信忠は三位中将、次男・信雄も中将に任官していた。なお、信雄は公家大名・北畠《きたばたけ》家の養子であった。北畠家の極官は正二位大納言であり、その官職は抑えられていた。また、織田家一族の織田信張《のぶはる》は従五位下左兵衛佐《さひょうえざ》になったが、この任官は、信長が内大臣に任官した時点で大臣の参内に付き添う五位の諸大夫《しょだゆう》を必要としたからである。

『歴名土代《りゃくめいどだい》』には、三男・信孝も侍従《じじゅう》になったと記されているが、本人や第三者がその肩書を使った形跡はない。信孝は辞退か保留にしていたと思われる。それは信長の意向によるものと考えられる。ただし、秀吉の奉行・桑原貞也《くわばらさだなり》は、天正十年六月十四日に信孝を「武衛《ぶえい》」と呼んでいる(『兼見卿記』)。信長は信孝を斯波氏が世襲した左兵衛佐、あるいは四位の左兵衛督《さひょうえのかみ》で近々任官させる意向を内示していたのかもしれない。

天正三年（一五七五）七月に信長は自身の家臣団の一部を任官させたが、正規の任官ではない。武士が勝手に官職を名乗ることを僭称《せんしょう》と呼ぶが、大名などの間では慣習的にこのような名乗りが許された。これは織田弾正忠《だんじょうちゅう》信長による私的な官職の付与である。信長は『信長公記』は「勅諚《ちょくじょう》（天皇の命）」により官職を勧められたが、保留したとする。源頼朝と同じ官職に信長が任官した後では、家臣団に僭称を一斉に付与するような誤魔化しは憚《はばか》れるので、事前に強行したにすぎない。信長の重臣たちの多くは正規の任官を望んでいた。

この時、信長の任意で任官した家臣は、堺奉行・松井友閑《ゆうかん》が宮内卿法印《くないきょうほういん》、右筆《ゆうひつ》・武井夕庵《せきあん》が二位《にい》法印、京都所司代《しょしだい》・村井貞勝が長門守《ながとのかみ》などであるが、いずれも朝廷は関知していない。羽柴秀吉の筑前守も同じである。光秀は信長から「惟任」という九州の名家の姓を与えられて日向守になった。なぜか丹羽長秀は九州の名族「惟住《これずみ》」の姓のみが与えられた。一方で、柴田勝家、佐久間信盛、滝川一益などの宿老たちは棚上げとなっている。一族を指す「連枝衆《れんししゅう》」の実弟・信包《のぶかね》と長益《ながます》、甥の信澄《のぶずみ》などの任官もなかった。それは彼らとは同格の地位にあった家康の重臣・酒井忠次や石川数正なども同じである。彼らは「陪臣」の地位に甘んじていた。

◆家康と足利幕府

「織田・徳川同盟」が成立した当初、家康は将軍直臣ではなかったことから足利幕府への接触は、浄土宗京都誓願寺《せいがんじ》の泰翁慶岳《たいおうけいがく》長老を介して行わざるを得なかった。しかし、「織田・徳川同盟」の成立によって、信長という強力な味方を得て家康と義輝政権とのパイプは格段に太くなった。信長は「桶狭間の戦い」の前年にあたる永禄二年（一五五九）二月に義輝の謁見《えっけん》を許されて将軍直臣になっている。本著では詳しく触れないが、「桶狭間の戦い」での戦勝以降、信長は義輝から上杉輝虎（謙信）と共に幕府再興の両輪と目される存在になっていた。

実際、信長は十三代将軍・足利義輝への早道馬《はやみちうま》（駿馬）を献納《けんのう》する役目を家康に譲って仲介の労を取っている（年次未詳三月二十八日付『愛知県史』一五九三）。この「御内書」（室町将軍が発給する書状）は泰翁慶岳長老宛である。原文は「尾州織田三介《びしゅうおださんすけ》かたへ所望《しょもう》候といえども、今に到来なく候」と記されている。通説では、義輝が信長に早道馬を所望したが、いまだに来ないとした言質《げんち》を真に受けているが、義輝があえて信長の名をここに記した真意を見逃している。

また、この「御内書」については永禄四年説が独り歩きしているが、これも誤りである。信長は永禄六年（一五六三）までは「上総介《かずさのすけ》」を名乗っていた。信長が「三介」を名乗ることになった理由は、今川氏真が同五年六月頃から「上総介」を名乗りはじめたからである。今川家当主は代々「上総介」を継承していたことから、氏真のほうに分があった。そこで信長は常陸介《ひたちのすけ》・上総介・上野介《こうずけのすけ》の総称である「三介」を名乗って対抗した。したがって、この義輝の御内書が出された時期は「織田・徳川同盟」が成立した後の永禄六年（一五六三）以降である。

そもそも家康が自立し、今川氏真に反旗を翻したことを氏真が認識したのは、谷口央《ひさし》中央大学教授が指摘したように、永禄四年（一五六一）四月十一日である（『新編 安城市史』）。「松平元康の乱」は、成功した謀反であることから謀反にはならないが、この日が家康の以前と以後を分かつ以上、それ以前に今川家部将・松平元康が早道馬を将軍に献納することなどあり得ない。将軍への早道馬献納は、守護大名の栄典でもある。しかも、義輝が御内書を出した同年三月二十八日時点では、家康は今川家から離反することすら表明していない。

ところで、家康は今川氏から自立した永禄四年から源元康と署名している文書が散見されるが、永禄六年を境に見なくなる。これは「織田・徳川同盟」の成立と室町幕府への接近によって封印されたと考えられる。松平氏が足利氏と敵対した新田源氏を主張することは、将軍・足利義輝からすれば、不遜と取られるからである。

松平家では新田氏庶流の世良田・得川氏の子孫であることが代々固く信じられていた。また、貞治《じょうじ》三年（一三六四）に世良田義政《よしまさ》が初代鎌倉公方・足利基氏《もとうじ》によって上野国《こうずけ》（現・群馬県）如来堂《にょらいどう》で誅罰《ちゅうばつ》された事実があり、その際、義政の遺児などが鎌倉公方の領域外である奥三河の松平郷へ落ち延びることは十分にあり得る話である。没落した名族が御家再興をはかることは珍しくない。笠谷和比古《かさやかずひこ》国際日本文化研究センター名誉教授によれば、家康が源氏を復活させたのは、足利義昭が征夷大将軍を辞した天正十六年（一五八八）からとしている。

一方、三河は鎌倉時代から足利家の守護国であり、代官を務めた「奉公衆《ほうこうしゅう》（将軍直臣）」の所領が室町幕府後期までは最も多かった。松平氏の三河での勢力拡大は江戸時代でいえば、天領侵犯ともいうべきものであった。足利幕府からすれば、松平氏は反体制派と位置付けられていた。松平氏も足利氏に対抗して新田氏を標榜して正当化する必要があった。義輝としても家康は三好・松永両氏との対立と信長の存在がなければ、接近を試みるような存在ではなかった。

◆三河守と左京大夫

家康は永禄八年（一五六五）五月十九日に足利義輝が横死したため将軍による推挙ができなかったこともあり、義輝の義弟、関白・近衛前久《このえさきひさ》が取り次いで、同九年十二月二十九日に従五位下三河守となった。家康はこの時、徳川（得川）に改姓したが、源氏ではなく藤原氏として勅許を受けた。この三河守任官は新将軍・足利義昭の不興を買い、この官職を宛名として使用することはなく、松平蔵人《くろうど》と呼んだ。天正二年（一五七四）三月二十日付の信長からの離反を勧める御内書で、初めて徳川三河守を使用している（『愛知県史』九四四）。

家康は永禄十二年（一五六九）後半に左京大夫《さきょうたいぶ》に任官している。『言継卿記《ときつぐきょうき》』を再検証した遠藤珠紀《えんどうたまき》東京大学准教授は、通説の永禄十一年説を否定した。木下聡《きのしたさとし》東洋大学教授の研究によれば、左京大夫は六角義賢、武田信虎・晴信（信玄）親子、伊勢北条氏（氏綱・氏康・氏政・氏直）、三好義継、一色義龍（斎藤高政）などの官職であり、一流守護大名の証であった。また、朝廷では、元亀二年（一五七一）以降に家康を「殿上人《てんじょうびと》」として扱っている。

ただし、この官職を家康が名乗ることは憚られた。信長が当時、弾正忠という低い官職を名乗っていたからである。従四位下弾正弼《だんじょうひつ》であった松永久秀も山城守《やましろのかみ》に名乗りを変更している。

家康の左京大夫任官は、正親町帝の一本釣りか、将軍が執奏したものかは、議論が分かれている。自他共に家康が左京大夫を使用しはじめたのは信長の死後である。

家康の左京大夫は公家側の史料に限られる。織田信孝の事例のように、天皇の任意の任官であった可能性は高い。遠藤氏の学説の通り、家康の官職が将軍の執奏ではなく、二度までも公家による執奏であったとしたならば、武家としては使いにくい。家康の左京大夫任官は、表向き後奈良院の法要のために出した献金の功績によるものかもしれないが、後醍醐帝に味方し、反足利を貫いた新田義貞の事績を重ね合わせて、家康に期待した正親町帝の思惑が潜んでいたと考えられる。

◆正親町帝と信長

いうまでもなく、官位・官職の最終的な任免権は天皇にあった。正親町帝が再三にわたる信長の譲位（退位）要求を拒否した真意はそこにある。信長と信忠が上洛し、家康が一旦、堺で周遊していた事実からすれば、信長による「武家官位制」の創出について、天皇の内諾はあったとみなさなくてはならない。また「武家官位制」の創出は、同時に足利将軍の専権を否定することを意味した。これは解官《げかん》（罷免《ひめん》）ではすまず、「朝敵」とする必要があった。そのための「綸旨《りんじ》（天皇の命）」もなくてはならない。

岩沢愿彦《いわさわよしひこ》東京大学名誉教授は、天正十年四月八日付の「太田道誉《どうよ》・梶原政景宛朱印状」（『信

長文書』一〇〇六)について、唯一の「御内書」形式の信長文書としており、その中で信長は「万一違背の輩においては、すなわち朝敵と補せらるべし」と記している。これは反織田政権＝「朝敵」との論理である。「永享《えいきょう》の乱」の際、六代将軍・足利義教に反旗を翻した鎌倉公方・足利持氏に対して後花園《ごはなぞの》帝は永享十年(一四三八)八月二十八日に「天誅《てんちゅう》遁《のが》れるべからず」との「綸旨」を発し(『安保文書』)、錦の御旗を幕府軍に与え「官軍」とした(『看聞日記』六)。この先例に従えば、天皇は織田軍を「官軍」とし、義昭を「賊軍」「朝敵」とする「綸旨」が想定された。

しかも信長は、この機会に正親町帝の譲位と誠仁《さねひと》親王の即位を実現させて、新天皇のもとで新しい武家支配体制を発足させる意向であった。

正親町帝は信長を気に入っていたが、信長はこの天皇を毛嫌いしていた。元亀四年(一五七三)七月の将軍・足利義昭の出奔後に「天正改元」を実現した信長の朝廷政策の根幹は、天皇の譲位と誠仁親王の即位であった。以来十年が経過していたが、再三の要請にも関わらず実現していなかった。信長は義昭に対して「五箇条の掟書《おきてがき》」「異見十七箇条」の中で朝廷政策に注文を付けていた。信長は義昭に正親町帝の譲位を強く促すように進言していた。それは義昭が都落ちして、信長が対朝廷政策を担った直後に譲位問題が急浮上した事実から判明する。

天皇が頑《かたく》なに譲位要求に応じないことにいらだった信長は、天正七年(一五七九)十二月二十二日に誠仁親王に二条御所を献納して新御所とし、迎え入れた。信長は親子を分断する挙に出た。公家たちは禁裏を「上御所《かみごしょ》」、二条御所を「下御所《しもごしょ》」と呼んだ。信長は「南北朝」ならぬ

「上下朝」を創出して朝廷を二元化したのである。

なぜ信長はそこまでしなくてはならなかったのか。話は十三代将軍・足利義輝の治世にまで遡《さかのぼ》る。正親町帝はそれまでの慣例を破り、幕府に相談することなく弘治《こうじ》から永禄《えいろく》に改元した。義輝は近江国朽木に亡命中とはいえ、幕府と将軍をないがしろにした天皇に対して激怒し、この改元を認めず、弘治の元号を使用し続けた。

それだけではない。正親町帝は幕府の統治権に対し、政治介入を公然と行った。正親町帝の意をくんだ法華《ほっけ》大名・松永久秀の謀略により、二条御所を襲撃されて義輝が殺害されると、帝は即座に幕府が定めた布教許可を覆し、綸旨によってキリシタンを追放した。なお、村井早苗日本女子大学名誉教授は、昭和五十五年（一九八〇）に室町幕府や信長のキリシタン保護政策を無視して天皇が「キリシタン禁制」を主導した事実を実証した。

また、永禄十二年（一五六九）四月に義昭と信長は天皇の反対を押し切って宣教師に京都への居住を許可した。ところが、信長が京都を離れるやいなや宣教師追放の綸旨が出された。宣教師たちは岐阜城にいた信長に泣きついた。しかし、信長は、その時点では目をつぶらざるを得なかった。村井氏は「天皇は、信長・義昭の意向とは別に、独自に宣教師追放を主張しているのであり、また主張しうるような権限を保持していたのではないだろうか」と述べている。正親町帝は公然と武家政治に異を唱え、実態勢力である松永久秀を通じて介入したのである。

◆後醍醐帝と正親町帝

正親町帝が即位する以前の三代の天皇（後土御門・後柏原・後奈良）は、葬儀費用が工面できず、遺体は放置された。祖父や父親の死臭を嗅いだ天皇は室町幕府のみならず武家政権そのものに怒りを募らせていた。帝は自力救済の道を選択した。それはこの時代の潮流でもあった。正親町帝は足利尊氏によって擁立された北朝の系統であったが、思想的には「公家一統《いっとう》」を唱えた南朝に同化していた。この現象は、北朝の「南朝変化《へんげ》」ともいえる。あるいは室町幕府が衰退したことで、それまで抑えられてきた妖気がゆるんだ蓋から漏れ出したということかもしれない。ただし、このような思想が朝廷全体に蔓延していたわけではない。

一方で、天皇周辺では後醍醐帝の御代と同じく王政復古のスローガンが飛び交っていた。幕府を廃して統治権を王朝国家に一元化することを標榜した「公家一統」や王朝にとって理想の時代と信じられた「延喜《えんぎ》・天暦《てんりゃく》の治《ち》」の再来などは南朝の標語である。それは武家政権を継承する足利義輝や信長の立場では受け入れがたい危険思想であった。帝が「公家一統」を実現して王政復古を実現させるためには、祈禱や念仏ではなく実態勢力との結合がなければならない。

正親町帝がその政治的野心を実現しようとすれば、取捨選択を重ねたとしても後醍醐帝の足跡をたどったことは容易に想定できる。理想主義者の後醍醐帝と現実主義者の正親町帝の姿勢には差異があったとしても、その手段については類似性が認められるに違いない。歴史一般、特に政治史は、不易流行の原則から逃れることはできない。

後醍醐帝の王政復古運動に加担した側近の公家には、日野俊基《としもと》・同資朝《すけとも》・四条隆資《たかすけ》・花山院師賢《かさんいんもろかた》・平成輔《たいらのなりすけ》・千種忠顕《ちぐさただあき》らがいたが、それだけでは実態勢力にはなり得なかった。天皇は宗教界、悪党の類、土岐頼兼《ときよりかね》や多治見国長《たじみくになが》などの御家人、そして鎌倉幕府の中枢機関にも触手を伸ばした。宗教界では、東寺一長者《とうじいちのちょうじゃ》で醍醐寺座主《だいごじざす》でもあった真言宗密教の文観房弘真《もんかんぼうこうしん》が有名である。文観は天皇の人脈を広げるなど外交手腕を発揮した。後醍醐帝も子息の護良《もりよし》親王と宗良《むねよし》親王を、僧兵によって武装化された比叡山へ送り込み、両者は天台座主となった。

また、後醍醐帝は修験山伏《しゅげんやまぶし》を統括して、全国的な情報網を持つ聖護院《しょうごいん》門跡にも子息の静尊法《じょうそんほう》親王を入室させた。この親王は「元弘《げんこう》の変」で但馬《たじま》に流刑となった。さらに、帝は行幸により南都（奈良）の僧兵にも手を伸ばした。『太平記』は鎌倉幕府を滅ぼすための天皇の謀《はかりごと》であったとしている。後醍醐帝の実態勢力には、得宗被官《とくそうひかん》、あるいは悪党と呼ばれた階層出身の楠木正《くすのきまさ》成《しげ》や名和長利《なわながとし》がいた。彼らの前半生は謎に包まれているが、武装商人であったことから広域にわたる情報に通じ、経済的にも富裕であったとみなされる。

楠木正成について、兵藤裕己《ひょうどうひろみ》学習院大学教授は「元弘二年（一三三二）から同三年の河内・和泉・摂津・紀伊一帯での（正成の）軍事活動は、幕府軍の崩壊をみちびく大きな動因となっている」「正成の広汎かつ執拗な対幕府戦争は、後醍醐天皇の意を受けて、かなり周到に計算されたものであったろう」と述べている。

とりわけ注意を払わなければならないのは、多くの研究者が指摘するように、鎌倉幕府がもろくも倒壊した大きな要因として、幕府中枢に内通者が複数いた事実をあげていることである。その代表格・伊賀兼光《かねみつ》は、朝廷を監視する六波羅探題《ろくはらたんだい》の引付頭人《ひきつけとうにん》・同評定衆《ひょうじょうしゅう》の要職にあった。また、同等の地位にあった小田時知《ときとも》にも嫌疑がある。幕府政所執事・二階堂道蘊《どううん》ですら親後醍醐派であった、とする学説さえある。彼らは王朝のモグラ（天皇の意向を受けた代理人）ということができる。

では、信長の代の室町幕府最高幹部の中に王朝のモグラはいなかったのか。たとえば、王朝文化の象徴である和歌に対して極端に傾倒していた人物はいなかったか。それは一つの危険な兆候を示す。森茂暁《しげあき》福岡大学名誉教授は、鎌倉時代に「和歌は〈世を治める〉なかだち、つまり政治の媒介としての働きをするとの考えが生れているのである。和歌は政治への橋渡しをする生臭い文芸であった」と述べている。

もちろん新興勢力の織田政権も例外ではない。永禄十一年（一五六八）九月二十六日に足利義昭を奉じて将軍にしたことによって信長は天下人になり、最高権力者の一人になった。そこに、織田家の中に極めて有能ではあるが、その出自から浮いていた人物が存在していたとしたならば、正親町帝、あるいはその配下の者が見逃すとは考えにくい。その男は、信長の天下静謐《せいひつ》がなされた暁には、用なしとして撮《つま》み出されることを知っていた。この男の恐るべき野心は、自身の実存に関わるものであった。

◆正親町帝と法華（日蓮）宗徒四人組

正親町帝側近の公家としては、歌人として名高い万里小路惟房《までのこうじこれふさ》や駿河への在国が長かった三條西実澄《さねずみ》などがあげられる。関白の二条晴良《はるよし》も、後で述べる「関白・信長構想」（53頁）に関わった形跡があることから疑わしい。また、帝と松永久秀の関係からすれば、大納言・広橋国光《ひろはしくにみつ》も注目される。国光の妹・保子は久秀の後室であった。国光は永禄十一年（一五六八）十一月十二日に死去した。帝の異母兄・覚恕《かくじょ》は天台座主であったが、元亀二年（一五七二）九月十二日の「比叡山焼き討ち」によってその地位を追われた。比叡山再興は正親町帝の悲願の一つであった。

正親町帝の王政復古運動は、熱烈な法華宗徒四人組ユニットがその実態勢力となっていた。この四人とは、三好長慶の重臣、従四位下弾正弼《だんじょうひつ》・松永久秀、村上源氏の名門公卿、久我《こ が》家の家宰（執事）・竹内正三位季治《すえはる》、妙覚寺の僧、朝山日乗上人《あさやまにちじょう》、従四位下河内守・楠長諳《ちょうあん》（正虎《まさとら》）である。彼らは四位以上、あるいは上人として天皇との対面が許された。日乗は後に三位法印となる（『宣教卿記《のぶのりきょうき》』）。四人とも過分な地位であった。日乗などは「売僧《まいす》」と罵倒《ばとう》されるほど支配層の反発を招いたが、帝は意に介さなかった。

現世利益を説く日蓮宗の教えは、商工者との相性がよく、富裕な者を輩出した。また、内助の功を評価したことで、女性の信仰を集めた。しかし、他宗派への激しい攻撃により浮いた存在でもあった。一方で、日蓮宗は武家政権との相性が悪く、法難《ほうなん》を繰り返した。それが王朝への期待となった。宗祖・日蓮は鎌倉幕府から弾圧された。その教えを純粋に継承した日親《にっしん》も室町幕府六代将軍・足利義教の代に激しい拷問を受けた。江戸幕府では、この流れをくむ妙覚寺を本山とする「不受布施派《ふじゅふせは》」を禁教とした。

正親町帝は松永久秀を通じて将軍に対抗して畿内周辺での実力行使が可能になった。久秀の前半生は不明であるが、時期的にも天文五年（一五三六）の「天文法華一揆」に参加し、比叡山や六角氏によって駆逐《くちく》された日蓮宗徒の残党と思われる。久秀は三好長慶と君臣関係を結ぶ一方、法華宗徒内での権力闘争を勝ち抜いて財力を握り、長慶のパトロンとして頭角を現した人物であったことが想起される。久秀の役割と存在は、楠木正成と重なる。

松永久秀は足利義輝の存命中に度々朝廷に献金した。また、叡慮《えいりょ》に従い、春日神社の祭礼費を永禄五年（一五六二）から三年間負担している。久秀は朝廷内の問題である左右近衛府《さゆうこのえふ》と左右兵衛府《へいえふ》間の駕輿丁《かよちょう》御服座衣更《ごふくざころもかえ》（輿の担ぎ手に絡む問題）について裁判を行った。中でも、久秀の天皇への最大の貢献は、その政敵であった義輝を殺害して、責任を三好三人衆に押し付けたことである。しかも久秀は信長の協力を取り付けて、人質にした義輝の弟・一乗院覚慶《いちじょういんかくけい》を還俗《げんぞく》させて擁立した。久秀は義昭政権を樹立させることで、なお中央政界で影響力を確保した。

キリシタン禁教の急先鋒であった竹内正三位は、信長を公然と批判し、元亀二年（一五七一）九月十八日に処刑された。文観《もんかん》に勝るとも劣らぬ朝山日乗は、天正元年（一五七三）の秋頃に中央政界から追放され、同五年九月に死去したが、秀吉を仲間に引き入れた（『吉川家文書』六一〇）。松永久秀は、同年十月十日に織田信忠と光秀によって自害させられた。こうして法華宗徒四人組は楠正虎一人になったが、この男は久秀の右筆《ゆうひつ》（秘書・公文書の作成）であった。

信長の死後も生き延びた楠正虎こと長諳は、南朝の雄・楠木正成の子孫を騙《かた》っていた。長諳は、日蓮宗が盛んな備前出身であった。また、彼は達筆であったので、信長の目に留まり、右筆を務めた。信長も当代きっての達筆であった。それが採用の理由であった。信長は不覚にも、一事が万事ではあるが、長諳が自身に心服していると信じ、この人物の履歴書を全く無視した。信長は長諳を戦利品のように考えていたのであろう。

カエサルやナポレオンと同じく、重篤なナルシストと化した信長は、他人を不当に軽んじた。それは政治家としての資質を欠くことを意味したが、信長にその自覚は最期までなかった。日蓮宗の原理主義者で妙覚寺の檀家でもある長諳が、信長よりも天皇と信仰を選択することは自明であった。もっといえば、長諳は松永久秀や朝山日乗の化身であり、信長の脳内で蠢《うごめ》くハリガネムシとなった。この虫は、寄生したカマキリを洗脳して入水自殺させ、故郷の川に戻る。長諳は現代でいえば、西ドイツのヴィリー・ブラント首相の個人秘書であったギュンター・ギヨームと同じである。ギヨームが東ドイツ（シュタージ）のスパイであるとの警告を、信長と同様にブラントは無視したのである。

信長と朝廷との交渉は、書面作成段階で正親町帝とその協力者に筒抜けであったとみなさなければならない。長諳の地位は、信長に有用な情報や進言を遮断し、誤った施策に誘導することさえ可能であった。信長の死後、役割を終えた長諳は、案の定、秀吉と天皇に仕えている。これは自然の摂理であるということができる。

◆正親町帝の関白・信長構想

秀吉の関白任官については、石毛忠防衛大学名誉教授が思想史の立場から昭和五十六年（一九八一）に指摘する前までは、秀吉は当初征夷大将軍を望んだが、現任の将軍・足利義昭が禅譲を拒否したため、懇意の右大臣・菊亭《きくてい》（今出川）晴季《はるすえ》の協力を得て近衛前久《このえさきひさ》の猶子となり、藤原氏として関白になったとする説が主流であった。石毛氏は、この通説は儒者の林羅山《はやしらざん》の創作によるもので、そのような事実はないことを論証した。さらに、三鬼清一郎氏も平成三年（一九九一）にこの通説を否定した。この歴史認識は、最近では浸透しているが、関白・太政大臣・将軍の職制についての具体的な説明は、高度な問題として残っている。

正親町帝の狙いは、室町幕府を廃して天皇大権から自立していた軍令権を王朝の内に取り込むことにあった。具体的には、軍令権を一元的に統括する関白と天皇の一体化である。官制体系からすれば、関白は武家の代表とはなり得ない。それは豊臣政府の成立によって成就したが、当初正親町帝の意中の関白は信長であった。

天正十年四月二十五日の「三職推任問題」で着目しなければならないのは、太政大臣や将軍ではなく、関白がその選択肢に含まれていることである。天皇と関白の一体化による「公家一統」の構想の原型は、「関白・信長構想」であった。この構想は少なくとも十年近く前に遡る。

「関白・信長構想」は興福寺《こうふくじ》大乗院《だいじょういん》門跡・尋憲《じんけん》が記した『尋憲記』（天正二年〈一五七四〉三月二十四日の条）に記されている。尋憲は関白・二条尹房《ただふさ》の子で、兄は関白・二条晴良である。尋憲は「雑談とて人の申し候」としているが、情報源は兄の晴良とみなされる。この日記には「信長は近衛殿に成り候、子チャセン（信雄）は将軍に罷《まか》りなられ候」「一段京都にて二条殿覚の由候、関白も信長へ相渡し候てくださらるべくの由申しとの沙汰あり」と記されている。

尋憲は信長が近衛前久の養子となって関白となり、晴良は関白職を信長に譲るとしている。秀吉の関白任官手続きは、この焼き直しに他ならない。結果的に天皇は信長を更迭《こうてつ》し、秀吉を後釜に据えた。秀吉は信長の存命中に主君を天皇に替えていた。忠義には反するが、賢明な選択であった。信長は当てにならない。それが信長を最もよく知る人物の回答であった。

将軍は「征夷大将軍」を指すとは限らない。信長は天正三年（一五七五）十一月に右近衛大将に任官した。この地位は武官の最高位であり、源頼朝は「前右大将家」と呼ばれた。頼朝以降、将軍は征夷大将軍を指すようになるが、それ以前は「鎮守府《ちんじゅふ》将軍」のことであった。

また、後醍醐帝は足利尊氏を「鎮守府将軍」とし、護良親王を「征夷大将軍」とした。得宗《とくそう》北条高時《たかとき》の子・時行《ときゆき》が「中先代《なかせんだい》の乱」を起こし、足利尊氏《たかうじ》は天皇に無断で関東へ向かったことにより解官《げかん》された。尊氏に替わって「鎮守府将軍」になったのは、従二位参議の公卿・北畠顕《あき》家《いえ》である。顕家は公卿が任官する場合は「大」の字を付けることを後醍醐帝に奏上して「鎮守府大将軍」となった。

故・高橋富雄東北大学教授は、本来、「鎮守府将軍」は常設の武官であり、一方、征夷大将軍は非常大権をともなう武官であるとした。その上で高橋氏は「(「鎮守府将軍」では)天皇大権の内にとどまっていた軍令権が、(「征夷大将軍」では)天皇大権の外に自立することになる」という点で根本的に異なるとした。となれば、正親町帝は天皇の執事である関白に「鎮守府将軍」を兼任させることで、天皇大権の内に軍令権をとどめたという理解ができる。正親町帝が求めた関白権力の本質は、足利尊氏と同じく「鎮守府将軍」である。しばしば使用される「武家関白」というような歴史用語は、その実態からも論理的にもあまりにもかけ離れている。

後白河法皇は木曾(源)義仲に与えた征夷大将軍を、頼朝には終生認めることはなかった。また、頼朝は公卿(三位以上の高官)となったが、関東に在国した。頼朝が「征夷大将軍」に任官したのは、建久《けんきゅう》三年(一一九二)三月十三日に法皇が逝去した後である。なぜなら「征夷大将軍」は非常大権であり、それが鎌倉で世襲されて常態化することは、王朝国家から武家国家が関東の領域で自立することを意味したからである。後白河法皇が懸念した通り、以後、関東は東京遷都まで、事実上あるいは実質的に天皇の統治権がおよばない管轄外の地となった。

ところで、尋憲は、嫡子の織田信忠ではなく、次男の信雄が将軍になると書き留めている。これは尋憲の勘違いではない。信雄の養子先の伊勢国司《こくし》・北畠氏は村上源氏の末裔で、北畠親房《ちかふさ》の三男・顕能《あきよし》の系譜である。親房は源氏長者の地位にあった。当時信雄は、北畠具豊《ともとよ》と名乗っていた。親房は後醍醐帝の側近で、南朝勢力の思想的・軍事的な指導者であり、子の顕家は「鎮守府大将軍」であった。信雄の将軍とは「征夷大将軍」ではなく「鎮守府大将軍」のことである。また、天正二年（一五七四）当時、足利義昭は紀伊国由良《きいゆら》（現・和歌山県日高郡）の興国寺《こうこくじ》に仮御所を構えていた。信長は生涯にわたり義昭を解官することができなかった。この時点で信雄が「征夷大将軍」に任官することなど全く論外であった。

源氏が三代で滅んだ後、「征夷大将軍」は頼朝の遠縁にあたる摂関家の九条道家の子・頼経《よりつね》が継承した。その後、後嵯峨上皇の皇子・宗尊《むねたか》親王が将軍職を継承して宮将軍が誕生した。皇族の「征夷大将軍」が誕生したことで東国国家の王権としての「征夷大将軍」の位置付けはより明確になったといえる。

故・永原慶二一橋大学教授は「（それまで）天皇は神であり、その意思は絶対性をもっており、理非曲直《りひきょくちょく》（道理）を超えて神聖とされてきた」とした上で、頼朝は「神聖なるものは天皇や鎌倉殿の地位にあるのではなく〈正道〉そのもの」として、新しい価値観を示したとした。この永原氏の言説《げんせつ》に従えば、頼朝の新しい価値観は、国家的権力から社会的権力が関東の地で分離し、自立することで現実化したといえる。

東国国家（鎌倉・古河公方家）は武家国家体制の根幹に位置付けられるのであり、それは室町幕府が東国国家を廃して京都に一元化できなかった理由でもある。したがって、信長の政権構想が武家政権の継承である限り、東国国家と征夷大将軍の設置は不可分の要件となる。より深刻な問題は、豊臣政府の構想が天正二年の段階で実現が図られていたことである。この荒唐無稽な国家構想を実現するための方策は、羽柴秀吉と長岡（細川）藤孝が我々に教えてくれるはずである。

◆「源平合体」と「織田・徳川同盟」

源氏と平家が交代して天下を治めるという「源平交代説」がある。平家にはじまり源氏・北条（平氏）・足利（源氏）という一連の流れである。これは『平家物語』『太平記』にも記されていることから、信長の時代においても広く浸透していた（『多聞院日記』『立入左京入道隆佐記』）。信長が平氏を称したのは、上洛後のことである。それまでは藤原氏であった。元亀二年（一五七一）六月吉日の鰐口《わにぐち》に記される「平信長」の銘文が最も古い史料である（『信長文書』二八七）。

信長の天下構想は兄弟同盟である「織田・徳川同盟」を「源平合体」の武家国家体制に発展させたものであった。この体制は平家を自称する織田氏が室町殿の領域を統治し、古河公方の領域である関東（東国）は新田源氏徳川氏に管轄させることで成立する武家政権である。

この「源平合体」の構想は、実は源頼朝の発案である。この頼朝の言質は関白・九条兼実《かねざね》の日記『玉葉《ぎょくよう》』（養和《ようわ》元年〈一一八一〉八月一日条）に記されている。頼朝は「源氏平氏相並びて（朝廷）召しつかふべきなり、関東は源氏に進止（管轄）、海西は、平氏の任意として、共に国宰（国政）においては、上（天皇）より補せらるべし」と述べた。

よく使われている「天下一統」「天下統一」という歴史用語は造語にすぎない。この天下とは京都のことである。信長は「天下静謐」「天下布武《ふぶ》」とはいっているが、「天下統一」「天下一統」とはいっていない。それは豊臣政府に限って該当する。また「公家一統」は建武政府・豊臣政府、そして明治政府の基本理念ではあったが、対して「武家一統」という用語は一度も使用されたことがなく、歴史用語にはない。

三月に武田氏を滅ぼした信長は、新体制を発足させる準備を進めていた。信長は、重臣の滝川一益に「関東八州の御警固申しつけ」「東国の儀御取次」（『信長公記』）を命じた。一益の職責は室町幕府体制下でいえば、「関東管領」を継承した上杉氏の役割に置き換えられる。「関東管領」は将軍の目付として関東の公方を監視・牽制する役割があった。江戸時代の史料である『武家事紀』は、一益を「関東管領」と記している。それには「上州《じょうしゅう》厩橋《まやばし》に在城し、関東の管領職に補し」と記されている。一益が「関東管領」であれば、征夷大将軍は徳川家康その人でなければならない。

この史料は「奥州、羽州にまで、その沙汰を決断せしむ。一益心得ずことは、源家康公へ相議の事を可決なり」とした上で「実は北条氏政ヲさへのためなり也」としている。また、滝川一益は上杉氏が守護であった上野国と信州二郡を信長から与えられた。このような事情を知る人々は、一益を織田政権の「関東管領」とみなしたと考えられる。

◆家康の秀吉への臣従と条件闘争

天正十三年（一五八五）七月に秀吉が関白となった翌年の十四年十月に家康は秀吉に臣従した。これは信長の代に決められていた既得権益を秀吉が認めたことを意味する。それがなければ、講和はあり得ない。それは家康の関東支配権の確認と重臣たちの任官である。多聞院英俊は天正十四年十一月二日の条で「秀吉は王になり、宰相殿（秀吉の異父弟・秀長）は関白になり、家康は将軍になると云々」（『多聞院日記』）との噂があったと記している。この三度目となった家康上洛後にもたらされた噂が、天正十八年（一五九〇）の北条征伐と家康の江戸入府の四年前の話であることにも着目する必要がある。

秀吉が王（天皇）となるという英俊の言説は、非人出身の秀吉が関白になった事実からすれば、論理の飛躍とは言い切れない。誠仁親王がこの年の七月二十四日に三十四歳で頓死《とんし》したこともあり、秀吉が王となるという連想が支配層の間でなされた。英俊は「一揆の世」「天下闇夜」と嘆《なげ》いた。ここで注目されるのは権力の分立である。「家康は将軍になる」とは、秀吉の「天下」に対して関東の支配を前提にしたものである。この論理は信長の代であっても成立する。信長が太政大臣、あるいは関白であったとしても「家康は将軍になる」との論理は同じである。

家康の上洛を受けて秀吉は、上杉景勝に天正十四年十一月四日の書状の中で「関東の儀」は家康に任せることを伝えた。その中で秀吉は「家康上洛候て入魂候」とした上で「関東の儀家康と談合せしむ」と記している（『秀吉文書』二〇〇九）。他にも、反旗を翻した新発田《しばた》重家の問題はあったにしても、秀吉が景勝に報告したことは、上杉氏への一定の配慮であった。先代の上杉謙信は最後の「関東管領」であり、家康の関東支配は二百年以上続いた上杉氏の地位の放棄を意味したからである。この時点で、関東の支配権は秀吉と家康の任意となった。

同時に、北条早雲《そううん》こと伊勢盛時《もりとき》以来の伊勢北条氏の命運もまた定まった。一般に、秀吉は伊勢北条氏と他の関東諸領主との抗争を仲介し、北条氏政親子の上洛を促したとされている。しかし、伊勢北条氏にそのまま関東の支配を認めるという選択は、秀吉にも信長にもなかった。

それが北条氏政・氏直親子が上洛しなかった真の理由である。また、秀吉と家康が入魂《じっこん》になるということは、家康の関東入府を認めるとした両者の取引が成立したことを意味する。『当代記』は秀吉への家康の臣従《しんじゅう》から四十年ほど後の史料ではあるが、北条氏政・氏直親子が家康の秀吉への臣従について強い不快感を示したとしている。この史料は「秀吉・家康入魂し給しを、小田原の氏政父子心底不快と云々」と記しているが、正しい歴史認識である。

秀吉や聖護院道澄《どうちょう》の術中にはまった北条氏政は、天正十一年（一五八三）一月に急死した足利義氏の後継者を定めることなく、古河公方家を断絶させた。古河公方を奉じて関東で覇を成した伊勢北条氏は、一大名に転落したことになる。これは秀吉の北条征伐の布石であった。

秀吉は文禄四年（一五九五）八月二日に「太閤様御法度御置目《たいこうさまごはっとおんおきめ》」を定め、関東の支配権が家康の任意であることを確認した。それには「坂東《ばんどう》法度、置目、公事篇《くじへん》、家康申しつけべく候事」と記されている（『毛利家文書』）。一方で「公家一統」の建前からすれば、正親町帝も秀吉も、家康の征夷大将軍への任官は認めなかった。家康は征夷大将軍任官と関東の支配権を根拠にして、機会があれば、新たな武家政権を創出すべく軍令権を必ず取り戻しに来るからである。

「武家官位制」においても家康が秀吉と講和して上洛した際、徳川家の重臣たちも任官している。筆頭の重臣・酒井忠次は従四位下左衛門督《さえもんのかみ》となった。本多忠勝は天正十四年（一五八六）十一月九日に従五位下中務大輔《なかつかさたいふ》、榊原康政は従五位下式部《しきぶ》大輔、大久保忠隣《ただちか》は従五位下治部《じぶの》少輔《しょう》、高力清長は従五位下河内守《かわちのかみ》、阿部正勝は従五位下伊予守《いよのかみ》に任官した。

なお、井伊直政は従五位下修理大夫《しゅりのだいぶ》であるが、同十六年四月に後陽成帝が、聚楽第《じゅらくだい》へ行幸《ぎょうこう》した際に昇殿を許される侍従となり、豊臣政府特有の公家成《くげなり》大名となった。そのため、遡及《そきゅう》して同十二年二月二十七日に任官したことにしている。鳥居元忠《とりいもとただ》自身は任官を拒否したが、子の忠政は従五位下左京亮《さきょうのすけ》に任官した。また、聚楽第行幸の際には相当数が家康の随身《ずいじん》として任官した。このように、信長の代に約束されていた徳川重臣層の任官は、秀吉によって徳川氏の既《き》得権益《とくけんえき》として認められたと解される。

笠谷和比古氏は、天正十六年（一五八八）正月に足利義昭が将軍を辞任したことを契機にして家康は源姓を復活させた上で、「（近衛）前久の書状によるならば、この源姓への改姓は同時に「将軍望に付候て」、すなわち将軍を射程に置いての措置であったということである」と述べている。笠谷氏は家康の左近衛大将・左馬寮《さめのりょう》御監《ごげん》任官と合わせて「豊臣関白体制下の事実上《デ・ファクト》の将軍制」と規定した。これは秀吉と家康の間でなされたぎりぎりのディールの結果である。

なお、天正十八年（一五九〇）七月に秀吉は家康の関東入府を認めたが、家康の旧領五か国への転封を断った織田家当主・信雄は、それを理由に改易となった。秀吉が事前に信雄改易について家康に了解を求めたことは当然である。そして、秀吉はこの事実と関東の地を相対化するために「唐入」を計画した。その理由は、織田・足利新旧武家政権から軍令権を奪取した豊臣政府が、国権の発動によって対外戦争を行うことで、反対勢力を戦時における国家と天皇への反逆という強力な名分で武士階級全体を抑え付けることができたからである。

◆「織田・徳川同盟」から「徳川・織田同盟」（幕藩体制）へ

慶長八年（一六〇三）に徳川家康は征夷大将軍となり、同時に信長が任官した右大臣になった。信長の天下構想は天正十年（一五八二）六月から二十九年後、家康によって再現された。慶長十六年（一六一一）四月十二日に前《さきの》右大臣・源家康は、東海・北陸以西の諸大名を二条城に集めた。この日、後陽成帝が譲位し、後水尾帝が即位した。

新天皇の即位式の当日に大御所（公方）となった家康は、二十二名の西国大名を二条城に集めて「法令三箇条」を公布した。また、将軍・徳川秀忠は、翌年の慶長十七年正月五日に別途江戸城に東国・奥羽の諸大名を集めて「法令三箇条」を「前右府《うぶ》様（家康）」にならって公布した。家康の法令は「公方の方式」、秀忠の法令は「将軍の方式」と呼ばれた。大御所（公方）・秀忠と将軍・家光の代においても、それぞれの管轄領域が軍団の編成によって分担されていた。

条々

一、右大将家以後代々公方の方式の如《ごと》く、これ仰ぎ奉るべし、損益を考えられて、江戸より出さるる御目録においては、いよいよ堅く守るべきこと

一、あるいは法度に背き、あるいは上意（公方・将軍の命）に違《たが》う輩《ともがら》、各《おの》国々隠《かく》れ置くを停止《ちょうじ》（防止）すべき事

一、各《おのおの》拘置《とどめお》くの諸侍已下（以下）、もし叛逆・殺害人たるの由、その届あるにおいては、互いに停止《ちょうじ》すべき事

故・辻達也横浜市立大学教授は「征夷大将軍は関東とその周辺の軍団長であった。これに対して大御所家康は、軍事的には、東海・濃尾の譜代の御家人を基盤（いわゆる御旗本の武士）としつつ、西国外様大名など広く天下を統一する公儀権力の主催者であった」と述べている。

なお、寛永十一年（一六三四）七月の家光上洛以降、文久三年（一八六三）の十四代・家茂まで二百二十九年間、将軍の上洛はない。これは公方が公儀権力と東国の王権を兼任したことを意味する。逆に家茂の上洛は、大老・井伊直弼《いいなおすけ》暗殺後の幕府権力の弱体化を露呈させた。また、「公武合体論」は、将軍の関白化を意味するものであった。

天正十年六月に信長の天下構想が実現していたならば、「前右府様」とは平信長のこととなり、「征夷大将軍」は新田源氏・家康であった。同時に、それまで見送られてきた織田・徳川双方の

重臣たちの正規の任官も、一斉になされる予定であった。これが、家康主従が上洛しなければならなかった理由であり、家康や秀忠が「法令三箇条」を公布する際に諸大名が欠席することなど許されなかった事情と同じである。

天正十年五月四日、勧修寺晴豊は「将軍になさるべきのよし」と信長に答えたが、その意は信長の太政大臣任官と同時に家康を征夷大将軍に推挙するという申し出を朝廷側が受諾するものであった。この一文に反応し動いたのは、やはり家康であった。信長はすぐさま朝廷からの内諾を取り付けたことを家康に報告し、上洛を要請した。安土から浜松までは、京都・岡崎間と同じ百九十キロほどである。この距離であれば、至急報は二日で届く。七日には安土からの使者が浜松城に到着したとみなされる。『家忠日記』は、五月七日に信長から三河・遠州の諸将に兵糧が配られ、八日に家康が十一日頃に安土へ出発するという連絡があったとしている。このようにして家康の安土参勤・上洛の日程は五月四日に定まったと推定できる。

信長の天下構想は確かに拙速《せっそく》ではあったが、幕藩体制の枠組みとして残った。その内実も信長が道を開いた武家階級の独裁体制を前提にしている。戦乱の世の背景について故・石井進東京大学教授は「京都の朝廷、鎌倉・室町幕府、大きな寺院や神社、各地の地頭《じとう》から守護大名・戦国大名まで、さまざまな権力主体が支配権を行使し、独自の裁判を行っていた。したがって衝突が絶えず、しばしば争乱がもちあがった」と説明している。信長は比叡山や本願寺などと戦い、味方にも多大な犠牲を払いながら武家独裁を確立することで、この問題を克服した。そ

家康を中心とした公儀権力と東国の王権の推移

		公儀権力の主催者	東国の王権
①永禄十三年(一五七〇)三月	**家康上洛**	**源義昭**(征夷大将軍)	**源義氏**(古河公方・左馬頭)
		※十五代将軍・足利義昭の謁見を果たして家康は将軍直臣となり、事実上の三河守護となる。 ※元亀四年(一五七三)七月、足利義昭出奔。天正三年(一五七五)十一月に信長、右近衛大将に任官。	
②天正十年(一五八二)五月	**家康上洛**	**平信長**(前右大臣)	**源家康**(征夷大将軍未完)
		※前右大臣・信長が太政大臣となり、左京大夫・家康を征夷大将軍として関東に配する計画は頓挫。	
③天正十四年(一五八六)十月	**家康上洛**	**豊臣秀吉**(関白)	**空位**(足利義氏は天正十一年一月没)
		※秀吉に臣従し、関東の儀は家康に任せるとの言質を取る(上杉家文書)。	
④天正十八年(一五九〇)八月	**江戸入府**	**豊臣秀吉**(関白)	**源家康**(従二位大納言)
		※文禄四年(一五九五年)七月の「秀次事件」直後、五箇条の起請文で秀吉は関東の支配権を家康に一任(浅野家文書)。	
⑤慶長八年(一六〇三)二月	**家康上洛**	**豊臣秀頼**(内大臣任官)	**源家康**(征夷大将軍)
		※家康は同年二月十二日に右大臣兼征夷大将軍に任官。四月、秀頼は内大臣に任官。関白は九条兼孝が再任。	
⑥慶長十年(一六〇五)二月	**家康上洛**	**豊臣秀頼**(右大臣任官)	**源秀忠**(征夷大将軍任官)

		※関白は近衛信尹。四月、秀頼は右大臣に任官。同月、秀忠は征夷大将軍・正二位内大臣に任官。	
⑦慶長十六年（一六一一）三月	**家康上洛**	**源家康**（前右大臣・大御所）	**源秀忠**（征夷大将軍）
		※家康は同年四月十二日に「法令三箇条」を西国大名に誓約させる。翌年正月、秀忠が上記を東国大名に誓約させる。	
⑧元和九年（一六二三）五月	**秀忠上洛**	**源秀忠**（大御所・右大臣）	**源家光**（征夷大将軍任官）
		※七月、家光上洛。征夷大将軍・正二位内大臣に任官。	

れが信長の功績ということができる。

一方、江戸幕府の創成期に秀吉死後の豊臣政府は、どのように位置付けられたのであろうか。笠谷和比古氏は、家康が徳川氏と豊臣氏との共存を容認していたとする「二重公儀体制」を提唱した。しかし、慶長十六年（一六一一）三月二十八日に家康は豊臣秀頼を二条城に呼び出して会見したが、西国の諸大名に命じた「法令三箇条」の誓詞《せいし》を提出させていない。秀頼は自身を別格の存在と考えたかもしれないが、それは幕藩体制の枠外に置かれたことを意味した。武士階級が軍令権を取り戻し、幕藩体制が成立した以上、豊臣氏は存在してはいけない存在になった。

同時に、慶長十一年四月と同十二年正月に、大御所・家康と将軍・秀忠それぞれが「法令三箇条」を公布した期間が徳川幕府の成立時期とみなされる。なお「二重公儀体制」は、家康が創り上げた幻想の産物であった。この建前は、豊臣恩顧の諸大名が危険を冒してまで抵抗する事態を妨げることになった。それは将軍家の世継ぎ問題にも反映されていた。

福田千鶴九州大学大学院教授は、著書の中で、徳川家光が秀忠の正室・江《ごう》の実子ではないことを実証している。明智光秀の宿老、斎藤利三の娘・福こと春日局《かすがのつぼね》が家光の実母であるかは別にしても、もし江の実子である忠長が将軍になれば、正室・江の権勢は春日局をはるかにしのぐことになる。それは家康の本意ではない。そこで家康は世継ぎ問題を故意に先送りしていた。

徳川忠長は当て馬であった。案の定、家光が世継ぎとなったのは、豊臣氏が滅亡した直後のことであった。それまで加藤清正や福島正則など、豊臣恩顧の諸大名は忠長が将軍になることを期待した。江は秀吉側室・淀殿の妹であり、忠長の従弟となる秀頼を疎かにはしないと彼らは考えた。家康は真意を悟られぬようにして、諸大名にそのような期待を抱かせた。

一方、家光も十二歳まで廃嫡を恐れる日々が続いた。それはトラウマとなるほどであった。家康は自身が作り上げた逆境に晒される家光を守るため、福を見込んで乳母にした。家康が豊臣家の存続を考えたことは、一度もなかった。政略上、加藤清正や福島正則などは、時間をかけて分断し孤立させた上で、順序だてて処理していくことが既定路線であった。

「織田・徳川同盟」は秀吉によって消滅させられたが、「関ヶ原の戦い」以後、「徳川・織田同盟」に転換した上で再生した。織田家嫡流は「関ヶ原の戦い」で信長嫡孫・織田秀信が西軍に味方したため断絶した。一方で、三男・信雄や弟・有楽（長益）など、信長の親族は大名・高家として存続した。

それだけではない。「関ヶ原の戦い」の後、大名となった信長の一族郎党が占めた石高は五百万石に迫る。日本全国の総石高は千八百五十万石であることから、四分の一を占める。前田家百二十万石・池田三家八十四万石・蒲生家六十万石・浅野家四十万石・堀家三十万石・堀尾家二十四万石・山内家二十一万石・森家十九万石・蜂須賀家十八万石・生駒家十七万石・寺沢広高十二万石・中川家七万石・稲葉家五万石、これに織田家の信雄系五万石・長益系四万石（一万石分与）・信包系四万六千石（一万石分与）だけでも四百七十万石となる。一方、徳川四天王は、井伊家十八万石、酒井家・本多家・榊原家はそれぞれ十万石であった。

天正十年六月、信長は、家康が後陽成帝の譲位、後水尾帝の即位を機に「武家官位制」を創出したように、正親町帝の譲位、誠仁親王の即位を実現しようとしていた。しかし、叡慮《えいりょ》により更迭された。このように、家康の安土参勤と上洛は、信長の「武家官位制」の創出と正親町帝の譲位・誠仁親王の即位と不可分の関係にあった。同時に正親町帝は、光秀が謀反に踏み切るための絶好の機会を作ったことになる。光秀からすれば、安土に参勤した二百五十名余りの家康主従は、カモ・ネギに映った、かはともかく、千載一遇の好機ととらえて、決心を固めたことは間違いない。

五月十五日

近江国安土◉粉飾《ふんしょく》の天下人・織田信長の落日《らくじつ》

さあ、ここからは、家康主従が安土城に到着し、本題の「伊賀越え」を行うまでの旅の行程を見ていく。しかし、この信長からの招待旅行は日本の歴史上、最も豪華で最低最悪のイベントとなった。信長の段取りは、はじめから体をなしていなかった。今まで用意周到な戦争準備によって常に勝利をもたらしてきたあの信長とは全く異なる。

この招待旅行は、一事が万事、予定が未定であった。安土城での重大な儀式は、マスターオブセレモニーを担った惟任日向守《これとうひゅうがのかみ》光秀が、ホストの信長と大喧嘩《おおげんか》をしてキャンセルになった。結局、光秀は家康のための饗応の準備はしたが、料理などを安土城の堀へ投げ捨てて坂本城へ帰ってしまった。また、これを取り繕うための余興の能も無様すぎて来賓《らいひん》の顰蹙《ひんしゅく》と失笑を買い、信長は怒り狂った。信長は一連の不手際をドンチャン騒ぎと食べきれないほどの料理でごまかそうとした。信長は情けないほど狼狽《ろうばい》していた。この不手際の連続で針の筵《むしろ》に座らせられた家康主従が、いかに御馳走を食べさせられたとしても胃が受け付けず、旨いわけがなかった。

信長と光秀だけではない。信長と嫡子・信忠の間でも一悶着《ひともんちゃく》があった。信忠も途中でホスト役を放棄してしまい、堺で予定された（利休）千宗易の茶会もそのおかげで流れた。あげく「明智光秀の乱」でホストの信長と信忠も他界した。最後は「伊賀越え」であるが、その前の木津川下りは文字通り命がけであった。一緒に旅した穴山梅雪は帰らぬ人となった。二百人いた随行者は、若干名の負傷者以外、ほぼ全滅した。それぞれが上洛のために用意したせっかくの名馬も行方不明となり、何頭戻ってきたかは、わからない。

光秀の謀反を家康主従が予見できたか否か、それはともかく、安土に参勤して以来、無事に領国へ帰ることさえできれば、御の字と思っていたに違いない。家康は光秀謀反の一報を聞く前から、すでに覚悟を決めていたと思われる。読者の皆さんも、家康に随行した家臣になったつもりで読み進めていただければ、幸いである。

◆砂上の楼閣

家康主従は織田領内各所で歓待を受けた後、天正十年五月十四日には信長の重臣・丹羽長秀が番場《ばんば》（現・滋賀県米原市）に造った仮御殿で盛大に出迎えられた。織田信忠も番場に到着し、歓迎した。家康主従は番場で一泊し、翌十五日に安土へ出立した。この番場は武家にとって不吉な場所である。元弘《げんこう》三年（一三三三）五月九日、六波羅探題北方《きたがた》・北条仲時《なかとき》以下四百三十二人は、後醍醐帝方の悪党（一説に五辻宮守良親王《いつつじのみやもりよし》の配下）に包囲されて切腹した。鎌倉幕府の滅亡は、それから十五日後の五月二十二日であった。

家康主従が初めて安土城を目の当たりにした時は、さすがに驚いたと思われる。標高百九十九メートルの安土山にそびえ立つ安土城の天守閣は、地上約四十六メートル、外観は五層とされている。家康主従が唯一盛り上がったのは、この瞬間だけであった。しかし、それは砂上《さじょう》の楼閣であった。前年九月に完成したばかりのこの城は、翌月には月が荒城を照らすことになった。

織田家の不手際のはじまりは、五月十五日に安土の惟任日向守光秀邸で行われる予定であった「御成《おなり》」の中止である。信長は五月十五日から十七日までの安土城における家康への饗応《きょうおう》役を光秀に命じた。『信長公記』は「お振る舞いのこと、(信長は)惟任日向守(光秀)に仰せ付けられ、京都、堺の珍物を調べ、おびただしき結構にて、十五日より十七日までの御事なり」と記している。「そのつもり」が信長の予定の概念であった。

しかし、家康への饗応に関して信長と光秀の間に軋轢《あつれき》があり、それが尋常なものではなかったことは、家康主従にも漏れ伝わったに違いない。この内輪もめは、家康主従を不快にさせたというよりも、不安にさせた。信長は室町幕府に代わる新体制の創出について、光秀を説得することができなかったことがわかったからである。家康はこの時点で帰りたかったに違いない。それでも信長と朝廷との重大な折衝が残っており、顔をつぶすようなことはできなかった。

◆信長の畿内支配と「織田・明智体制」

天下とは京都を中心とした社会のことであるが、信長は住所不定の天下人であった。河内将《かわうちまさ》芳《よし》奈良大学教授は、信長は永禄十一年（一五六八）九月二十六日の入京以来、十五年近く天下人として君臨したが、在京期間は長い年でも三か月弱、一日から三日の場合もあり、正月を京都で迎えたことは一度もなかったとしている。その宿舎は、本能寺や妙覚寺などの寺院や明智光秀邸も使用したように、不定であった。

二条御所は、当初、正二位右大臣・右大将にまで昇った信長の屋敷と思われていたが、誠仁《さねひと》親王に献納した。安土城はいわばペンタゴン（国防総省）であって、ホワイトハウス（御所）ではなかった。信長は将軍・足利義昭と対立し、元亀四年（天正元年）七月に幕府内でも孤立した義昭が出奔《しゅっぽん》して都落ちしてからは、四方に敵を抱えることになった。実際の信長は尾張の新興大名にすぎず、支配者ではあっても不案内な畿内統治に直接関わることはできなかった。

一方、室町幕府は寺社・本所（荘園領主）の力が強く、権利関係が複雑に入り組んだ畿内を二百年以上も統治してきた実績があった。幕府が発給する権利証明である「奉行人奉書《ぶぎょうにんほうしょ》」はなお効力を有し、社会に根付いていた。それは今日に至るまで、寺社・名家などで大切に保管されている。この時代の幕府政治は不安定であったが、室町幕府の行政・司法の官僚機構は、それなりに動いていた。これに強制力を担保する形で、信長は幕府政治に関与することができた。

確かに将軍が都落ちすると、将軍の命として発給される「奉行人奉書」は激減する。義昭と共に出奔した幕臣は三十名前後であり、大半の幕臣（公方衆《くぼうしゅう》）は畿内にそのまま残った。それらの幕臣を統括していた人物が、明智光秀であった。誤解されているが、信長は光秀の器量ではなく、その実力を買ったのである。光秀は織田政権の畿内統治の要であった。

現代にたとえれば、信長が社長ならば、光秀は天下（畿内）担当の専務あるいは副社長であった。そして、会長が征夷大将軍・足利義昭であった。しかし、光秀など幹部社員たちと会長の折り合いが悪く、彼らは信長を押し立てて対抗した。その手前、光秀は信長の恩義に報いる必要があった。これは社内抗争である。いうならば、「足利銀行」は腐っても都市銀行であって、新興の地方銀行である「織田銀行」からは資本の提供は受けるものの、都市銀行のエリート行員たちは、織田銀行による吸収合併を受け入れる余地など全くなかったという理解になる。

織田政権の実態は「織田・明智体制」であった。この体制には前例がある。それは天文二十二年（一五五三）八月に将軍・足利義輝が都落ちし、朽木に亡命した後に成立した天下人・三好長慶と幕府の官僚機構を統括した政所頭人《まんどころとうにん》・伊勢貞孝《さだたか》両者による「三好・伊勢体制」である。

この「三好・伊勢体制」は、永禄元年（一五五八）十二月に義輝が帰京後に変調をきたしはじめ、同五年九月十一日に松永久秀が伊勢貞孝・貞良親子を殺害した時点で終わる。長慶もその二年後に病死した。そして、貞孝の孫・貞興《さだおき》を女婿にして政所を再建した人物が、明智光秀その人である。光秀のもとで幕府政所の軍事的実力は最強になった。伊勢貞興は光秀の居城・坂本城と京都の伊勢邸を往復した（『兼見卿記』『言経卿記《ときつねきょうき》』）。その後、貞興は後見人の光秀に従って「山崎の戦い」で戦死した。

「織田・明智体制」の構図は、主要な城の配置にも現れる。信長は光秀に京都防衛の要となる湖西の坂本城と丹波の亀山・福知山両城、そして宇治の槇島《まきしま》城は、光秀方の大和国人・井戸良《よし》弘《ひろ》に与えた。湖東の安土城は、その外郭に位置した。

また、信長が京都近郊の勝龍寺《しょうりゅうじ》城（現・京都府長岡京市）を接収したのは、天正八年（一五八〇）八月である。勝龍寺城は桂川の西にあって、洛中に隣接し、西国街道と久我畷《くがなわて》（一本道）が交差する要衝《ようしょう》であった。それまでは光秀の盟友・長岡（細川）藤孝が城主であった。信長は側近の猪子《いのこ》兵助《ひょうすけ》と矢部家定《いえさだ》を勝龍寺城の城代としたが、反乱後は光秀が占拠《せんきょ》した。六月二日は、信長の城代は二人とも不在であった。この城の守備兵は、光秀に近い神足《こうたり》氏など勝龍寺城周辺の西岡の国人たちであった（「天正十年六月朔日勝龍寺にての書付」『三宅家史料』）。

もちろん信長は何も手を打たなかったわけではない。信長は村井貞勝《さだかつ》を京都所司代《しょしだい》とした。この職は九代将軍・足利義尚《よしひさ》の代（十五世後半）から中断していた幕府の職制を復活させたものである。確かに貞勝は洛中の警察権に加えて朝廷との連絡・市政権・寺社対策なども所管した。しかし、この職務は室町幕府の官制体系から出るものではなかった。

これは信長自身を京都の治安を守る役職であった侍所の長官（所司）とみなし、貞勝をその代官である京都所司代としたという解釈が成り立つからである。信長の代の京都所司代は、鎌倉幕府の六波羅探題《ろくはらたんだい》、秀吉の代や徳川時代のそれと比べても不全であり、信長が最有力大名であったとしても、その出先機関に近い。

さらに、信長は畿内支配の要である大和国（現・奈良県）を重臣の原田（塙《ばん》）直政に統治させようとしたが、うまくいかなかった。結局、直政が石山（本願寺）戦争で戦死したこともあり、興福寺との関係が深い国人・筒井順慶に任せざるを得なかった。信長は順慶を光秀の組下に入れたが、付け焼刃であった。信長の畿内支配は点と線にすぎず、面の支配は光秀に託されていた。我々が知っている信長は実物大ではなく、天正十年六月二日時点でも、光秀という脚立《きゃたつ》に乗った天下人であった。それを派手な袴で隠しているのであり、見方によれば、粉飾である。

◆歴史家の教科書『日本歴史大系』と「本能寺の変」

いわゆる「本能寺の変」について『日本歴史大系』第八巻「幕藩体制の成立と構造（上）」（山川出版）には、次のような説明がなされている。このシリーズは、一九八〇年代の歴史学界の黄金期に当時の代表的な研究者が各時代を分担して編集された、研究者のための教科書である。織田・豊臣時代を担当したのは、三鬼清一郎名古屋大学教授（当時）である。

三鬼氏は織田政権について「濃尾から近江にかけて領国支配を拡大した信長も、伝統的に寺社・本所（荘園領主）勢力が強い畿内の支配は十分でなかった」と結論付けている。また、「織田政権がこのような在地構造（最先進地域であり、かつ大寺院など伝統勢力の強い地盤）をもつ畿内を自己の権力基盤にすることができなかったことに、織田政権が自滅せざるをえない要因がひそんでいた」と説明している。いわゆる「本能寺の変」は信長の自滅との見解を示した。

さらに三鬼氏は「室町幕府の奉公衆・奉行人でもあった土豪層は、明智光秀らの旧幕臣と結びついていた」と述べている。「室町幕府の奉公衆・奉行人でもあった土豪層」と「明智光秀らの旧幕臣」は完全に一致する。義昭が出奔した後に畿内に残って光秀が統率した幕臣とは、将軍直幕臣のことであり、主に「奉公衆」と「奉行衆」のことである。

信長は、お目見えが許される足利将軍直臣を「公方衆《くぼうしゅう》」と呼んだ。彼らの京都での社会的地位は、公家に匹敵した。また、「奉公衆」とは、室町幕府を支えてきた将軍の親衛隊のことであり、軍事のみならず政治・外交などを担っていた。「奉行衆」は行政・司法官僚のことであり、その大半は鎌倉時代から世襲されており、家職として代々判例や慣習法の知識を継承していた。

この組織を取りまとめていたのは、幕府政所頭人の伊勢氏であるが、この伊勢氏一族で最も有名な人物は、後世になって「北条早雲」と呼ばれた伊勢新九郎《しんくろう》盛時である。盛時の身分は「奉公衆」であり、かつ将軍の側近で取次役の「申次衆《もうしつぎしゅう》」であった。彼の立身は下剋上とは関係がなく、天下り大名である。明智光秀も同類であり、正しく二匹目のドジョウである。

室町幕府は、将軍権力と伊勢氏が「政所頭人」として統括する官僚組織（政所）によって成り立っていた。十代将軍・足利義稙《よしたね》以降、将軍が都落ちを余儀なくされて「流れ公方」が長引くと、京都に残った「政所頭人」は管領や天下人と結び付いて幕府政治を存続させた。仮に、将軍と共に「政所頭人」まで都落ちしたならば、幕府政治は機能を停止し、その時点で滅亡した

城の配置でみる「織田・明智体制」

に違いない。

高校で使用される教科書は、天正元年（一五七三）七月に信長が将軍・足利義昭を追放し、室町幕府は滅亡したと記しているが、これは誤りである。たとえば、十代将軍・足利義植以来、将軍追放や出奔は何度もあった。その都度、室町幕府は滅亡したわけではない。一将軍の出奔、あるいは追放であろうと、それを室町幕府体制の消滅とする歴史認識は、論理の飛躍である。

義昭は興福寺一乗院門跡の出身であり、家臣がいなかった。幕臣の大半は兄・義輝の旧臣で

◆

あった。義輝の旧臣たちは、義輝を謀殺《ぼうさつ》した松永久秀によって擁立《ようりつ》された義昭とはもともとそりが合わなかった。また、義昭は側近の「公方衆」に領地を与えるが、それは寺社などの土地をかすめ取ったものであった。被害にあった寺社や荘園領主は信長に泣きついた。幕府政治の障害となった義昭の将軍権力は、信長を後ろ盾とする光秀を頭目とする幕府官僚機構と対立した。

光秀は将軍権力を統制するために信長を幕府政治に巻き込んだ。永禄十二年（一五六八）正月十四日の「殿中掟九箇条」と二日後の「追加七箇条」は、信長とは直接関係がない幕府内の法規であり、これを定めた張本人は、信長ではなく、後に政所を牛耳る光秀でなければならない。実際、この法規の施行後に陰の実力者は明智十兵衛尉光秀と名乗って史上に登場するのである。

なお、松永久秀を滅ぼしたのは、光秀を中心とする公方衆・山城衆である。『信長公記』は天正五年（一五七七）十月一日の久秀方の片岡城攻めに際し「攻め衆　永（長）岡（細川）兵部大輔《ひょうぶたいふ》（藤孝）、惟任日向守、筒井順慶・山城衆」と記す。信貴山城に久秀を追い詰めた段階で、織田信忠・佐久間信盛・羽柴秀吉・丹羽長秀など織田主力が駆け付けた。十月十日に総攻撃を仕掛けたのは、十年前の永禄十年（一五六七）同月同日に久秀が大仏殿を放火した日に合わせた宣伝効果を狙ったからである。『信長公記』は「春日明神の所為《しょい》なりと諸人舌を巻く事」と記している。同時に、永禄八年（一五六五）五月十九日の義輝と奉公衆殺害事件に対する光秀の報復であった。

信長の存命中、足利将軍・天下人・政所は一体化していないだけで、個別の権力体として機能していた。室町幕府を前提とする「公儀」権力そのものは「織田・明智体制」として継続していた。三鬼氏が自滅と表現した通り「織田・明智体制」の崩壊は「明智光秀の乱」に直結した。この学説は、人文科学と社会科学の一致をみる見解となったが、後ろに誰もいなかった。

天正十年六月二日に天下人（織田政権）が政所（明智光秀）によって殺害され、室町幕府の基盤であった畿内の守護・公方衆・国人が六月十三日の「山崎の戦い」で倒壊した時点で将軍権力は、消滅を待つだけの存在になった。同十六年一月に義昭が征夷大将軍を辞した時には、室町幕府の基盤は畿内に存在していなかった。室町幕府の滅亡は天正十年六月であり、教科書の記述とは十年もの開きがある。それは、いわゆる「本能寺の変」が迷宮入りした理由である。

光秀と信長の主従関係は、室町幕府の再興を前提とした契約である。一方、信長は光秀に元亀二年（一五七一）九月に志賀郡と比叡山の利権を与えた。いわば、莫大な報酬によるヘッドハンティングであった。光秀は信長の家臣ではあったとしても譜代ではなく、契約家臣である。

信長の室町幕府に替わる新構想に従ったならば、光秀は「公方衆」を取りまとめていたことから権力基盤そのものを失うことになるのではないのか。信長に重大な契約違反があった場合、光秀に忠実義務はない。光秀にとって室町幕府の制度防衛こそが核心的利益であった。当時の常識では、君臣関係の契約解除は武力行使を意味する以上、「明智光秀の乱」は必然であった。

◆安国寺恵瓊と『吉川家文書』六一〇

義昭の出奔後、五年もたずに信長は自滅するという見通しは、その十年前からあった。中国地方の大名・毛利家の外交僧であった安国寺恵瓊《あんこくじえけい》は、信長の命運を五年以内と期限こそ見誤ったが、「高転びに転ぶ」という見通しそのものは正しかった。この一節は、天正元年（一五七三）十二月十二日付の小早川隆景《たかかげ》と吉川元春《きっかわもとはる》双方の取次役に宛てた披露状（『吉川家文書』六一〇）に記されている。恵瓊は次のように記している。

信長の代五年三年は持ちたるべく候、明年あたりは公家などに成らるべきかと見及び候、左候て後、高ころびあをのけにころばれ候いずると、見え申し候、

これは予言などではなく、厳重に説明責任が課せられる正式な報告文書である。恵瓊は京都・東福寺の二一三世の住持でもあり、京都での人脈には事欠かなかった。この報告は義昭が出奔した後、毛利氏の特使として義昭と信長の和解交渉を勧めるためにきた恵瓊が、事の顛末を記した最重要外交文書である。恵瓊の現状認識から導かれた分析結果は、信長の天下は数年で土台から崩れるというものであった。

三鬼氏の「織田政権自滅説」と安国寺恵瓊の報告である「高ころびあをのけに（仰のけに）ころばれ候いずる」との言質は、四百年を経ていたとしても表現の差にすぎず、両者は同じことをいっているのである。信長は光秀に室町幕府の官僚機構（政所）を任せたが、いつしか乗っ取ったと考えるようになった。この信長の現状認識は高校の教科書ほどではないにしても、全

く甘いものであった。

信長と光秀の畿内統治の基軸は「当知行《とうちぎょう》」の原則の厳格化であった。これは鎌倉幕府の「貞《じょう》永式目《えいしきもく》」にも記されている。この原則は、土地の実効支配が二十年以上経過すれば、その知行主の権利が確定するものである。建武政府はこれを無効としたため、大混乱をきたした。当時、いわれなき押領《おうりょう》よりも昔の権益を取り戻そうとする勢力が紛争の原因となっていた。織田政権の基本方針は、現実の既得権益を擁護することで、社会の混乱を未然に防ぐことにあった。

光秀はこの原則の違反者を力で抑え込むため信長の力を必要とし、信長は円滑な畿内支配を光秀に期待した。織田政権の畿内統治は、直接統治ではなく、あくまで間接統治であった。

◆惟任日向守邸「御成」計画の頓挫

『信長公記』が「御振舞の事、惟任日向守にて仰せつけられ、京都・堺にて珍物を調え、おびただしき結構にて」と記す光秀による家康への御振舞は、結局行われなかった。光秀の御振舞は、当初、天正十年五月十五日から十七日まで行われる予定で内外に伝達されていた。家康の宿舎も大宝坊から堀久太郎邸へ変更された（『川角太閤記』）。光秀が信長の命で入念に準備していた家康への饗応が土壇場で変更されたことは明らかである。

式典責任者の直前の更迭や辞任は、異常事態であった。古今東西、予定されていた公式儀礼の不調・不手際は、早晩《そうばん》、大きな禍根《かこん》をもたらす。信長と光秀は、家康饗応の式法をめぐって激しく対立した。『川角太閤記』は、光秀の用意した肴が悪臭を放っていたので、信長は激怒して饗応役を取り上げたとする。面目を失ったとされる光秀も「木具、さかなの台、その外、用意のとりさかな（料理）残りなく堀へ打ち込み申し候」とし、安土城周辺では悪臭が充満したとする。しかし、『川角太閤記』が記す光秀の用意した肴が悪臭を放つという話は考えられない。これは伝聞なので、光秀が饗応役を解任された後の話が、その解任の理由として誤伝されたと思われる。光秀は信長の説得に応じず、激昂《げっこう》した信長によって暴力沙汰にまで発展した。

その後、光秀も料理などを堀に捨てて反抗的な態度をむき出しにした。これは重大な警告であった。フロイスは「これらの催し事の準備について、信長はある密室において明智と語っていた」「人々が語るところによれば、彼の好みに合わぬ要件で、明智が言葉を返すと、信長は立ち上がり、怒りをこめ、一度か二度、明智を足蹴にしたということである」と記している。

この二つの史料は当時の伝聞をそのまま記したものである。家康は信長の盟友であり、家臣への「御振舞」とは異なる。問題は、信長と家康の饗応を光秀が担当する政治的な意味である。ここで思い出されるのは、義満の代にはじまり、歴代足利将軍が継承した大名邸への「御成《おなり》」である。「御成」は将軍の専権である。信長は天正十年三月の「甲州征伐」の帰りに傘下の武将たちから連日饗応を受けているが、これは「御成」の予行のつもりであったかもしれない。

浜口誠至《せいじ》博士（筑波大学）は、「室町将軍の〈御成〉の対象となったのは幕政に参加した有力守護大名などであった」「幕府の公式儀礼を滞りなく勤めることが、家門の名誉・面目に関わるものとして重視されていた」としている。

足利将軍の「御成」や「元服式」の儀礼・作法・献立を取り仕切ったのは、進士《しんし》家や大草《おおくさ》家であった。両家は家職として代々式法を伝承していた。信長が光秀に家康の「御成」を取り仕切るように命じた理由は、光秀が余人をもって代えがたい存在であったからである。

なお、この時の献立を記した「天正十年安土城献立」が残っている。これは前右大臣・前右近衛大将であった信長による「御振舞」に「献立」を記した「別記」である。「別記」があるということは、信長が家康を帯同《たいどう》する形での安土城の惟任光秀邸への「御成」が意図されていたと推察できる。『川角太閤記』は「明智日向守所御宿に仰せつけられ候ところに」と記している。

足利将軍の「御成」に招かれたのは、管領・政所頭人・守護・御供衆など将軍直臣、そして公家・門跡等名門諸氏であった。浜口氏によれば、「御成」は政局の転換期を中心に実施された政治秩序を形成・維持する儀礼として用いられたとしている。

実際、信長の家康饗応をめぐっての力の入れようは、尋常ではなかった。多聞院英俊は「ことを尽くしたるもてあそびを用意、総見寺を座敷に用意、唐和の財にて粧《よそお》ふと云々、言慮に及ばず事なりと」と書き留めている（『多聞院日記』）。現場にいた本願寺の坊官《ぼうかん》・宇野主水《もんど》も「徳川殿一段御崇敬、比類なき次第也」（『宇野主水記』）と記している。坊官は門主の事務・取次・外交を担った。信長は安土城での家康饗応に、近衛前久や冷泉為満《れいぜいためみつ》などの公家、御供衆・長岡（細川）藤孝、津田宗及なども招待していた（『信長公記』）。他にも名門諸氏を集めたと思われる。

このように、信長の丸抱えではあったが、総力を挙げて初の「御成」にのぞんだ。問題は、信長が天正九年に行った「馬揃え《うまぞろえ》（騎馬を集めてその優越を競いあう武家の行事で、パレードのようなもの）」のような成功を一方的に期待して、今回も光秀に丸投げしたことである。しかし、光秀が準備した武家儀礼は、室町将軍家の「御成」ではなく、極めて豪華であったとしても大名間でなされる「饗応」に他ならなかった。それは信長の思惑とは大きく違った。

安土城における家康饗応の献立について、食文化史研究家の江後《えご》䖝子《みちこ》氏は「大内氏のもてなしや、その後の御成と比べると、最初の式三献というスタイルが略されて簡素化され、本膳《ほんぜん》様式だけとなっている」と指摘している。信長が光秀に期待した家康への饗応は、このようなものではなかった。

不吉なことに「御成」の失敗は、政変に直結する。思えば、室町幕府の没落は「御成」の失敗からはじまった。六代将軍・足利義教は「嘉吉《かきつ》の乱」で赤松満祐《みつすけ》邸への「御成」の際に殺害された。この「将軍犬死」とまでいわれた前代未聞の事件も、義教が鎌倉公方・足利持氏の反乱（「永享《えいきょう》の乱」）を鎮圧し、東国平定を果した直後のことであった。信長も武田氏を滅ぼして、東国はことごとく平定したと述べている（『信長文書』一〇一三）。また、将軍職に復帰した十代将軍・足利義稙《よしたね》が再度失脚した原因も、畠山尚順《ひさのぶ》邸への「御成」の失敗にその一因があったとされている。「明智光秀の乱」は、この「御成崩れ」の二週間余り後のことであった。

◆惟任日向守光秀の正体

『伊勢貞助記』（『後鑑《のちかがみ》』）によれば、室町将軍最後の「御成」は、永禄八年（一五六五）四月五日の足利義輝の細川（長岡）藤孝邸への「御成」であるが、なぜか史料が伝わっていない。同十一年（一五六八）五月十七日の足利義昭の朝倉邸への「御成」の史料はあるが、将軍任官前である。史料が残るのは、同四年（一五六一）三月三十日の「三好筑前守義長朝臣亭御成記」となる。これは義輝の三好義長邸への「御成」である。義長は三好長慶の嫡子である。この「御成」を取り仕切ったのは「申次衆」の進士晴舎《はるいえ》であった。代々進士家は「奉公衆」であり、戦場では足利将軍の「旗指役《はたさしやく》（足利家の旗を守る武者）」を務めた（『蜷川《にながわ》家文書』『蔭涼軒日録《いんりょうけんにちろく》』）。また、晴舎の娘・小侍従《こじじゅう》は義輝の愛妾であり、事実上の正室であった。彼女には少なくとも娘が二人いた。いずれ男子が誕生すれば、進士家は将軍家の外戚として大きな権力を持ち得た。

光秀が進士家出身で明智家を継承したと記す系図は「明智一族宮城家《みやぎけ》相伝系図」（『大日本史料十一之一』）などがあるが、江戸時代に明智秀満の子孫で熊本藩士の三宅家が入手した「山岸系図」には、光秀が奉公衆進士一族（晴舎の弟）の出身であったと記されている（『三宅家史料』）。晴舎は「申次衆」であったが、将軍とは外戚関係にあり、「御供衆」の上野信孝《うえののぶたか》・大舘晴光《おおだちはるみつ》両人亡き後、最高実力者となった（フロイス『日本史』）。晴舎は「永禄八年五月政変」で切腹している。嫡子・源十郎も戦死したことになっているが、確認されたわけではない。

ところが「番帳」と呼ばれる将軍直臣の役職名簿の「永禄六年諸役人《しょやくにん》附」の後半部の五番衆

に「進士知法師《しんしち》」の名がある。この「番帳」の前半部は、永禄六年（一五六三）の足利義輝の直臣の名簿である。後半部は、義輝の弟・義昭が将軍に任官する半年前の同十一年春頃の名簿である。進士知法師は五番の「奉公衆」であったと記されていることから、何らかの事情で法体ではあるが、進士家嫡流である。晴舎を継いで「申次衆」以上の幹部「奉公衆」となる。また、永禄二年（一五五九）「室町家日記別録」（岩瀬文庫）によれば、知法師以前の進士家嫡流は五番の奉公衆・進士源十郎であった。なお、「永禄六年諸役人附」の前半部（義輝）は番ごとの編集になっていない。そして、信長の上洛後、進士知法師が消え、明智十兵衛尉光秀という正体不明の将軍側近が唐突に史上に登場するという構図があることは紛れもない事実である。

◆「足軽衆」と明智光秀

最近、明智光秀について、足軽（歩卒《ほそつ》・下級武士）からイメージして「足軽衆」であると説明するような事例が散見される。義昭時代の番帳である「永禄六年諸役人附」にも「足軽衆」として「明智」が出てくるが、この史料は原本ではなく徳川綱吉の代以前の写本である。しかも写本した人物が、後から追記（メモ書き）をしている。「番帳」は公文書であることから、各代の番帳を見ても苗字のみを記載する例はない。本来は「明智十兵衛尉」と表記されなければならない。あえて名字だけにしたのは、写本した人物が自身の追記であることを後世に知らせるためのものであったとみなされる。

たとえば、「足軽衆」の項には「明智」だけではなく「柳沢」も出てくるが、これは柳沢元政《もとまさ》のことである。しかも元政は「奉公衆」である。写本したこの事情通は、光秀や元政が番帳に載っていなかったことから「足軽衆」の項に追記した。室町将軍直臣の呼称は最上級の幕臣であっても「相伴《しょうばん》」「御供《おとも》」「奉公《ほうこう》」「走《はしり》」などと卑下《ひげ》した呼称を使用していた。つまり「足軽衆」は、端的にいえば、当代将軍一代に限って将軍直臣の身分を与えられた幕臣と考えられる。

個別に「永禄六年諸役人附」に記載された「足軽衆」の身分を調べると、その構成は公家に仕える侍（青侍《あおさむらい》）、畿内周辺の国人の他、寺院関係の出向者である。「伊賀越え」で重要な役割を担った山口秀景（勘介《かんすけ》）も「足軽衆」である。秀景は宇治田原城主であった。一方、秀景は公家の葉室《はむろ》家の「青侍」でもあった。秀景は『言継卿記』の元亀元年（一五七〇）十月二十七日の条に「武家御足軽根本葉室内者也」と記している。また、同様に足軽衆・澤路隼人《さわじはやと》は、山科家の青侍・澤路隼人佑《ゆう》と同一人物とみなされる（『言継卿記』「永禄六年諸役人附」）。

同じく「足軽衆」の野村越中守は美濃の国人であり、斎藤家家臣・武井夕庵と同格である。両者は後に信長に仕えるが、野村越中守は夕庵と共に斎藤家家臣として永禄八年（一五六五）六月二十日に政所執事代・蜷川親長《にながわちかなが》など三名に対して返書を出している（『蜷川家文書』）。その後、夕庵は右筆として信長側近となり、野村越中守は「将軍足軽」（『尋憲記』）として元亀元年（一五七〇）九月二十日に春日井堤での本願寺との戦いで戦死した。また、『言継卿記』の同二年三月三日条には「足軽衆山口甚介《じんすけ》・同子、古田左介《さすけ》」とある。古田左介とは美濃の国人で茶人として名高い、後の古田織部重然《おりべしげなり》のことである。彼らの身分は足軽ではなく、「非奉公衆」ともいうべき幕臣である。畿内周辺の武士にとって「武家足軽」は、名誉の称号であったと考えられる。

寺院関係では、聖護院の山伏であった「大弐《だいに》」また、「一朴軒《いちぼくけん》」「喜晴軒《きせいけん》」などは、禅宗寺院から将軍家に出向していた幕臣と考えられる。光秀がもし「足軽衆」であれば、日記などには「武家足軽明智十兵衛尉」と記されていなければならない。なお、五番の奉公衆「進士知法師」は「進士」のみではないことから追記ではないが、「足軽衆　明智」は追記である。

◆明智光秀出現時の地位

『信長公記』に初めて明智光秀の名が登場するのは、永禄十二年（一五六九）一月五日の条である。ところが、この史料は江戸時代に編集されていることから、その時点で「明智十兵衛」と名乗っていたかは確認できない。ただしこの時、光秀は六条本国寺で三好三人衆の攻撃から将軍・足利義昭を守るために戦っている。光秀は『信長公記』を強制的に終わらせたが、その出現時に、足利将軍、もしくは足利幕府を守るために戦ったことは特筆されるのではないのか。

明智光秀本人であると確認できる史料は、信長が入京した（一五六八年）後の春頃からである。一方、信長はその二年前に、斎藤氏を追い美濃の新しい国主になっていたことから美濃の守護土岐氏の名族明智氏の名跡を明智光秀となり得る人物に継がせることができた。当然のことながら周囲は信長の家臣かのように思い込む。天正三年七月（一五七五）にも光秀は明智から惟任に改姓したが、それが二度目であっても不思議でない。信長は呼称秩序を守らなかった。木下秀吉を羽柴秀吉、越前朝倉氏から投降した前波吉継《まえばよしつぐ》を桂田長俊《かつらだながとし》、塙《ばん》直政を原田直政と改名させたように枚挙にいとまがない。新井白石はこれを誤魔化しであると批判した。

一方、光秀の身分について信長は、天正九年（一五八一）一月二十三日に「馬揃《うまぞろ》え」の命を光秀に出した際には「その方の事は申すに及ばず、畿内の直奉公の者共」と記している（『信長文書』九一一）。これは光秀＝「畿内の直奉公の者共」という意味である。信長が光秀とは同類とみなす「畿内の直奉公の者共」とは、どのような人々を指すのであろうか。

「立入《たていり》左京亮《さきょうのすけ》入道《にゅうどう》隆佐《りゅうさ》記《き》」には「畿内の直奉公の者共」の実名が記されている。それによれば、管領家《かんれいけ》の細川昭元《あきもと》、これに次ぐ名門・典厩家《てんきゅうけ》の細川藤賢《ふじたか》、伊勢氏嫡流の伊勢貞為《さだため》（貞興兄）、丹後守護の一色五郎、信濃守護の小笠原長時《ながとき》といった諸氏である。信長の言質は重い。そう考えると、光秀の実際の出自は、彼らと同格とまではいえないまでも、室町幕府体制下では彼らに準じる身分であったことは間違いない。

永禄十二年（一五六八）十一月二十日付で光秀は、本願寺門主・顕如に義昭の添え状を発給した。それに対し、顕如は光秀宛に返信を出している（『真宗史料集成』三）。光秀の史料への登場は同年春なので、当初から光秀は将軍の側近であったことを示すものである。本来の本願寺担当は「部屋衆」の三淵晴員《みつぶちはるかず》・藤英《ふじひで》親子であった。明らかに光秀は三淵親子と同格である。光秀は義昭に代わって本願寺が三好三人衆と結んでいないか尋ね、顕如は光秀宛に事実無根と返信している。顕如が光秀の本性を知っていたことは当然である。

信長は、元亀二年（一五七一）七月十五日付で曇華院《どんげいん》の問題（曇華院領の山城国大住荘において、幕臣の一色藤長が給人を付けて違乱したこと）で上野秀政と明智光秀宛に将軍への披露状を発給している（『信長文書』二八九）。この時点でも光秀は信長の家臣ではなく、親信長派の有力奉公衆という理解になる。他にも、光秀は将軍側近として、将軍の添え状を発給している（『阿弥陀寺文書』）。なお、奉公衆になった土岐明智氏はいるが、将軍側近の幹部・奉公衆にまで昇りつめた者はいない。光秀は義昭政権の最高幹部・四人衆の一人であった。たとえば、将軍への取次役である「申次衆」の飯川信堅《いいかわのぶかた》・曾我《そが》助乗《すけのり》宛連署状では、「御供衆」の長岡（細川）藤孝・上野秀政、「部屋衆」の三淵藤英宛書状の連署に、光秀もその名を連ねている（『東寺百合文書』）。光秀の地位は「御供衆」の次席となる「部屋衆」格という理解になる。

また、軍事的にも元亀三年（一五七二）四月十七日の『年代記抄節《しょうせつ》』には、「公方衆」として細川（長岡）藤孝・三淵藤英・上野秀政の名に並列して「明智」と記されている。その際、信長方には佐久間信盛・柴田勝家とあることから、光秀は信長の家臣ではない。さらに、宿舎も光秀の邸宅は「奉公衆」の敷地内にあった（『言継卿記《ときつぐきょうき》』永禄十三年〈一五七〇〉正月二十六日の条）。また、最近発見された史料によれば、光秀本人が先祖は足利尊氏から所領を授かったと述べたとする（『戒和上昔今録《かいわじょうせきこんろく》』）。いうまでもないが、「足軽衆」から「部屋衆」に抜擢された事例はない。なお、「御供衆」は栄誉職でもあり、松永久秀にも与えられたが、「部屋衆」は専従の幕臣である。そして、専従の「御供衆」は「部屋衆」から昇格している。

この時代は個人の裁量よりも家の論理で動く時代である。出自がわからないと、個人の行動原理をつかむことはできない。それは皇室などと同じである。したがって、本来の身分や出自を大きく見誤ることは、政治史では許されないと知るべきであろう。

◆地に落ちた信長の権威

能の興行は数百貫かかるとされているように「御成」の目玉であった。「御成」に大和四座《やまとしざ》(観世《かんぜ》・宝生《ほうしょう》・金春《こんぱる》・金剛《こんごう》)以外の丹波猿楽《たんばさるがく》が呼ばれることは異例であった。浜口誠至氏は、武家主催の猿楽興行において「〈大和四座〉以外が演者を務める割合は非常に低い」と指摘している。『信長公記』も「四座の内は珍しからず、丹波猿若《さるわか》、梅若大夫《うめわかたゆう》に能をさせ」と記している。梅若大夫は信長のお気に入りではあったが、「御成」という公式行事では適格性を欠いた。光秀は信長からの要望を無視して、大和四座ではなく、丹波から梅若大夫を連れてきた。

五月十九日に安土城で能会が開かれた。ところが、この梅若大夫が能会を滅茶苦茶にしてしまった。信長は能の不出来に激怒した。『信長公記』は「御能不出来にて見苦しき候て、梅若大夫ご折檻なされ、お(腹)立大方ならず」としている。梅若大夫の失態は、光秀の指図であったかもしれない。その後、信長は能ではなく、曲舞《くせまい》の幸若《こうわか》大夫に再度舞いを舞わせてその場を取り繕った。「能の後に舞を仕り候こと、本式にはあらずといえども」と『信長公記』に記して

◆

いるように、著者の太田牛一さえドタバタぶりを認めている。信長は金を惜しんだとは思われたくないので、双方に金子十枚を与えた。梅若大夫による能が散々な出来であったことは『宇野主水日記』『宗及他会記』なども伝えている。この晴れの舞台での織田政権の大失態は、畿内一帯に瞬く間に伝播した。この頃、信長と光秀の不和は、畿内周辺の事情通の間では周知の事実になっていたと考えられる。

この「御成」の無様な失敗について、事情通の多聞院英俊《たもんいんえいしゅん》は平家滅亡に結び付けてほくそえんだ。英俊は早くも五月十八日の条で「張良《ちょうりょう》ハ祝言なるか、クラマ（鞍馬）天狗にこの事ヲウタイ（を謡い）、ヲゴレル（驕れる）平家は西海に追い下すといふこと。信長は平家の故お気に障《さわ》るかと推量候」と書き留めている。また「充満《じゅうまん》ゞ、いさよひの空こわ物ゞ」とも記している（『多聞院日記』）。

信長は光秀の代役を、丹羽長秀と安土三奉行の菅屋長頼《すがやながより》・堀秀政《ひでまさ》・長谷川秀一《ひでかず》に命じた。しかし、光秀抜きの饗応によって、前右大臣・平信長は元の木阿弥というべきか、田舎大名に成り下がった。信長は自ら御膳を運び、ドンチャン騒ぎで懸命にその場を取り繕った。『信長公記』は「忝《かたじけな》くも信長公自身御膳を居えさせられ、御崇敬《ごすうけい》斜めならず、御食べ過ぎて、家康公・御相伴衆・上下残らず安土御山へ召し寄せられ、御帷子《かたびら》（絹の夏服）下され、御馳走《ごちそう》申すばかりなし」と記している。

天正十年三月の「甲州征伐」が思いの他うまくいったこともあり、信長は図に乗っていた。悪意の助言に不覚にも乗ったこともあったのだろう。信長は四月十日付で、それまで控えてきた将軍の専権である御内書形式の朱印状を発給した。宛先は関東の名族・太田道誉《どうよ》・梶原政景《かじわらまさかげ》両人である（『信長文書』一〇〇六）。このようななし崩し的なやり方は光秀などには通用しない。

十二年前の永禄十三年（一五七〇）正月二十三日の「五箇条の条書」で信長は、「天下の儀について、将軍が信長に政務の権限を委任した以上は将軍の許可を一々得ることはしないとして「分別次第《ふんべつしだい》に成敗《せいばい》なすべきのこと」と記した（『信長文書』二〇九）。この条書は前年正月に上洛した際に交わされた、義昭との約束を確認したものである。

「五箇条の条書」の証人は、宛先の光秀と朝山日乗《にちじょう》であった。光秀は幕府を代表し、日乗は朝廷を代表した。両者とも当時は親信長派であった。一方で、この確認は将軍の専権については、信長が侵犯《しんぱん》しないことが大前提である。十二年後、信長の前に証人であった光秀が立ちはだかった。信長の将軍権力へのアプローチは杜撰《ずさん》であり、必要な手順と準備を全く欠いていた。

信長はこれまでの自身の貢献を説いたとしても、光秀には情実は通用せず、殴ったとしても同じことであった。かくなる上は、信長は覚悟を決め、反乱を誘発させて光秀を処理する必要があった。しかし、あろうことか、それをやったのは秀吉であった。

◆秀吉からの泥船

安土城の「御成計画」の失敗で狼狽《ろうばい》する信長の窮地を見計らったように、秀吉からの助け舟が来る。しかし、これは泥船であった。秀吉は引き金を引いた。万事物事がうまくいっていない状況で、入れ食いのごとく飛びつくことは危険である。ところが、外聞が気になる信長は虚勢をはった。信長は今度毛利氏が備中高松城を救援するために集結したことは、天の与えた好機であるとして、自身が出陣して今川氏や武田氏のごとく討ち果たし、九州まで平定すると宣言した。案の定、信長はこれまでのように戦勝によって問題を片付けようとした。『信長公記』は次のように記す。

今度間近く寄り合い候こと（毛利軍が集結したことは）、天の与うるところに候間、御動座なされ（自ら出陣する）、中国の歴々討ち果たし、九州までいっぺんに仰せつけらるべき旨の上意にて、堀久太郎（秀政）御使として、羽柴筑前かたへ条々仰せつかはされ、

信長は秀吉の注進を受けて、「西国出陣」に明智軍を動員して厄介払いすることにした。信長は光秀をはじめ長岡（細川）忠興《ただおき》、池田恒興《つねおき》、塩川党、高山右近、中川清秀を出陣させた。

これは先祖代々室町幕府を支えてきた「公方衆」と畿内国人を中核とする明智軍が、毛利氏が奉じる将軍・足利義昭と戦う構図となる。確かに、彼らは義昭と対立し、信長を頼って事実上追放した。しかし、足利幕府を否定したわけではない。明智光秀を中心とする幕臣の立場と論理からすれば、排除しなければならない存在は逆臣と化した信長であった。それでもこの「西

国出陣」の人選をみれば、信長は光秀を警戒していなかったわけではないことがわかる。塩川党は不明であるが、信長から光秀の与力として付けられた諸将は反乱には加わっていない。信長の意外は、反乱が起きないようにしておきながら、起きてしまったことであった。

西国出陣を命じられた池田恒興・中川清秀・高山右近などは、光秀や長岡（細川）忠興など「公方衆」を監視する任務を信長から命じられていたと考えられる。しかし、出陣の準備のためにそれぞれが所領に戻るので、監視は疎かになる。光秀は当初からその間隙《かんげき》を狙っていた。信長はもう一つ、ここで大きな過ちを犯す。それは「御成」が失敗に終わり、光秀などに「西国出陣」を命じた段階で、家康が本国に残した軍勢の「西国出陣」を許可しなかったことである。

光秀をこれ以上刺激しないようにすれば穏便に解決するといった、何者かの悪意ある進言を、信長は受け入れたに違いない。信長は自問することなく、都合のよい話を聞くようになっていた。信長は極めて優れた軍人であり、行政官でもあった。しかし、上位下達が通用しない政治の世界では、ダグラス・マッカーサーと同じく道化であった。光秀や秀吉がその弱点を補っていたが、今や両方とも敵であった。信長にとってそれは思いもよらないことであった。

信長は死ぬ直前に光秀の逆意を知ったが、秀吉の逆意を目の当たりにしたのは三男の織田信孝と柴田勝家であった。しかし、彼らは成す術《すべ》がなかった。信長の生前から彼らを追い込むための、秀吉の入念かつ周到な準備がすでになされていたからである。

六月一日昼

和泉国堺◉千宗易《せんそうえき》(利休)の茶会断念と津田宗及《つだそうぎゅう》

◆家康主従の堺入府

家康主従が織田信忠と共に安土から上洛したのは、五月二十一日である。『信長公記』は、「五月二十一日、家康公上洛。此度、京都・大坂・奈良・堺、御心静かに御見物なされ尤《もっと》もの旨、上意にて」と信長が言ったとするが、上意とは裏腹に、大雨の中、重い足取りで家康主従が大坂から堺へ着いたのは、五月二十九日（当時の暦で晦日《みそか》）のことであった。

また、この史料は「御案内者として長谷川竹（秀一）を相添えられ、織田七兵衛信澄・惟澄五郎左衛門（丹羽長秀）両人は大坂にて家康公の御振舞申付け候へと仰付けられ、両人参着」と記している。家康主従は二十八日に大坂に立ち寄り、堺に入った。『日々記』によれば、二十六日に清水寺《きよみずでら》で信忠主宰の能会があった。二十七日付の「森（蘭丸）成利《なりとし》宛織田信忠書状」で信忠は「尚々、家康は明日大坂・堺へ罷り下られ候」（「小畠《こばたけ》文書」写本）と記している。さらに、信澄と長秀は六月二日に四国へ渡海する予定があり、堺訪問後の大坂入りはない。両者による大坂での家康主従への接待は、二十八日にあったという理解になる。

堺に到着した家康主従は、堺代官の松井友閑《ゆうかん》から歓待を受けた。友閑は織田政権下では京都所司代（京都の代官）の村井貞勝と並ぶ吏僚《りりょう》（文官）として知られていた。友閑は尾張清洲の商人出身である。そして、信長の舞の師匠でもあった。それは信長が十代の頃の話である。以来、終生変わることなく、信長にとって気心の知れた相手であった。また、堺では茶の湯に通じていなければ相手にされない。友閑は信長の上洛後、名物収集の奉行を務めている。友閑は織田家中では目利《めき》きとして知られていた。

家康主従の接待役・長谷川秀一は、信長の名代であった。彼は当時、二十代であったと思われるが、安土三奉行の一人であった。織田家中では幼名である「竹」の愛称で呼ばれていた。安土三奉行の筆頭である菅屋長頼は、この日、信忠と共に上洛していた。もう一人の奉行は堀秀政である。秀政は信長の「西国出陣」に備えて、備中の羽柴秀吉の陣中に先乗りしていた。

なお、徳川家担当の織田家奉行人は西尾小左衛門《しょうざえもん》（吉次《よしつぐ》）であった。家譜は、吉次は家康主従の饗応役であったとする。しかし、家譜以外の史料ではその名を見ない。吉次は連絡役として京都で待機していたか、「明智光秀の乱」の報を受けて堺から京都市中の様子を探りに行き、その後、伊賀路で家康主従と合流したのかもしれない。

五月二十九日の夜は大雨であったが、月が替わって六月一日の茶会当日は晴れた。夕立があったので、日中は蒸し暑かったに違いない。信長の茶匠で、御用商人の今井宗久《そうきゅう》が朝の茶会（朝茶）に家康主従を招き、歓待した。宗久は名物「松島の茶壺」を逸速く信長に献納して取り入った。今井宗久は、近江出身の武士であったことから、堺では新参者であった。茶の湯の大家・武野紹鷗《じょうおう》の女婿となって、その諸道具を相続したことで箔を付けた。

昼は堺の豪商・天王寺屋《てんのうじや》の当代で著名な茶人でもあった津田宗及《そうぎゅう》が茶会を催した。夜会は松井友閑が振る舞った。この三人は名物茶器を数多所持し、名を馳せていた。それでも一日三度の茶会は今も昔も聞いたことがない。このような過剰な接待は、家康主従が五月十五日に安土に入って以来続いていた。問題は、それが一連の織田家側の不手際を埋め合わせるために付け焼刃的になされていたことである。

◆津田宗及の茶会

天王寺屋・津田宗及は自邸に家康主従を招いた。そこは津田家の菩提寺《ぼだいじ》である大通院《だいつういん》であったかもしれない。天王寺屋は材木を中心に商い、祖父・宗柏《そうはく》、父・宗達《そうたつ》と続き、現当主の宗及は三代目であった。一方、天王寺屋は、三好氏や本願寺にも出入りするなど政商でもあった。

茶の湯の世界は審美眼《しんびがん》を競う。また、名物道具を所持していることがものをいった。それは富と権力の象徴であった。宗及が所持していた名物道具は、質量共に群を抜いていた。家康を招いた茶会では、秘蔵の牧谿《もっけい》筆の「船子《せんす》の絵」が床に掛けられていた（『宗及自会記』天正十年六月一日昼の条）。船子とは、水夫のことではなく、唐の時代の禅僧・徳誠《とくじょう》禅師のことである。この軸には南宋の高僧・虚堂智愚《きどうちぐ》の賛が添えられていた。虚堂の墨蹟は、圜悟克勤《えんごこくごん》の墨蹟と並んで崇敬されていた。この掛軸は「大坂夏の陣」で焼失した。

花は萩であった。花入は当時天下の名物といわれた三つの南宋青磁「かぶらなし」の内の一つである。「かぶらなし」とは、胴に蕪《かぶ》のようなふくらみがない形状の花入である。もう一つは、本能寺で焼失した。天下一とされた花入は秀吉が所持したが、これも「大坂夏の陣」で焼失した。茶碗は灰かつぎ天目と、堺の豪商・大富善好《おおとみぜんこう》が所持した「善好茶碗」が使われた。この「善好茶碗」は、南宋時代に福建省同安窯《どうあんよう》で焼かれた薄茶色の米色《べいしょく》青磁の一種と考えられている。

当時、珍重されたのは「松本茶碗」「安井茶碗」「(鳥居)引拙《いんせつ》茶碗」などの青磁の平茶碗である。いずれの茶碗も本能寺や大坂城で焼失したことからどのような茶碗だったのか、議論が続いているが、著名な重要文化財「馬蝗絆《ばこうはん》」のような、南宋の龍泉窯《りゅうせんよう》の青い砧《きぬた》青磁の類ではない。「松本茶碗」は、高さは六センチ弱、口径十六センチ弱の平たい茶碗であった。オリーブ色の米色青磁などが連想される。茶碗の口縁(茶碗の縁)に五つのくぼみがあり、輪花になっていた。上部に吹き墨があったことから、釉薬のたまりにより色目が口縁で変わり、それが得《え》がたい景色になっていたと想像できる。

「松本茶碗」の価格は五千貫文であった。今の価値でいうと、二億五千万円とされている。曜変天目は百貫(五百万円)である。曜変天目は、稲葉天目を筆頭に国宝三点の他、MIHO MUSEUMに前田家の伝来品が現存している。当時の基準ではこれも曜変天目であったと思われる。油滴天目はその半値ではあったが、黒田家伝来の油滴天目は、二〇一六年のニューヨークＣクリスティーズオークションにおいて十二億円（千百七十万ドル）で落札されている。

津田宗及と「松本茶碗」には因縁がある。この茶碗は住吉屋宗無《すみよしやそうむ》が所持していたが、信長が所望したため、今井宗久は宗及に仲介を依頼した。宗無は堺の酒造業者・住吉屋（山岡宗瑞《そうずい》）の養子で、松永久秀の庶子ともいわれている。ところが、信長からの茶碗の代金の支払いが遅れたために、宗及が肩代わりすることになった。その金額は莫大であり、宗及は家宝の飾り板である「台子《だいす》四厳《よつかざり》」を担保にして資金を確保した。

信長が六月二日ないし三日に盛大な茶会を催すために本能寺に持ち込んだ茶道具には、「松本茶碗」の他、一万貫といわれた「三日月《みかづき》」「松島」の茶壺、三千貫の「引拙」の茶碗、「勢高肩衝《せいたかかたつき》」「万歳大海《まんさいたいかい》」「珠光《しゅこう》の小茄子《こなす》」の茶入などがあった。すべての名物が焼失したわけではなく、本能寺の僧で、千宗易（利休）の女婿である円乗坊《えんじょうぼう》が焼け跡より拾い上げた、古瀬戸《こせと》肩衝茶入「円乗坊」のようなものもあった。この一点だけが残ったとは考えにくい。そんな名物が今もどこかに紛れているのかもしれない。

◆織田信忠の堺訪問中止と千宗易（利休）の無念

徳川家康は津田宗及の茶会に満足し、宴席の最中に宗及の息子・吉松（のちの津田宗凡《そうぼん》）に粕《かす》毛《げ》（原毛と白毛が混在する毛並み）の馬を与えた。惜しげもなく名物を披露した宗及の茶会は成功した。家康をうならせた宗及の茶会は、誰もが家康一行の堺来訪が決まった時点から入念な準備がなされていたと思うに違いない。ところが、全くそうではなかった。

宗及がこの茶会を引き受けたのは、当日（六月一日）の前日、すなわち五月二十九日（晦日）である。『宗及他会記』は「同五月二十九日ニ徳川殿堺へ御下津なされ候、庄中ニ振舞の儀、従宮法（松井友閑）より仰付られて請取〳〵いたし候仕《つかまつ》る事ニ候」と記している。なお『宗及茶湯日記』には、自分が主催した会を記した「自会記」と、自身が客として見聞した内容を記した「他会記」がある。この茶会記は日記のような体裁になっており、その史料的な価値は公家の日記と遜色《そんしょく》はない。

津田宗及は、長谷川秀一と松井友閑から千宗易（利休）の代役として、茶会を催してほしいと泣きつかれて引き受けたのである。宗及が代役を打診された時期も、前日か早くて前々日であった。宗及が代役に応じたことを喜んだ秀一は、五月二十九日に津田家の菩提寺・大通院まで出向いて、宗及の叔父・宗閑に黄金一枚を与えている。

しかし、普通は断る。「不時《ふじ》の茶事」という不意に訪ねてきた客人をもてなす茶事があるが、家康は賓客《ひんきゃく》である。前もって入念な準備がなされていなければならない。信長の面子の問題もある。失敗すれば、首が飛びかねない。現に千宗易（利休）は、道具組が変わっただけで亭主辞退を余儀なくされたのである。宗易が茶会を取りやめた理由は、信長から家康主従の接待役を命じられた織田信忠が、五月二十七日になって堺訪問を突然辞退したからであった。

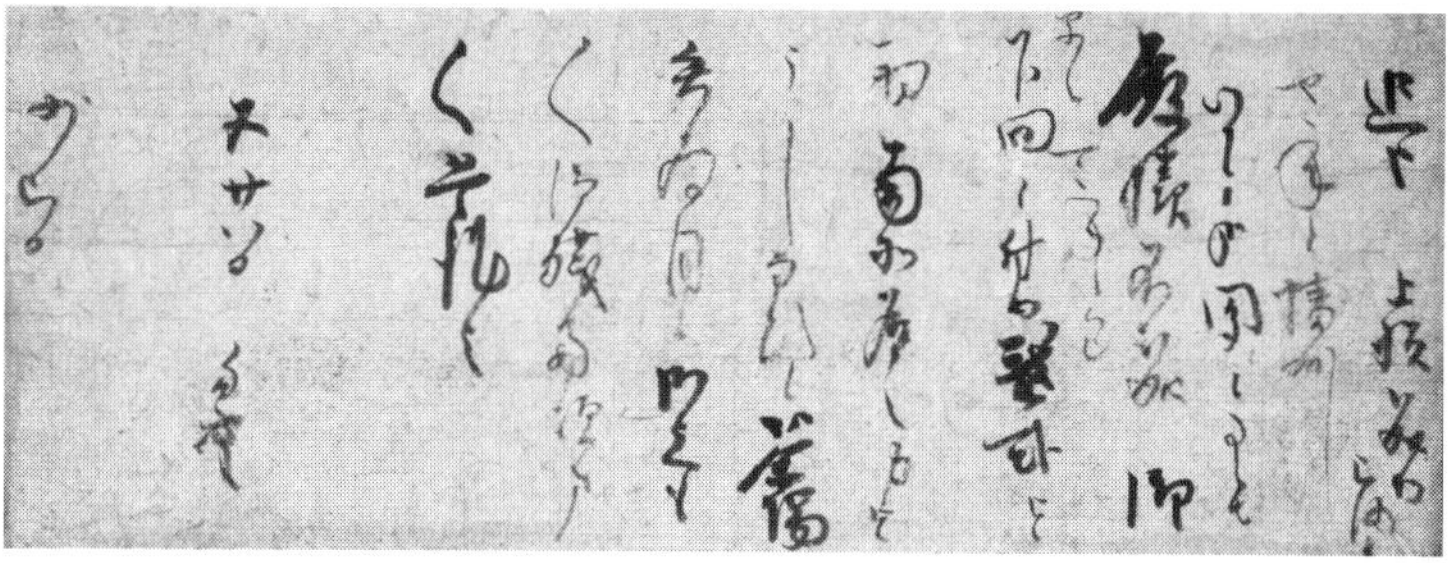

五月二十八日付　千少庵宛 千宗易書状
（野村美術館『茶の湯の大成者　千利休』図録より転載）

追申　上様御成御
上洛候
旨承候　播州
いかゝ候哉聞候事候者
殿様不被成　御
早〻可承候　以上
下向候付而我等式を
初南北名々力を
うしなひ候茶湯
失面目候かへす
〱御残多次第
〱恐々謹言
五　廿八日
宗易（花押）
少まいる

信忠は大名物「初花肩衝茶入《はつはな》」を所持していた。宗易が中止した理由は、予定していた道具組がこの大名物を含む信忠の所蔵品が中心であったためと考えられる。宗易は泣く泣く断念することになった。いかに無念であったか、宗易本人がこの時の心情を赤裸々に語った史料が残っている。この書状の日付は五月二十八日である。年号は記されていないが、内容からして天正十年である。宛先は女婿で養子の千少庵である。内容は「信忠様は御下向されないとのことで、自分をはじめ、堺の南町・北町の堺の町衆たちも落胆している、せっかくの茶会も無駄なことになり、かえすがえすも残念である」である。

なお、殿様とは織田信忠の事である。信長の動静については「追伸」として「上様御成御上洛候」と記している。。家康も五月二十一日に共に安土から上洛した信忠が堺に同行すると思っていた。この頃には茶匠として千宗易の名声は確固たるものになっていた。信忠秘蔵の道具を使った千宗易の点前《てまえ》を目当てに家康主従はわざわざ堺までやってきたようなものであった。

一方、千宗易は津田宗及が前日になって茶会を引き受けたことを聞いて、釈然《しゃくぜん》としなかったであろう。宗及が事前に茶会の準備をしていたか、そうでなかったかは、宗易でなくともわかる。宗易はなぜ宗及が信忠の堺来訪の辞退を事前に知っていたのか、不審に思ったに違いない。

◆信忠の清水寺能会の波紋

織田信忠は天正十年（一五八二）五月二十七日付で信長の側近・森（蘭丸）成利《なりとし》に宛てて、堺での家康主従への接待を辞退する旨を伝えたが、この「小畠文書《こばたけ》」(写本)は、現状、信忠最後の書状となる。書状の所有者であった小畠氏は丹波の有力国人(小領主)である。当主の小畠永明《ながあき》は、光秀から明智姓を与えられて明智越前守と名乗った光秀の有力家臣であったが、天正七年(一五七九)正月に戦死した。嫡子・伊勢千代丸も明智姓が与えられて、その跡を継いでいた。

「小畠文書」は写本なので、後になって小畠氏が収集した可能性もあるが、光秀謀反の前のやり取りであったことから、小畠氏が入手することは可能であった。これは光秀が信忠と家康主従の動向を掌握していたことを示す史料となり得る。堺訪問辞退の理由について、信忠は「西国出陣」の準備のためとしているが、それはすでに予定されていた。茶会の三日前であることから、いかにも唐突であった。信忠は書状の中で「中国表、近々御馬を出されるべきの由に候条、我々堺見物の儀、まず遠慮いたし候」と記している。

信長の反応はわからない。松井友閑と長谷川秀一はひどく慌てたことから、推《お》して知るべし事情があったのであろう。信忠が家康への接待を放り出したことは、光秀と同じである。

また、信忠は家康を番場まで迎えに行き、その後の不即不離の接待からすると、時機を見て家康の次女・督姫を信忠の正室に迎えることが決まっていたと考えられる。両家の縁戚関係は断絶しており、両家嫡流との婚姻関係は、信忠と督姫以外には考えにくい。なお、督姫は翌年に北条氏直に嫁いでいる。そうなると信忠は、舅への接待を途中で放棄したことになるのではないのか。

信忠の辞退には伏線があった。前年の天正九年（一五八一）三月頃、信長は信忠の能への傾倒ぶりを怒り、強く叱責《しっせき》していた。『當代記』は信長が信忠に与えた能道具を取り上げ、能装束は丹波猿楽・梅若大夫にすべて与えたとしている。この梅若大夫が家康饗応の場でひどい能を演じたことは皮肉である。信忠の能装束が信長から梅若大夫に与えられた理由については書かれていない。『兼見卿記』は、同年三月二十二日に梅若大夫が下御霊神社で興行した能会を記録している。吉田兼見は梅若大夫が使った信忠の能装束や諸道具の見事さに驚いている。その原文は「去年三位中将殿（信忠）能道具、右府（信長）よりこれを遣わされ」である。

この時期の信長と信忠親子の亀裂は波紋を広げていった。正親町帝は天正九年七月二十八日に信長父子の和解を喜び、祝いの遣いを安土に送っている。癪《しゃく》に障《さわ》ったかはともかく、信長にとって、これは余計なお世話であったと思われる。『お湯殿の上の日記』は「にわかに右衛門佐安土へ下さるる。城介《じょうのすけ》（信忠）と信長との仲直りになり、御薫物《おたきもの》、勅書も下さるる」と記す。この日記は朝廷の女官たちによって書き継がれた日誌である。

信長は、これに先立って七月十七日に信忠に秘蔵の駿馬「雲雀毛《ひばり》の馬」を贈っている。また、同月二十五日には信長は安土城に弟の信雄・信孝と共に参上した信忠に「正宗の脇差」を与えた（『信長公記』）。それで父子の軋轢は、一応解消されたかに見えた。

ところが、信忠は天正十年五月二十六日に、清水寺《きよみずでら》で家康や穴山梅雪をあえて能会で饗応した。勧修寺晴豊は「清水にて能これあり」（『日々記』）と記し、「城をくわんふるまい也」と表現している。意味ははっきりしないが、盛大な催しであったことはうかがい知ることができる。また、秀吉の御用学者・大村由己《ゆうこ》は当該期には秀吉に同行していたので、誰から聞いたのか、「信忠御心遣いをもって、洛中の若衆たち、その他堪能の乱舞者を召し集め、清水寺本領にて、終日御能、夜をかけて美々しき御遊宴なり」（「総見院殿追善記」）と記している。信長が信忠の能会をどのように思ったか不明である。しかし、安土城の能会で梅若大夫の大失態により信長は天下の笑い者になっていた。この盛大な能会は時宜《じぎ》を得たものではなかった。

しかも、信忠が大失態を演じた梅若大夫を呼ぶとは考えられないので、観世・宝生・金春・金剛など格式の高い四座を呼んだに違いない。信長の面子はさらにつぶれる。信忠の堺訪問辞退は、清水寺の能会の件で信長と信忠の間で一悶着《ひともんちゃく》があったことを疑わせる。

◆信忠の名代「杉原殿」

織田信忠の名代は誰が務めたのであろうか。家老の前田玄以か、信長の弟・織田長益（有楽）などの顔が思い浮かぶ。特に長益は織田家中では屈指の茶人として知られていた。本願寺門主・顕如の右筆であった宇野主水が記した日誌『宇野主水記』（鷺森《さぎもり》日記）には、信忠の名代が「杉原殿」であったと記している。この杉原殿とは誰のことなのか。

竹本千鶴國學院大學講師は著書『松井友閑』（吉川弘文館）で、この「杉原殿」を杉原家次であるとした。家次は浅野長政と並ぶ秀吉の家老で、秀吉の正室・寧々《ねね》の伯父である。杉原家次以外に、織田家には「杉原殿」に該当する杉原姓がいない。『宇野主水記』は、『群書類従《ぐんしょるいじゅう》』などに掲載されていたが、そこにはない一節が『大系真宗史料　文書記録編10　私心記』（法藏館）には記載されている。この一節は天正十年正月の条にあり、信長・信忠以下重臣八名とその取次役（家老）の名が記されている。この史料は、本願寺が彼らと連絡を取る際に、宛先となる家老の名である。各家老が信長や重臣たちに書状を披露することになっていた。

　この名簿に記された「取次衆」とは、信長は松井友閑、信忠は前田玄以、柴田勝家は徳山則《のり》秀《ひで》、織田信澄は津田与三郎となっている。この史料には「上様（信長）・宮内卿法印（松井友閑）」、「城介殿（信忠）へは、（前田）玄以、半夢斎とも云」、柴田勝家は「□山五兵衛（徳山則秀）」、織田信澄は「津田与三郎」と記されている。秀吉については「□□弥兵尉《やへいい》（浅野長政）並びに杉原七郎左衛門（家次）」の名が記されている。

　徳川殿に、案内者として城之介殿（信忠）よりは杉原殿（家次）。上様よりはお竹（長谷川秀一）をそえられ訖《おわんぬ》。かの両人も座敷へ出られ云々

（『宇野主水記』（鷺森日記）『私心記』）

堺での家康饗応の茶会には、本願寺からは坊官の八木駿河守が招かれていた。天正八年の大

坂石山退去の後、本願寺の本拠は鷺ノ森《さぎのもり》(現・和歌山市中心部)に移った。天正十年六月一日の堺での茶会について、顕如をはじめ本願寺の首脳たちは、八木駿河守から信長の名代は長谷川秀一、信忠の名代は杉原家次が務めるとの報告を受けた。なぜ一見、関係がない羽柴秀吉の家老が信忠の名代を務めることになったのか。

◆杉原家次と家康の「西国出陣」

信忠が「西国出陣」を理由に家康の接待を断わり、代わりに家次を派遣したことは、儀礼よりも実務を優先させたことになる。何事もなければ家康の「西国出陣」は歴史的な決定であった。前日の五月二十九日、あるいは前々日の夜に信長から「西国出陣」に徳川軍が参陣する許可が下りた。六月一日の晩、茶会を終えた家康と酒井忠次のもとに杉原家次が来訪した。石川数正・本多忠勝・榊原康政、そして客将の穴山梅雪もこれに同席していたかもしれない。

家次の来訪を家康と忠次は、手際がよすぎると思ったかもしれないが、「西国出陣」の決定によって遅かれ早かれ家康は現場指揮官の秀吉から戦況や作戦、その他の注意事項を聞く必要があった。松平家忠など留守居役の重臣たちに宛てた「松平家忠等宛酒井忠次書状」は未だ見ないが、その書状には「羽柴筑前より杉原七郎左衛門殿参られ」といった一文があったはずである。また、杉原家次は「酒井忠次宛羽柴秀吉書状」を秀吉から預かっていたことは間違いない。

格下の秀吉が家康に書状を直接差し出すことはない。この書状も見当たらないが、その概要については『家忠日記』の六月三日の条に記されている。この書状の中で忠次は、家康の命として、家忠など留守居役に具体的に軍装の指示を出している。西国の織田軍は大きい旗を使用しておらず、これに代わってよくしなる竹竿《たけざお》に縦長で幅の狭い小さな旗を採用しているので、徳川軍もこれに合わせて作成するようにとの指示であった。

　酒左衛門尉（酒井忠次）所より、家康（命を）御下し候は西國へ御陣これあるべく由申し来たり候、さし物（小旗）諸國大なるはた《（旗）》やミ候て（使用しなくなり）しない（竹竿）なり候間《あいだ》（ので）、その分申し来たり候、

織田・徳川両者は同盟軍であることから、乱戦中に敵味方の区別ができなくなる恐れがあった。ところが、同年二月の「甲州征伐」においては、特に問題になることはなかった。これは織田家中においても秀吉軍の軍装のことである。そして、家康と面談し打ち合わせを行う以上、秀吉は家老級を派遣する必要があった。家次の来訪は理屈の上では成り立つ話である。

この事細やかな内容は、徳川氏の軍装をよく観察した上での指摘である。秀吉らしい気遣いと配慮がなされていた。秀吉は家康の「西国出陣」を見越して、備中高松城を包囲する陣中から家老の家次を派遣したのである。家康と家次との打ち合わせが終わると、酒井忠次は岡崎と浜松の留守居役に書状を発給し、伝令に渡した。伝令は六月三日に岡崎へ到着した。これは家

康からの出陣命令であり、至急報であった。

そして、六月三日の酉《とり》の刻(十八時)頃に光秀と織田信澄の謀反が大野(現・愛知県常滑《とこなめ》市)から三河へ伝えられた。家忠は「京都にて上様に明智日向守・織田七兵衛(信澄)別心にて、御しょうがい候由、大野より来たり候」と記している。この情報源は織田方である。家康からの連絡は、翌日の六月四日のことであった。光秀の謀反と信長・信忠親子の生害が確認され、家康主従の無事と大浜(現・愛知県碧南《へきなん》市)に上陸することが家忠などの留守居役に伝えられた。

信長の名代・長谷川秀一は、家康主従と三重県四日市付近で別れて桑名(現・愛知県桑名市)まで行き、船で熱田(現・愛知県名古屋市)に戻った。『信長公記』は、「家康殿・長谷川竹、桑名より舟にめされ、熱田の湊へ船着なり」としている。しかし、家康は長太湊《なごみなと》(現・三重県鈴鹿市)から乗船して大浜に上陸したので、これは秀一の帰路のことである。

ところで、信忠の名代・杉原家次は「明智光秀の乱」の勃発時に、どこで家康主従と別れたのであろうか。そして、ここで忘れてはならないことは、「明智光秀の乱」を予期して、信忠の側近が信忠に進言し、秀吉の家老を堺へ送り込んだのではないのか、という疑惑である。秀吉との深い関係から思い浮かぶのは、後の豊臣政府五奉行の筆頭・前田玄以《まえだげんい》その人である。

六月二日朝

和泉国堺◉家康主従「死出の上洛」

◆「堺起点・大和越え説」と「飯盛山起点・伊賀越え説」

六月一日の晩、家康主従は、濃茶の飲みすぎと蒸し暑さで眠れぬ夜を明かしたに違いない。家康は丸腰で来たにも関わらず、安土に着いて以来、信長は不手際を重ねていた。家康主従は五畿内周辺ではよそ者である。不安の種はつきなかった。その夜、彼らの中には少しまどろんだ者がいたかもしれないが、目が覚めてから家康以下全員が同じ悪夢を見ることになる。

ところで、家康主従は「光秀謀反」「信長他界」をどこで聞いたのか。もとよりそれは起点であり、ここを間違えると、真相とは大きくかけ離れることになる。この起点については「堺起点説」と「飯盛山起点説」（現・大阪府四条畷《しじょうなわて》市）の二説がある。「飯盛山起点説」は、宿舎の堺ではなく、そこから出て上洛途上の河内の飯盛山で家康主従が「信長公御他界」の一報を知ったとする説である（『石川忠総留書《ただふさとめがき》』）。この説は六月二日の早朝に、家康は堺を出て上洛する予定があったことが前提となる。

◆

この起点の違いから家康主従の逃亡ルートも「伊賀越え説」と「大和越え説」が生じることになる。確かに地図だけで判断すると、「堺起点説」には説得力がない。家康主従が堺滞在中に京都での変報が入ったにも関わらず、明智軍が制圧した京都に向かい、北上することは自殺行為に他ならないからである。また、「伊賀越え」が可能であったならば、「大和越え」も可能であったとの論理的な結論に至るのではないのか。

「堺起点説」は正《まさ》にこの観点に立っている。『當代記』は寛永年間（一六二四〜四四）に編纂されたとされているが、この史料は「大和越え説」を唱えた。この説も堺で報告を受けていれば、上洛はあり得ないとの合理的な判断にもとづく。この史料は「家康堺においてこのことを聞く、大和路にかかり高田（現・奈良県大和高田市）の城へよられ」と記している。江戸時代はこの「堺起点・大和越え」説が主流であった。

一方、「飯盛山起点説」の論拠とする史料は『石川忠総留書』である。著者の石川忠総の実父は、「伊賀越え」に随行した大久保忠隣《ただちか》である。忠総は石川家成の養子となり、近江国膳所七万石の譜代大名となった。忠総は天正十年生まれであるから、この史料も『當代記』と同様、聞き書きである。

『石川忠総留書』の内容を要約すると、堺を出て上洛途上にあった家康の使者として先行した本多忠勝は、高野《こうや》街道路上を北上中に京都から駆け付けた京都の豪商・茶屋四郎次郎と出会い、「信長公御他界」の報を聞いて、飯盛山まで戻り、両者は家康に報告したとしている。

茶屋家は、本阿弥《ほんあみ》家・後藤家と共に「天文法華一揆」でも活躍した、日蓮宗徒の大檀那であった。茶屋家の菩提寺は、東漸《とうぜん》寺である。この寺は現存しないが、本能寺の洛内筆頭の末寺である。本能寺で異変があれば、逸速く四郎次郎は情報を入手できた。明智軍が午前四時頃に本能寺を取り囲んだ段階で、本能寺から連絡があったと考えられる。

そして、茶屋は京都における徳川方の出先機関でもあった。松平家忠は、家康の筆頭家老・酒井忠次と重臣・平岩親吉《ちかよし》から、天正六年（一五七八）九月晦日に茶屋が今後徳川家に協力する旨を聞いていた。『家忠日記』は「茶屋四郎次郎合力こと申し越し候」と記している。

家康主従のもとに駆け付けた四郎次郎が本多忠勝と橋本から枚方《ひらかた》までの道中で遭遇し、高野街道を下って飯盛山で家康主従と合流したことは事実と思われる。四郎次郎は、本能寺から報告を受けた際、事が事だけに自身が本能寺に接近して確認に行く必要に迫られた。実務の常識に従うならば、配置に付く重武装の軍勢が明智軍であることを知って四郎次郎は「光秀謀反」を知らせる使者を堺へ急派し、全体の状況を把握した後で家康のもとへ急行したとみられる。

よく考えれば、『石川忠総留書』が記す「飯盛山で〈信長公御他界〉を家康が知った」という記述は、不自然である。「信長公御他界」は結論であり、要約だからである。常識的に考えて、家康の下《もと》には「光秀謀反」の第一報に続いて「信長絶望、信忠は交戦中」「信忠切腹」、それに混じり「織田信澄謀反」、あるいは誤報も交じり、注進は次々にもたらされたと考えられる。もちろん、その中には茶屋四郎次郎からの至急報も交じっていたと考えられる。家康は長谷川秀一や松井友閑が受け取った注進とも照らし合わせながら、酒井忠次など重臣たちと対応策を練った。その場所は、飯盛山ではなく、堺である。

◆「堺起点・伊賀越え説」

「堺起点・大和越え説」は、「伊賀越え」に関連する同時代の史料を度外視した上での合理性から導かれている。それは現在通説となっている「飯盛山起点・伊賀越え説」も同じである。しかし、「堺起点説」は、本多忠勝と高力清長の家譜にも記されている。この両家の家譜は、江戸幕府が編纂した最も古い諸大名と旗本以上の諸氏の系譜集である『寛永諸家系図伝』(一六四一〜四三年)に収められている。本多忠勝の家譜は「信長の勧めによりて泉州堺を御覧のとき、明智光秀、信長を弑《しい》すと聞召」とし、高力清長の家譜は「同十年、大権現ご上洛ありて泉州さかひ(堺)にまします時、明智京都にをひて信長を討ちたるよし」と記している。この史料も、家康は堺で光秀の謀反を知ったと解釈できる。

また、当時の史料においても宇野主水は、本願寺の門主・顕如の使者として家康の饗応に参加した八木駿河守から直接、光秀謀反の動静《どうせい》を聞いている。主水は、京都の異変を知った家康主従は、急に堺を出発したとしている。六月二日の『宇野主水記』(鷺森日記)は「朝徳川殿上洛、火急に上洛の儀候は、上様安土より二十九日に京上(上洛)の由ありて、それにつきふた〳〵と(慌ただしく)上洛候也」としている。この「火急に上洛」の理由について「信長御生涯を知って計畧《けいりやく》（計略）を云いて上洛也」との注が記されている。宇野主水は「前後を論ぜずこれを注す」として付け加えている。また、五月二十九日の条に「上様を討ち果たし申し由その聞こえあり、そのまま家康も、帰国とて堺より出られおわんぬ」と追記している。

津田宗及は、光秀の謀反を聞いて家康主従は堺を出たとする。『宗及他会記』は「上様御しや（生害）うかひ也。惟任日向守於本能寺御腹ヲキラせ申候、家康モ二日ニ従堺被帰候」と記している。『三河物語』も「家康はこの由を堺にて聞し召されければ」と記す。著者の大久保彦左衛門忠教《ただのり》は当時二十二歳であり、家康主従に随行した兄・忠佐《ただすけ》と甥の忠隣から聞いたと思われる。『信長公記』も「和泉の堺にて信長公御親子御生害の由承り」と記している。

◆塞がれていた逃走経路

「大和越え説」は、家康が堺で「信長他界」を知り「伊賀越えの危難」を乗り越えた事実を前提に合理化している。しかし、六月二日早朝の時点で「大和越え説」はあり得ない選択であった。なぜなら、大和一国を管轄した筒井順慶《つついじゅんけい》は光秀との関係が深く、両者の宿敵・松永久秀を共に討ち果たした盟友である。順慶の家老で大和の有力国人、井戸良弘の子・覚弘《さとひろ》は、光秀の娘を室としていた。実際に良弘は最後まで光秀に従っている。また、家康側からすれば、順慶が家康主従を助ける理由を見出せなかったに違いない。

「大和越え」以外に他の脱出ルートはなかったのか。堺は港町である。大阪湾からの脱出が思い付く。船と船頭は四国遠征軍、あるいは今井宗久から調達することができた。しかし、家康はこれも断念せざるを得なかった。理由は、経路の紀伊国（現・和歌山県）に反信長派の「雑賀《さいか》衆《しゅう》」「根来《ねごろ》衆」「太田衆」などがいたからである。実際、光秀は「山崎の戦い」の前日となる六月十二日に「雑賀衆」の土橋重治《どばししげはる》と連絡を取っている（『森家文書』）。この書状は、足利義昭を奉じるとした最後の惟任（明智）光秀文書として知られている。また、淡路の菅達長《かんみちなが》も光秀に味方した。このように海路を使っての脱出ルートは閉ざされていた。家康主従も同じ認識であったと思われる。

もう一つの選択は、六月二日に出陣予定であった織田信孝を大将とした四国遠征軍への合流である。この軍団には織田信澄と丹羽長秀が副将として編成されていた。大坂城に入って数週間、籠城できれば、「西国出陣」に備えて待機していた徳川の大軍が救援にやってくる。しかも四国遠征軍の兵糧も当てにできた。

しかし、四国遠征軍は信長・信忠切腹のみならず、織田信澄にも謀反の噂が入り乱れて、疑心暗鬼に陥り、混乱を極めていた。信澄は光秀の女婿であり、信澄の父・信勝は信長と家督を争って殺害された経緯もあった。信澄に限ってという思いが家康主従にあったとしても、最初の情報を信じる他なかった。「信澄謀反」は意図的に全国に拡散された怪情報であったが、この時点では「明智光秀の乱」ではなく「明智光秀・織田信澄の乱」であった。

また、信澄と長秀らを副将とする安土の奉行人を中心に編成されていた四国遠征軍は、明智軍に対抗できる戦力を持ち合わせてはいなかった。四国遠征軍は寄せ集めの部隊であった。この戦が終われば、信孝は讃岐《さぬき》、三好康長は阿波が与えられることになっていた。康長は一足早く阿波に上陸していたが、四国遠征軍は長宗我部元親《ちょうそかべもとちか》との戦闘をそもそも予定していなかった。四国遠征軍は、元親が明け渡した阿波と讃岐を引き取るために編成された占領軍であった。

もし元親を本気で攻めることになっていたならば、後に秀吉が四国征伐で八万の軍勢を三方向から侵入させて制圧したように、総力戦が必要となる。四国遠征軍が上陸した後で、光秀が反乱を起こしたならば、これに呼応した長宗我部軍によって壊滅したと思われる。

ところで、信孝の四国遠征軍は、当初、堺に駐屯することになっていた。堺の商人たちが猛反対し、堺奉行の松井友閑が仲介に入って撤回した。『宇野主水記』の五月二十九日の条は「軍勢堺に家陣をとるべき由これあり、南北もっての外迷惑つかまつり候へば、宮内法印（松井友閑）より申し分けられて、陣とり、これなく」と記している。

松井友閑と長谷川秀一は、津田宗及に家康主従への茶会を懇願しているので、この問題で織田方は宗及に譲歩したと考えられる。宗及は堺の町衆の代表格でもあった。宗及はこの日に家康主従の茶会を引き受けた。宗及は信忠が辞退し、千宗易の茶会が流れたことで困り果てていた友閑や秀一の弱みを握っていた。

津田宗及が四国遠征軍の堺駐屯を阻止しなければ、家康主従はそこへ逃げ込んだであろう。そして、六月五日に信澄が殺害されるようなこともなかった。家康主従と四国遠征軍が堺から大坂城へ移り、籠城できたならば、局面は変わった。家康主従には百戦錬磨の指揮官が揃っていた。本国からの援軍が到着すれば、攻守逆転は可能であった。この戦略を不可能にしたのが、織田信澄謀反のフェイクニュースであり、それ以前の四国遠征軍の堺駐屯計画の撤回であった。

◆知恩院で腹を切るとの決断

家康の命運は完全に光秀の掌中《しょうちゅう》にあった。家康の置かれた状況は「石橋山の戦い」に敗れた源頼朝が追っ手の梶原景時の一存で見逃されて、九死に一生を得た故事など気休めにもならなかった。明智軍はすでに堺に迫ってきていると考えなければならなかった。堺で光秀と織田信澄の謀反を聞いた時点で光秀の力量を考えれば、家康は信長や信忠と同様、死を覚悟せざるを得なかった。敵地と化した畿内に丸腰のまま取り残された家康主従は、俎板《まないた》の鯉であった。

『信長公記』によれば、信長は「是非もなし」と述べて、覚悟を決めた。信忠の家臣たちの中には、信忠に逃亡を進める者もいた。この史料は「引き取って退かれ候へと申し上ぐる人もあり」と記している。しかし、信忠は「このような謀反を計画する者が逃亡を許すとは思えぬ」と述べて、進言を退けた。さらに、信忠は「か様の謀反によものがし候はじ」といったとする。また、「雑兵《ぞうひょう》の手にかかり候ては後難《こうなん》無念なり」とも述べたとしている。

この時代にも秀吉のようなプロのサディストはいたが、多くの武士は平然と殺生を繰り返していたわけではなかった。いつの日か自分の順番が来ることを覚悟して、心の葛藤《かっとう》と迷いを合理化していた。全くその気はなかったが、秀吉は、天正十年十月十四日付の織田信孝の家老、幸田彦右衛門・岡本良勝に宛てた書状の中で、自分が在京していたならば一人で駆け込んで腹十文字に掻っ切ったといっている（『秀吉文書』五〇三）。原文は「我等（私が）在京をもいたし在の者においては、小者一僕になりとも御座所へ走り入り、腹十文字に切候とも本意の上にて御座候に」である。

本来は、この秀吉の虚言《きょげん》が侍の美徳であった。家康は秀吉とは異なる。家康は新田源氏の血筋を誇り「世良田」「得川（徳川）」を自負する典型的な武者であった。堺を出た時、家康は本気で上洛を試み、明智軍と一戦交えた上で腹を切る覚悟であった。随行した家臣たちの家譜も家康が覚悟を決めた様子を生々しく伝えている。

本多忠勝の家譜は、家康が「大権現愕《がく》然《ぜん》大いに駭《おどろ》いてかつ曰《いわ》く光秀、我のここへ来るをこれ知る也、兵を使いて我の至る要路に待つ」と述べたとする（『譜《ふ》牒《ちょう》余《よ》禄《ろく》』、巻二十九）。家康は剣を抜いて切り込み、信長の恩に報いる形で腹を切る覚悟を決めて宣言した。そして、家康は「必ず兵我往《ゆ》くこれを伐《う》つ、しかして独《ひと》勝にあたわず我公（信長）に報いて地（京都）に下り自尽（切腹）す、まさに腰から剣を抜く」と述べて、剣を振りかざしたとする。

酒井忠次の家譜は「大権現おどろきたまひ、急ぎ上洛して明智をうたんや」と記している。また、忠勝の家譜には「洛陽にかへりて《（帰りて）》光秀をうたんがため飯盛山八幡にいたりたまふとき、忠勝いさめ奉りていはく、早く参州（三河）へかへり義兵をあげ賊を誅せらるべし」（『寛永諸家系図伝』）と書かれている。この家譜がいみじくも記している通り、忠勝が三河帰国を家康に進言したのは飯盛山であり、堺ではなかった。この家譜は「堺起点・伊賀越え説」であり、それが正解ということになる。家康は飯盛山で死出の上洛を取りやめて本国帰還、すなわち「伊賀越え」に方針を転換した。そこで何があったのか。

一方、光秀の対家康戦略は、堺から脱出する海路を塞ぎ、大和路では味方の大和国人に命じて待ち伏せさせ、大坂城への籠城を阻止さえすれば、家康主従は袋のネズミとなる。その上でこれにとどめを刺す役割は、そのために編成された襲撃部隊ではなかったのか。それは家康の読み通りであった。ところが、光秀・家康双方にとって全く意外な展開が待ち受けていたのである。

六月二日午前

山城国西岡◉明智軍家康襲撃部隊の遅参

◆家康主従襲撃部隊の編制

明智軍による家康主従襲撃の計画は、明智軍の国人・城主のみならず、その下の地侍《じざむらい》まで認識していた。当初、本能寺に一番乗りした丹波国の地侍・本城《ほんじょう》惣右衛門は、家康襲撃作戦に動員されると思っていた。『本城惣右衛門覚書』は「いへやすさまご上洛にて候まま、いゑやす(さ)まとばかり存候」と記している。

本城惣右衛門は、丹波の豪族・赤井五郎(忠家)の下で光秀と戦ったが、丹波国八上《やかみ》城主・波多野秀治滅亡後の天正七年(一五七九)以降は、光秀方の神尾山《かんのおさん》城主・野々口西蔵坊《にしくらのぼう》の旗下にあった。フロイスも同じく「兵士たちはかような動きが何のためか訝《いぶか》り始め、おそらく明智は信長の命にもとづいて、その義弟である三河の国主を殺すつもりであろうと考えた」と記している。では、明智軍の家康襲撃部隊の編制は、どのようになされていたのか。

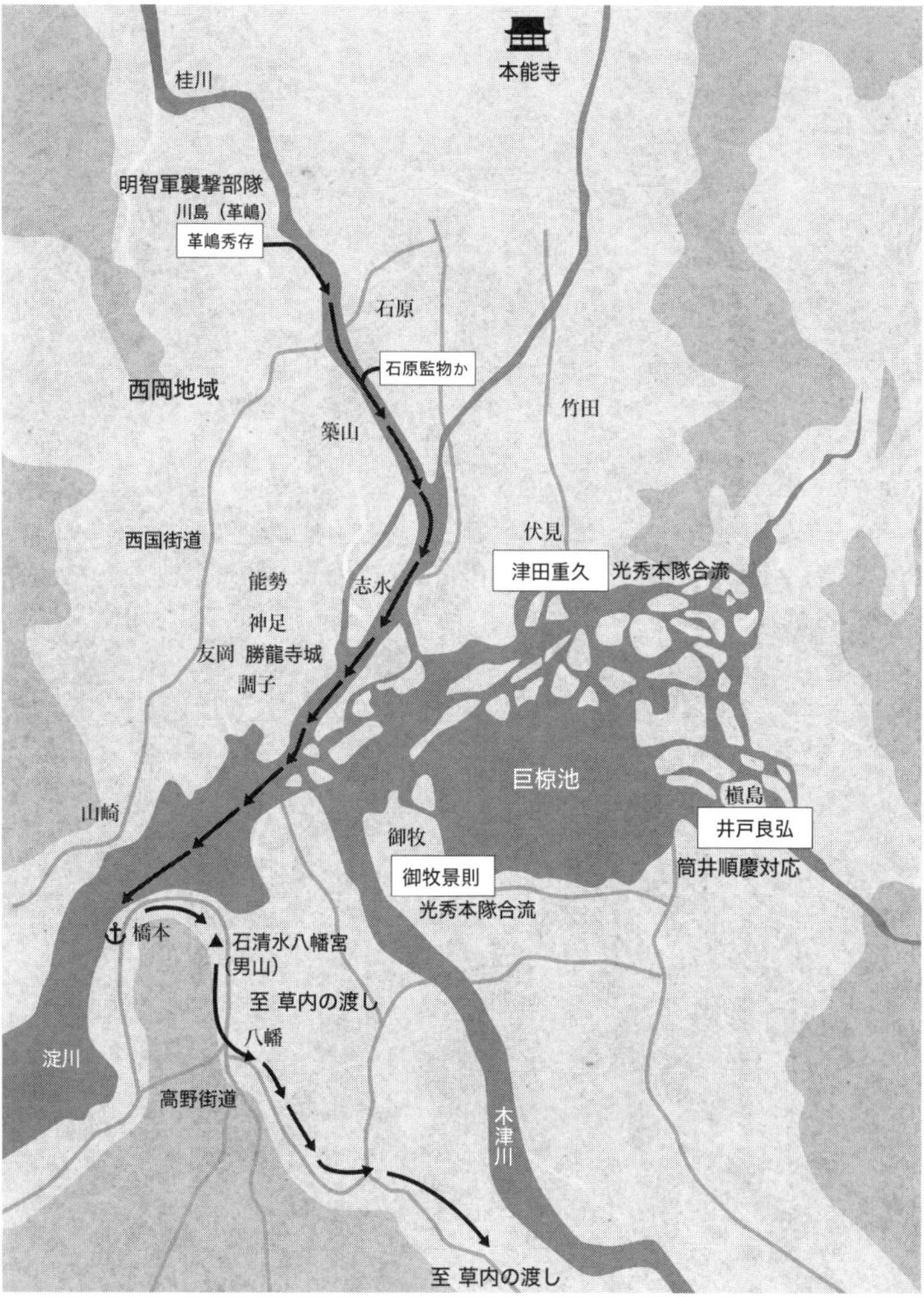

明智軍の家康襲撃部隊のルート　巨椋池は、京都府の南部、現在の京都市伏見区・宇治市・久世郡久御山町にまたがる場所にかつて存在した周囲約16kmの巨大池。

地図を見れば、家康を襲撃する役割を担った光秀方の畿内国人は、丹波の将兵ではない。距離と時間的なロスを考えれば、戦略的な合理性を見出すことができない。丹波の国人は信長と信忠殺害に動員されていることから、常識的には堺に近い明智方の国人が家康襲撃作戦を担当することになる。光秀の謀反は、極秘軍事作戦である。フライングは許されない。家康主従に対する襲撃作戦も本能寺襲撃と同時に行動を起こす必要があった。

光秀の計画は堺周辺か大和の国境、海上ルートを抑えた上で、明智軍の別動隊が午前中には家康主従を殲滅《せんめつ》させるというものであった。もし光秀が「伊賀越え」を予期していたのならば、家康主従の脱出経路には、伏見の津田重久、槇島（現・京都府宇治市）の井戸良弘、御牧《みまき》（現・京都府久世郡久御山《くみやま》町）の領主・御牧勘兵衛《かんべえ》景則《かげのり》などが待ち構えていたに違いない。

馬部《ばべ》隆弘《たかひろ》中京大学教授は、津田重久の一族と思われる津田主水佑《もんどのすけ》重兼《しげかね》の所領は招堤寺内《しょうだいじない》（現・大阪府枚方市）にあったとしている。この地は「伊賀越え」の通過経路付近である。光秀配下の畿内国人たちは、それぞれの任務についていた。安土など近江への進軍を予定していた光秀は、本隊に兵力を集中させる必要があった。重久は寛永六年（一六二九）十月二十日に「首数之覚」を記している。当時八十一歳であった重久は、四十七年前の記憶となるが、「信長公へ逆臣のとき、我等（私）は近江へ働きにつき」と書き残している。重兼も帯同していたかもしれない。井戸良弘は光秀の与力ではあったが、筒井順慶の家老でもあった。良弘は順慶を取り込むことに専念する必要があった。

地理的に最も「草内の渡し」に近い光秀の家臣は、御牧景則であった。景則の父は御牧摂津守《かみますかげ》益景《せっつの》である。御牧氏は山城国人に分類されるが、室町幕府、特に政所執事・伊勢氏の影響下にあったと考えられる。しかも、御牧氏は橋本湊にある石清水八幡宮《いわしみず》との関係が深かった。

尾張の儒学者・小瀬甫庵《おぜほあん》が記した『太閤記』は、「山崎の戦い」では「伊勢与三郎（貞興）・諏訪飛騨守・御牧三左衛門（景重）・舎弟勘兵衛（景則）」が明智軍の先手であったとしている。景則の兄・景重は伊勢貞興や諏訪飛騨守《すわひだのかみ》と共に「山崎の戦い」で戦死した。諏訪氏も代表的な室町幕府奉行衆の一族である。御牧景則は「明智光秀の乱」では、伊勢貞興に付き従っていたと思われる。

なお、元亀三年（一五七二）と思われる十月十三日付秀吉書状（『秀吉文書』）によれば、父・摂津守益景の隠居後、景則が代替わりしたとしている。景重は庶兄であり、家を守るために景則は責任を回避したと考えられる。景則の行政手腕については、故・朝尾直弘氏が論証している。景則はその実力を買われて豊臣秀吉の直臣となり、最も重要な山城・摂津の蔵入代官《くらいりだいかん》となっている。

景則は、津田重久と同じく、光秀から太刀《たち》を恩賞として授かっていた。朝尾氏が紹介した「御牧文書」（京都大学国史研究室影写本）の十月九日付景則宛家康書状には「次信長の刀到来、祝着候」とある。これは秀吉が死去した後の慶長四年（一五九九）頃の書状とされている。この刀は作も名も不明であるが、信長が所持していたことを家康が知っているほどの名刀であった。勘兵衛は子息・助三郎の身上を家康に託して、光秀から授かった信長の太刀を献納した。津田重久も仕官した前田利長に「津田《つだ》遠江《とおとおみ》長光《ちょうこう》」（国宝）の太刀を進上している。このことからも、御牧勘兵衛も安土城攻撃に加わっていたと考えられる。御牧家も後に前田家に仕官した。

また、家康主従が付近を通過した河内国交野《かたの》城（私部《きさべ》城）周辺は、安見《やすみ》新七郎《しんしちろう》の支配地であった。安見氏は、早い段階で他国へ移封されており、光秀方であったとする指摘もあるが、当時は四国遠征軍もしくは三好康長の先遣隊に追加派遣された可能性もあり得る。後に安見氏の一族は伊予国で一万石の大名となり、「関ヶ原の戦い」で西軍についたが、後に前田家に仕官している。前述した津田重兼の所領は枚方の招提寺内にあったが、明智方として彼らが在城していたならば、「伊賀越え」はそもそもありえなかった。

◆家康襲撃部隊と西岡国人

明智軍は光秀本隊とは別に、京都盆地の南部にあり、西国街道と久我畷《くがなわて》が交差する要衝である勝龍寺城を攻略している。この城の城代は信長側近の矢部家定と猪子兵助《いのこひょうすけ》であったが、「明智光秀の乱」の際は不在であった。猪子兵助は京都で織田信忠に殉じ、矢部家定は四国遠征軍に加わっていたと推定されている。「天正十年六月朔日勝龍城にての書付」（三宅家系譜『三宅家史料』）によれば、光秀側近・明智（溝尾）勝（庄）兵衛、奉公衆・佐竹出羽守宗実《むねざね》、近江国人・猪飼半左衛門が兵六百で勝龍寺城を占拠したとしている。守備兵は西岡の国人・神足《こうたり》氏であった。この史料は、百姓の首五十人をはねたとしているが、状況から考えれば、死体は矢部と猪子の家臣であったと考えられる。

ここで重要なことは、『川角太閤記』が指摘しているように、直前になって光秀が明智（三宅）秀満、同治右衛門、藤田伝五、斎藤利三と談合した（『信長公記』）というような事実はなく、すでに役割分担がなされていたことである。家康主従への襲撃計画は、信長・信忠の殺害と同等の死活を分ける戦略目標である以上、事前に襲撃部隊の陣容は決まっていたと考えられる。

結論からいえば、明智軍の家康襲撃部隊は、消去法だけではなく距離的・時間的な戦略、あるいは政治的な理由からも西岡の国人衆によって編成されていたとみなされる。西岡とは京都の西南に位置し、現在の京都府長岡京市・同向日《むこう》市・京都市西京区・伏見区・南区・京都府乙《おと》訓《くに》郡大山崎《おおやまざき》町にまたがる地域である。この地は山陰・山陽道に向かう交通の要衝《ようしょう》であり、経済力もあった。足利尊氏がこの地を直轄地にして以来、足利将軍と西岡国人は伝統的に深い関係にあった。

西岡の地から堺までは六十キロほどあるが、川上であることから淀川を船で下れば、時間的距離は長くない。梅雨時で川は満水なので時速五ノット（九キロ）程度で下ることは可能であったであろう。明智軍は橋本湊か渡辺津（現・大阪市中央区）で陸路を取るか、そのまま水路で堺に上陸するか、あるいは二手に分かれて攻撃する計画であったかもしれない。

西岡国人の名字は、現在も町名として残っている。たとえば、石原・川島（革嶋）・物集女《もずめ》・

鶏冠井《かいで》・開田《かいでん》・神足・調子《ちょうし》・志水・築山・友岡・竹田などである。他に能勢《のせ》・寒川《さむかわ》・中沢・渡辺・小泉・高橋・野田・小野などの諸氏がいた。西岡の国人は代々室町将軍家直臣として「西岡地頭御家人《じとうごけにん》」「西岡御被官衆《ごひかんしゅう》」と呼ばれていた。当時、西岡国人の中で明智方の最大勢力は、革嶋氏と石原氏であった。両者は縁戚関係にあった。

革嶋氏は、現在の京都市西京区川島付近を本領とした地頭御家人である。革嶋氏は佐竹義隆《さたけよしたか》の弟・義季《よしすえ》を祖とする家柄で、二代・義安《よしやす》から近衛家領であった革嶋南荘の家司《けいし》（代官）となった。建武三年（一三三六）から革嶋氏は足利尊氏に仕え、幕臣の地位を得た。なお、革嶋が所蔵する『革嶋家文書』は、鎌倉時代から大正時代までの八百年間にわたる二千四百五十九通が伝承されていることで名高い。この史料は重要文化財になっている。

「永禄八年五月政変」で足利義輝が殺害された後、義輝に近い革嶋一宣《かずのり》と秀存《ひであり》の親子は、丹後栗田庄《くんだしょう》に逃れた。革嶋氏は信長が入京すると、三好方の鶏冠井氏を追って旧領を取り戻した。革嶋氏は「山崎の戦い」の後、浪人を余儀なくされたが、江戸時代は名字帯刀《みょうじたいとう》を許された。革嶋氏が仕官できなかったのは、一般に明智方であったことが理由とされている。

しかし、斎藤・井戸・津田・山崎・柴田（勝全《かつまた》）・三宅・安田（天野）・妻木・並河・三淵・曾我・進士など、光秀の旧臣は秀吉直臣や子飼いの大名、あるいは熊本藩の重臣になった。江戸時代に入っても大身の旗本や加賀藩を中心に大藩の重臣になった者も多い。革嶋氏が逼塞《ひっそく》した大きな理由は、本領に固執《こしつ》したことも一因ではあるが、当時の明智軍の配置と展開から考えるならば、家康を襲撃することになっていた明智軍の主力であったからではないのか。

そして、豊臣政府下で革嶋氏が冷遇された背景には、「明智光秀の乱」後、頭を丸め、幽斎《ゆうさい》と名乗った長岡（細川）藤孝との関係が、その裏切りによって悪化していたと考えられる。キングメーカーとしての幽斎は、豊臣政府の最高顧問ともいうべき存在であった。

◆家康襲撃部隊の総大将は誰だったのか

家康主従襲撃部隊の総大将は誰だったのか。光秀が信長と信忠を担当するならば、家康主従を討つ役目は客観的に誰が適任なのか。これは政治的な選択でもあった。家康を討つという重大任務が任せられるような総大将は、光秀とは同格の人物が想定される。該当する大物は、政所《まんどころ》執事・伊勢氏の嫡流、伊勢貞興と「御供衆」であった長岡（細川）藤孝の二人である。貞興と藤孝の嫡子・忠興は、共に光秀の娘を室としていた。

信長は、伊勢貞興の政所頭人の継承について支持することを約束していた。元亀二年（一五七一）十一月一日付の書状で信長は「政所役に於《お》いては向後《こうご》も異儀（議）あるからず候」と記している（『信長文書』三〇六）。なお、幕府の人事権は、信長にはなく、将軍・義昭の専権事項である。「山崎の戦い」で戦死した貞興は二十歳であった。「伊勢系図」には「明智日向守婿ニテ、日向守ト一所ニテ」とある。また、『言経卿記《ときつねきょうき》』は「伊勢守以下三十余人討死おわんぬ」と記している。貞興の戦死は明智敗軍の象徴であった。

もう一人の総大将候補は長岡（細川）藤孝である。光秀は天正十年六月九日付覚書の中で「いったん我等（私も）も腹立ち候えども」（『細川家文書』）と藤孝にいっているが、妙な一文である。藤孝は、「御供衆」として義昭政権の最高幹部であったが、次第に将軍・足利義昭と対立を深め、光秀と共に信長方となった。元亀四年（一五七三）七月十日付で、信長は藤孝に桂川の西の領域を与えた（『細川家文書』）。以後、藤孝は西岡の別名である長岡を名乗った。長岡は、秀吉が今浜を長浜としたように、信長の一字に掛けたのかもしれない。

西岡国人の中には、革嶋氏のように信長から直接本領を安堵《あんど》された者もいた。また、同年九月十四日付で藤孝も、革嶋氏の知行《ちぎょう》を安堵し、革嶋氏を藤孝の与力とした。桂川西の国人たちは藤孝の傘下に置かれたが、抵抗する者もいた。藤孝は物集女氏を騙し討ちにして滅ぼした。

『革嶋家伝覚書』では藤孝を「総旗頭《そうはたがしら》」と記している。義昭と藤孝が対立した際、革嶋氏は藤孝と光秀に味方し、勝龍寺城を守っている。元亀四年三月九日付で藤孝は革嶋秀存に対し「無二の御覚悟」を称え、本意を遂げたならばその功績は忘れないとする「起請文」を差し交わしている（『革嶋家文書』）。

ところが、天正八年（一五八〇）八月初旬に西岡から加増されて、藤孝は丹後へ移封された。革嶋氏は後に熊本藩士となる神足氏と同じく藤孝と共に丹後へ移らず、先祖伝来の西岡の地に残った。中路氏や志水氏・神足氏などの西岡国人は丹後に移った。彼らの子孫は熊本藩士となった。友岡氏の当主・友岡山三郎は丹後に移ったが、一族は西岡に残った。

革嶋氏は光秀とも関係が深かった。『革島系図』によれば、元亀元年（一五七〇）の「近江木戸表の一戦」では、革嶋忠宣《ただのぶ》が光秀に従って軍功をあげたとしている。『革嶋家伝覚書』には、革嶋秀存の父・革嶋一宣《かずのぶ》の室は、光秀の重臣・溝尾《みぞお》庄兵衛の叔母であったと記している。また、光秀の重臣・石原監物《けんもつ》の室は、革嶋一宣の娘であった。『革島系図』に「又一宣の女《むすめ》をチヨコと云うは石原監物に嫁ぐ。石原氏明智光秀の家臣也」とある。このように、藤孝が「総旗頭」として革嶋氏や石原氏などの西岡国人を率いて、家康主従を討ち果たす構図は見出せる。

◆「惟任（明智）合体の侍」

織田政権下での藤孝は、光秀配下になったような印象があるかもしれない。確かに光秀は信長から丹波・丹後と近江国志賀郡といった五畿内周辺の要地を与えられていた。これに対して、藤孝は丹後に移封され加増されたが、藤孝と女婿の一色五郎がそれぞれ四万石程度を分けあったにすぎない。一色家は管領家に次ぐ侍所頭人の家格（四職《ししき》）を誇る名門であった。なお、光秀の丹後での所領は二万石程度とされているが、織田政権下では事実上の守護職である。

最近の研究によれば、織田政権の「書札礼《しょさつれい》」と呼ばれる書状形式を見ると、家格ないし身分的には光秀よりも藤孝のほうが格上であったとされている。一色五郎も同じである。一方で、織田家の軍制上においては、藤孝と一色五郎は光秀の与力という位置付けであった。藤孝と一色五郎は、光秀の客将ともいえる立場であった。

光秀の娘・玉（ガラシャ）が藤孝の嫡子・忠興に嫁いでいたことはよく知られている。両者は縁戚関係にあった。当時、藤孝と光秀の関係は、どのように捉えられていたのであろうか。秀吉の御用学者・大村由己は、両者の関係について「惟任（明智）合体の侍」と記している。これは光秀と藤孝は一心同体という意味に他ならない。由己は秀吉の一代記『天正記』全十二巻を著した人物である。この『天正記』を構成する「惟任謀反記」は、天正十年（一五八二）十月に記されたものである。

信長から見ても、藤孝は「惟任合体の侍」であった。たとえば、天正八年（一五八〇）八月十三日付の藤孝宛書状の中で、信長は丹後入国について光秀から詳しい報告を受けたとし、丹後の統治は二人でよく相談するように命じている。信長は「惟任（光秀）かたより具《つぶさ》に申し越候、いよいよ（光秀と）相談《あいだん》じ、政道かれこれ油断なく申し付くべき事専一候」（『信長文書』八八七）と述べている。もちろん信長は、謀反の際にも二人でよく相談しろとは言っていないが、その局面が生じれば、しないはずはないとはいえるであろう。

長岡（細川）藤孝と西岡国人の関係は、丹後へ移ってからも続いた。藤孝が『革嶋家伝覚書』に記されているように西岡国人の「総旗頭」に復帰し、彼らを率いて家康主従を襲撃する計画は、光秀の立場からすれば、理にかなっていた。当初の計画では信長と信忠は光秀が担当し、家康は藤孝が担当するという役割分担が、藤孝が主導する形で約束がなされていたと考えられる。

◆長岡（細川）藤孝のアリバイ

ところで、長岡（細川）藤孝は光秀の反乱前後は、どこにいたのであろうか。熊本藩の藩史である『綿考輯録《めんこうしゅうろく》』は、藤孝は丹後宮津で事件の一報を聞いたとしているが、この説を裏付ける史料はない。この史料では「五月、忠興君中国御出陣御用意、藤孝君は御在国のはずなり」と記している。この「のはずなり」という筆者の主観には違和感がある。これは藤孝の所在が京都周辺では都合が悪いことを暗示している。

著者の小野武次郎が不審がる理由は、「明智光秀の乱」の半月ほど前、光秀と藤孝は家康の饗応へ参集された際に安土で会う機会があったにも関わらず、事前に藤孝の了解を得ることなく信長と信忠を討ち、六月九日になって光秀は覚書を書いて支援を求めたことになるからである（『細川家文書』）。これでは武将というよりも、大人の行動としてあり得ない。どの時代でも実社会では全く通用しない理屈である。

小野武次郎が「のはず」とした藤孝の五月のアリバイは、『兼見卿記』によって完全に否定される。『兼見卿記』は天正十年正月から六月十二日までの本来の日記を「別本」と呼び、書き直したものを「新本」と呼ぶ。なお、この日記の筆者・吉田兼見は、天正十四年（一五八六）十一月二十五日に即位した後陽成帝の諱《いみな》・和仁《かずひと》を避けて、兼和《かねかず》から兼見に改名している。

双方共に、五月十二日に藤孝と忠興が丹後から兼見の屋敷（京都・吉田山）に来訪したと書き留めている。別本には「長兵（藤孝）早天安土へ下向、今度徳川、信長御礼安土登城云々、惟任日向守在荘申しつけ云々」とある。新本にも「未明長兵安土下向」と簡潔に記している。しかし、藤孝の消息は、家康饗応のため安土に親子共々参上した後、途絶えている。

饗応後も藤孝はそのまま安土に残り、五月二十九日に少人数で上洛した信長ではなく、信忠と家康に従って五月二十一日に上洛したと考えられる。「惟任（明智）合体の侍」との論理に従って、信長が藤孝の身柄を確保しておけば、光秀と一体化しての不慮の事態は起きないという算段である。確かにこの方策により光秀と藤孝は引き離されるが、信長の予期に反して光秀が反乱を起こした場合には、藤孝の首を即座にはねるという覚悟と決意が信長になければ、この防止策は全く機能しない。

いつの間にか、信長の脳裏では「あってはならない」という願望と期待が、時間の経過と共に「それはない」という誤った現状認識に変質していった。その根拠はない。もちろん、この浅知恵（罠《わな》）を妙案として信長に提案した人物がいた。それは藤孝自身か楠長諳かである。また、藤孝が提案し、長諳が相槌を打つ場面も想定できるであろう。

実際には信長が本能寺で異変に気づいた瞬間に、藤孝のことはその脳裏から完全に消えたに違いない。ご都合主義と強度のナルシシズムが招いた末路である。藤孝は六月九日まで所在が不明である。嫡子・忠興には出陣命令が出されていたが、藤孝には出ていなかった。いずれの史料においても「西国出陣」のため本国へ戻ったのは忠興一人である。藤孝が忠興と共に領国へ帰ったとする記録もない。この時点で藤孝は、忠興に家督を譲っておらず、隠居もしていない。当主の名が不記載とは、一体、どういうことなのか。

信長の「西国出陣」の動員令について、『信長公記』には「維任（光秀）日向守、長岡（忠興）与一郎、池田勝三郎（恒興）、塩河吉太夫、高山右近、中川瀬兵衛（清秀）」と記されている。『川角太閤記』は「中川瀬兵衛、高山右近、長岡与一郎只今の三斎の事なり、（摂）津の国塩川党」と記している。細川家側の史料である『細川忠興軍功記』は「明智日向守光秀殿、筒井順慶殿ならびに忠興様遣わされるべきと仰《おおせ》出《で》」としている。いずれの史料にも長岡（細川）藤孝の名は見当たらない。

信長は光秀の謀反を全く警戒していなかったわけではなかった。ところが「光秀・藤孝の分離策」という安全装置は全く機能しなかった。光秀は、秀吉と藤孝と同様に信長の甘さを見抜いていた。その光秀も藤孝にまんまと謀《たばか》られたのである。信長ファンの読者にとっては不快に感じるかもしれないが、本書の信長像は、一貫して秀吉と藤孝のそれに従っている。

◆長岡（細川）藤孝と三人の分身

藤孝には分身が三人いた。この三人とは、米田《こめだ》求政《もとまさ》、里村紹《じょう》巴《は》、津田宗及のことである。藤孝はキングメーカーに徹していた。家康主従に接近しての宗及の一連の不審な動きは、藤孝の指示によるものである。

一人目の分身である米田求政の子孫は、熊本藩の次席家老になっている。当初、求政は藤孝の客分であった。求政の表向きの顔は医師ではあったが、興福寺の一乗院覚慶《かくけい》（足利義昭）を救出したことで「奈良御供衆」として幕臣に加えられた（『永禄六年諸役人譜』）。熊本藩の藩史である『綿考輯録』は、天正十年六月前後、藤孝の腹心・米田求政が当時在京していたと記している。出典は米田家の家伝からの引用と思われる。その理由について、『綿考輯録』は、佐久間信盛と共に追放されていた嫡子・信栄《のぶひで》が、信盛死後に赦免《しゃめん》されたことから、求政はその祝賀の使者として上洛していたとする。

しかし、信栄はこの年の一月十六日に岐阜で信忠に拝謁し、赦免されていた。六月の祝賀では遅すぎる。まして、五月十四日には藤孝本人が安土にいたのであるから、そこですむ話である。ただし、この言説からすれば、求政は、藤孝とは別行動を取り、安土から京都に向かったことは事実とみなされる。また、同史料は、求政が次男を十如院《じゅうにょいん》の雄長老の元に入学させる用があり、今出川相国寺門前の私邸に滞在したとも記している。この頃、宮津では西国出陣の準備のため、家中は血眼になっていた。私事での在京は考えられない。聞かれてもいないにも関わらず、このような言い訳を記していること自体疑惑を招くことになる。

加えて、六月二日以降も求政は在京したとする。その理由は「壱岐守《いきのかみ》求政はなお在京して洛中の風聞を窺《うかが》い居候」とある。それは求政の判断ではなく、藤孝からの指令でなくてはならない。藤孝はどさくさに紛れて本能寺か妙覚寺から脱出し、迎えに来た求政と合流した。まさかどこかへ消えるとは思ってもみない明智軍陣中へ堂々と藤孝は入っていくこともできた。

◆

事実上の人質になっていた藤孝が抜け出せず、総大将の責務を果たせぬ事態が生じた場合、求政が家康を襲撃する明智軍に加わるという予備計画が必要であった。襲撃に向かう明智軍には、家康と重臣たち、そして穴山梅雪の顔を知っている人物の存在が不可欠であった。在京を告白した求政は藤孝に随行して五月に安土へ行き、家康や重臣たちと対面する機会があった。

二人目の分身は、連歌師《れんがし》・里村紹巴である。両者の関係を示す初見史料は、弘治二年（一五五六）九月十日の細川晴元《はるもと》（京兆家・細川宗家）興行の連歌会《れんがえ》である。藤孝の連歌会参加の初見でもある。時に二十三歳であった。天正十年五月末にあった愛宕《あたご》神社西之坊威徳院《いとくいん》の連歌会で、光秀は「時は今雨が下しる五月かな」と発句《ほっく》を吟《ぎん》じ、紹巴は変化と展開が要求される第三（句）を受け持った。この第三は「花落つる池の流れをせき止めて」である。後から考えれば、「花落つる」の花とは信長の首のことである。紹巴が藤孝の代理人として第三を紹巴が代読したのであれば、藤孝は光秀の謀反を煽《あお》っていたとも解される。少なくともほのめかすといった程度ではない。

『綿考輯録』によれば、藤孝と二人目の分身・津田宗及との関係は、永禄三年（一五六〇）八月七日の連歌会まで遡《さかのぼ》る。その時、宗及は挙句《あげく》（最後の句）のみを吟じている。なお、里村紹巴も同席していた。宗及は、同十二年（一五六九）八月七日の勝龍寺城での藤孝興行の連歌会に参加して以来、藤孝と宗及は年に一度ほど連歌会で顔を合わせていた。非公式の会合は不明である。また、同年九月二十四日に宗及は、藤原定家の色紙を床に掛けて紹巴を茶会に招いている。

◆陰謀の巣窟「里村紹巴の連歌会」

この時代、人と会うためには相当な労力と時間を費やした。顔見知りというだけでも貴重であった。もし織田政権に対して陰謀を企《くわだ》てていたならば、一同が揃うことはその成功を待たねばならないが、個々に会合を開くにしても口実がいる。その隠れ蓑となる口実が連歌会と茶会であった。後醍醐帝の時は無礼講《ぶれいこう》が陰謀の隠れ蓑になった。

里村紹巴が管理人であった連歌会は、陰謀《いんぼう》の巣窟《そうくつ》であった。天正十年六月段階で正会員とおぼしき面々には、藤孝をはじめ、聖護院門跡・道澄《どうちょう》、菊亭晴季《きくていはるすえ》内大臣、羽柴秀吉、里村紹巴、米田求政・大村由己・前田玄以・古田織部（重然《しげなり》）・津田宗及、秀吉の側近で比叡山の医師・施薬《せやく》院全宗《いんぜんそう》などがいた。

全国の山伏《やまぶし》を支配下におく修験道の総本山聖護院の門跡・道澄は、近衛家出身で関白・近衛前久の弟である。豊臣政府成立後、道澄は関白・豊臣秀吉の隣の高間で鎮座していた。信長の代、道澄は毛利家に長期滞在し、伊勢北条氏とも太いパイプがあった。結果から判断して、道澄が秀吉に何らかの便宜を図ったことは間違いない。

施薬院全宗と秀吉の関係が深いことは公然の秘密であったが、菊亭晴季の陰謀への加担については現状、証拠がない。しかし、藤孝と同様、三條西実澄《さねずみ》（実枝《さねえだ》）の歌学の弟子であったことから、早くから関与していた疑いは残る。確かに光秀なども里村紹巴の連歌会に参加していたが、彼らはゲストにすぎない。問題は秀吉と前田玄以である。玄以は信忠の重臣であり、後

◆

に豊臣政府の京都所司代として事実上、秀吉に次ぐ権力者となっている。天正六年五月十八日に里村紹巴邸でなされた「羽柴千句」では、藤孝こそ欠席しているが、道澄と紹巴が参加した。

これまで天正三年（一五七五）十月九日とされていた「夢想百韻連歌会《むそうひゃくいんれんがかい》」について、遠藤珠紀氏は豊臣姓を与えられた天正十三年（一五八五）とした。秀吉の夢を題材にした発句は「ゆたかにも公家殿上人《でんじょうびと》の心かな」であった。この連歌会の参加者は、藤孝、紹巴、道澄、前田玄以などであった。遠藤氏は「秀吉が夢で得た〈豊にも公家殿上人（臣）の心地〉と謳《うた》う発句は、まさに〈豊臣〉の姓を含意《がんい》する。直前の新姓（豊臣姓）の創設、豊臣姓諸将の大量叙位を寿《ことほ》いだものであろう」としている。「夢想百韻連歌会」は同志諸君の打ち上げの宴であった。

なお、津田宗及と秀吉の関係は連歌会にとどまらない。宗及は、天正六年（一五七八）十月十五日に播磨《はりま》、同九年（一五八一）六月十一日は姫路、同年十二月二十七日は茨木城で、秀吉の茶会に招かれている（『宗及他会記』）。宗及も天正六年と同九年に、秀吉と松井友閑を招いて茶会を行っている（『宗及自会記』）。宗及は秀吉とも入魂であった。そして、藤孝・道澄・紹巴・宗及の四者は、天正十年七月十五日の本能寺でなされた信長追善連歌会でも顔を合わせている。この連歌会を興行した藤孝の発句は「黒染めの夕や名残り袖の露」である。頭を丸めた藤孝は幽《ゆう》斎《さい》と名乗り、なぜか米田求政と家老の有吉立言《たつつね》も主君にならって髪を剃っている。

同様の共謀計画は、平家が驕《おご》りを極めた時期に平家打倒を目論んだ「鹿ケ谷《ししがたに》事件」があるが、この計画は未遂に終わった。参加者は、後白河法皇に寵愛された西光《さいこう》や権大納言・藤原成親《なりちか》、俊《しゅん》寛《かん》、基仲《もとなか》法師、山城守中原基兼《もとかね》、惟宗信房《これむねのぶふさ》、平資行《すけゆき》、同康頼《やすより》らであった。平清盛は、西光には拷問《ごうもん》を加えた上で首をはね、成親は餓死《がし》させ、俊寛などは鬼界ケ島《きかいがしま》（硫黄島）へ流した。これは後白河法皇への見せしめであった。清盛が熱病で憤死《ふんし》しなければ、平家政権はもう少し長く存続できたかもしれない。鎌倉幕府は、後醍醐帝の最初の謀反計画である「正中の変」への対応が甘く、結果、滅亡した。

正親町帝

- 室町幕府　細川（長岡）藤孝（御供衆）・聖護院道澄（門跡・室町幕府外交僧）
  - ※幕府の外交担当者責任者
- 毛利家　小早川隆景・安国寺恵瓊
  - ※毛利家の外交担当者
- 織田政権　羽柴秀吉・前田玄以・楠長諳（信長右筆）・古田織部（足軽衆）
- 公卿　三條西実澄（大納言・一五七九年没）・菊亭晴季（内大臣）
- 学者・僧　大村由己（御用学者）・施薬院全宗（比叡山医師）
- 藤孝配下　津田宗及（堺豪商・茶人）・里村紹巴（連歌師）・米田求政（客分）

津田宗及の背後関係・連歌会グループ
（天正十年六月段階）

◆

織田政権を一夜にして転覆《てんぷく》させるにしても単独ではなく、その日まで長年にわたる共謀がなくてはなし得ない。里村紹巴を管理人とする連歌会グループの顔ぶれは、危険極まりない陣容《じんよう》であった。放置すれば、秀吉グループと藤孝グループが相互に連携しながら、計画は着実に進行していくことは自明であった。信長は、長年百鬼夜行《ひゃっきやこう》の朝廷政治の渦中《かちゅう》に身を置いた平清盛ほど鋭敏な感覚を持ち合わせなかった。貴重な情報があったとしても、まず楠長諳《くすのきちょうあん》が検閲《けんえつ》したであろう、それにもまして信長自身が想像したくない不快な情報をブロックしていたとするならば、賢明な判断に至ることはあり得なかった。

六月二日昼

河内国飯盛山◉本多忠勝の橋本索敵と「伊賀越え」

◆橋本へ向かった本多忠勝

家康が「伊賀越え」を決断したのは、右手に三好長慶の居城があった飯盛山が見える四条畷付近であった。史書は「飯盛山近辺」「飯盛山下」と記している。飯盛山城は天正四年（一五七六）に廃城となったが、それは安土城の命運も長くはないことを予感させた。

堺から飯盛山までは四十キロ弱である。重臣や小姓たちは騎馬であったと思われるが、この時点では実在した二百人余りの従者の大半は歩行であったと思われる。午前中とはいえ蒸し暑い中、高野《こうや》街道を進んだ家康主従がここまで来るのに五時間はかかったはずである。局面が変わったのは、索敵《さくてき》のために先発した本多忠勝が京都から駆け付けた茶屋四郎次郎と遭遇し、飯盛山まで戻ってきてからのことであった。ここで問題なのは、両者が遭遇した場所である。

本多忠勝の最も古い家譜である『寛永諸家系図伝』には記載はないが、『寛政重修《ちょうしゅう》諸家譜』には忠勝が四郎次郎と遭遇した場所を「橋本」（現・京都府八幡市）としている。この史料には

「橋本にて茶屋の四郎次郎が荷鞍置きたる馬に馳せくるに逢」と記されている。橋本は石清水八幡宮がある男山の西の麓にあり、京（大坂）街道と西国街道沿いにある交通の要衝《ようしょう》であると共に、河内への近道であった。また、そこには石清水八幡宮の川湊があった。

忠勝の庶流の家譜である『譜牒余録巻三二・本多下野守』も「橋本にて茶屋の四郎に行き当たり」とある。『茶屋由緒書』は「河州（河内）枚方《ひらかた》あたりにて御先手本多平八郎忠勝へ行きあい」と記している。これは忠勝が橋本まで偵察に行った帰り道と解される。しかし、橋本は家康主従が向かう道筋からは反《そ》れている。実際に忠勝が向かったのは、石清水八幡宮がある男山と思われる。そこからは、山崎・西岡（現・長岡京市周辺）方面が見渡すことができた。

当時の景観は今とは違っていた。左手には巨椋池《おぐらいけ》が現在の京都市伏見区・京都府宇治市・同久世郡久御山町にまたがって広がっていた。梅雨時なので湿地帯は

男山展望台（八幡市）から見る山崎・西岡方面　手前に木津川（見えないが、その向こうに宇治川、桂川）、左手に天王山、その先が大山崎となる。

巨大な湖と化していたであろう。橋本湊は淀川左岸にあり、石清水八幡宮の西に位置していた。

この時点では、明智軍は山崎・西岡方面から西国街道を通り桂川を下って、河内・堺方面への近道である橋本湊に上陸する公算が高かった。なお、四郎次郎は京都の中心部から鳥羽《とば》、横大路村を通り、石清水八幡宮の東岸から上陸したと思われる。橋本付近には明智軍の先遣隊が本隊を待っていることは容易に想像がつく。枚方で四郎次郎は途中で明智軍と遭遇しなかったことを忠勝に伝えた。橋本まで偵察に行った忠勝も、桂川を下って橋本湊へと向かう明智軍の船団を発見することはできなかった。忠勝は四郎次郎と共に高野街道を逆走して、家康の下に戻った。忠勝は、橋本で本国帰還に光明を見出した。

◆飯盛山（四条畷）の軍議

「伊賀越え」を実現させるためには、家康の決意を覆《くつがえ》す必要があった。忠勝と四郎次郎は、家康に三河帰国を強く進言した。『本多家武功聞書』は「これより直ちにご帰国あそばされ、重ねてご人数を催され、お弔い合戦遊ばらるるはしかるべく奉り候、本道（上洛）を御越し候儀はなるまじく候」と記している。この主張には、明智軍襲来の遅延という裏付けがいる。

家康は誰も畿内周辺に土地勘はなく、逃走経路が確保されていないことを懸念し、さらに名もなき者に討たれては本懐を遂げることができないと主張した。『石川忠総留書』は、「（家康は）供の者までこの道はじめての上洛に候へば、三州（三河）参り候はん事かたし（難）、路次にて匹《ひっ》

◆

夫《ぶ》（雑兵）の矢にあたらんよりは」と述べたとする。

筆頭家老・酒井忠次は意見することなく、家康の意向を尊重するとした。忠勝は「とし寄にてこの分別若き衆に劣り候」と述べ、次席家老の石川数正も「拙者《せっしゃ》無分別の故に候」といったとする。忠次と数正は、家康が忠勝の進言を熟慮《じゅくりょ》するように少し間を取った。二人は家康の性格を知り尽くしている。両者は家康に冷静な判断を下すように求めた。両者の表情は、翻意《ほんい》を促《うなが》していたに違いない。

ここで織田家を代表する立場にあった長谷川秀一が意見を変えた。秀一は家康が逃亡経路を心配しはじめたことに、心境の変化を感じた。家康は家臣の異見は聞きたくないが、秀一は客である。秀一は木津川を無事に渡りきることができれば、三河までの経路の安全は確保されていると進言した。秀一は丁重な言い回しではあるが、家康に上洛して玉砕《ぎょくさい》するか、三河帰国に賭けるか、決断を迫った。

秀一は山口秀景を念頭に「この筋は大方我ら取りつきいたす者（味方）にて候間（ので）」と述べ、「伊賀越え」という具体策を初めて提示した。その上で秀一は「いずれの道にも御意の通りつかまつるべく候」として、家康の面子を尊重して慎重な言い回しをしたと記している。

家康はここで押し黙った。この秀一の進言を転機に忠次や数正など重臣たちは一斉に本意を吐露《とろ》し、衆議《しゅうぎ》は決した。『石川忠総留書』は「家老衆一同に幸いの事にて候、三州へ御座なされ候様に申され」と記し、この場を結んでいる。

家康主従はすでに「飯盛山」まで来ていた。「大和越え」は、地図と照らし合わせれば、一目瞭然で非現実的なことがわかる。選択肢は「伊賀越え」をおいて他になかった。家康主従の死活を決する分岐は、明智軍に気づかれることなく「草内《くさじ》の渡し」から増水した木津川を渡河して、対岸の宇治田原までたどり着くことであった。

木津川さえ渡りきれば、宇治田原城へ入ることができた。城主は山口秀景である。義昭出奔後、「足軽衆」であった秀景は信長の家臣となった。信長は、秀景に松井友閑と共に宇治平等院の前に橋をかけるように命じている（『信長公記』）。信長は黒印状の中で「昨日未《ひつじ》の刻（午後二時）宇治田原に至り山口を同道せしめ」（『織田信長文書』四四七）と記している。また、信長は「甲州征伐」にも秀景を帯同《たいどう》していた。信長の側近・長谷川秀一とも面識があった。

明智陣営に重大な齟齬《そご》が発生し、当初予定されていた家康襲撃部隊の攻撃が遅れていることは確実であった。それでも家康主従は明智軍の攻撃が必ずあると予期していた。「伊賀越え」を提案した長谷川秀一には、次のような見通しがあったと考えられる。

1　六月一日の夜、奈良は大雨であった（『多聞院日記』）。増水した木津川を渡りきることができたならば、京都方面から来る光秀の追手は人数分の渡し船の確保ができない。

2　その先は織田氏に近い山口・多羅尾などの豪族が支配する領域となり、安全圏である。

「伊賀越え」での大きな問題は、京都に接近することになるので、明智軍の追手と遭遇する時間が早くなることであった。時間との戦いとなる。また、家康と重臣たちや小姓などが木津川を渡河するまで、何らかの方法で明智軍を引き付けて時間を稼ぐ必要があった。

家康主従が明智軍と鉢合わせとなりかねない、高野街道をそのまま北上することは危険であった。大きく迂回《うかい》することはできないが、「草内の渡し」までは別の経路を選択する必要があった。家康主従が選択した道筋は「尊延寺《そんえんじ》峠越え」（現・大阪府枚方市）であった。この「尊延寺峠越え」は、京都と河内を結ぶ山根街道（現・大阪府交野《かたの》市）から入り、穂谷《ほたに》（現・大阪府枚方市）を経て尊延寺峠から草内までは四、五キロほどの道筋である。また、尾根伝いに生駒山中を進んだという説もある。

◆「津田」とは誰か

草内の渡しまでの道程は、現地にくわしい案内人が不可欠であった。道に迷えば一巻の終わりである。秀一は津田某に「草内の渡し」までの道案内を要請した。『石川忠総留書』は、「お竹、津田へ申し越され候は、信長御他界ゆえ、徳川家康公堺より三州（三河）へこの筋お越し候」と記すが、この津田某とは誰のことなのか。

津田某は、即座に秀一の求めに応じて、二人の馬乗りを道案内として派遣した。同史料は「案内者　越し候申すべく候の旨使い参り候とひとしく（同時に）、馬乗二騎来て畏《かしこ》まり由候にて御先を乗り」と記している。

津田と称する付近の国人には、山城国伏見に加賀前田家重臣となった津田重久《しげひさ》がいた。しかし、この人物は、光秀から信長からの戦利品として「津田遠江長光」を賜った重臣であることから、除外できる。付近の招堤《しょうだい》（現・大阪府枚方市）には重久の一族と思われる津田主水佑重兼《もんどのすけしげかね》もいたが、もとより明智方とみなさなければならなかった。

穂谷の西隣には河内国津田村（現・大阪府枚方市）がある。馬部隆弘《ばべたかひろ》氏は、領主の津田氏も津田城も当時は存在しなかったとしている。馬部氏は江戸時代に穂谷や尊延寺などと津田村の利権争から生じた伝説であり、室町時代末期の津田村周辺は一揆が支配した地域であるとした。

何よりも切迫していた事情からすれば、在地の津田某と秀一がやり取りする時間はなかった。明智方でないという保証もなかった。居場所を教えることは愚の骨頂である。『石川忠総留書』は、また聞きであるのでこの津田某を付近の国人と考えたのであろう。結局、家康や秀一などとも関係が認められる津田某とは、津田宗及その人にしぼられる。

◆追いかけてきた津田宗及

宗及が堺を出て家康を追いかけ上洛した、という記載が『宗及他会記』になければ、長谷川秀一と宗及が連絡を取り合っていたとする解釈は成り立たない。しかし、この史料は「家康も二日に堺より帰られ候、我等（私）も出京せしむべきと存じ、路次（途中）まで上り候、天王寺

◆

辺にて承候、宮法（松井友閑）も途中帰られ候」と記している。

思えば、宗及は千宗易の茶会亭主の辞退を受けて、亭主として唐突に割り込んできた人物である。宗易の辞退は、織田信忠の堺訪問が直前に取りやめになったことに端を発している。信忠周辺から宗及に正確な情報が流れていたのではないのか、という疑念が生じる。同時に、家康からみれば、宗及が明智方のスパイとみなすことは必然ともいえた。

実際、津田宗及は光秀の茶頭として知られていた。光秀の家臣たちも宗及の茶会に参加していた（『宗及自会記』『宗及他会記』）。近江の国人・猪飼《いかい》氏（明智半左衛門秀貞）、斎藤利三、溝尾（明智）小兵衛、丹波国人・並河（明智）掃部《かもん》、三宅弥平次（明智秀満）、そして光秀の息子・自然《じねん》（十五郎）といった面々である。また、宗及は筒井順慶とも親密であり、天正八年（一五八〇）九月晦日に順慶の口切の茶会に招かれている。同年十二月二十日には、光秀の茶会に順慶と共に同席している。

宗及は茶会を通じて、箸尾《はしお》・越智《おち》などといった大和の有力国人たちとも親しく交流していた。家康は知らなかったとしても、安土三奉行の長谷川秀一は、宗及と光秀が浅からぬ関係にあったことは知っていたと思われる。本来、宗及は光秀の間者として切り捨てられても仕方がなかった。命が欲しければ、宗及はその場から消えなければならなかった。

にも関わらず、宗及本人が天王寺（大阪市）周辺まで家康主従を追いかけたといっている。『石川忠総留書』が記す家康主従の逃走経路は、「堺→平野（現・大阪市）→阿部（同）→飯盛山→山ノ子キ（山根街道）→穂谷→尊延寺峠→草内」である。天王寺は阿部（野）に近く、誤差の範囲である。宗及は殺害されることを恐れて、松井友閑と共に血走っている家康主従から少し離れて追尾《ついび》していたと解される。宗及は友閑を隠れ蓑に使っていたのかもしれない。

宗及は「天王寺辺にて承候《うけたまわり》」としているが、何を承ったのか、記していない。それは飯盛山の長谷川秀一から案内人を要求する連絡ではなかったのか。飯盛山から天王寺までは十数キロである。馬で往復すると、二時間ほどかかる。飯盛山で待っている時間はなかったであろう。しかし、宗及が用意した案内人が家康主従を追尾していたならば、もっと早い。いずれにしても、宗及が案内人を派遣したこと自体あまりにも手際がよすぎる話である。

第一報が入った後、家康主従は、地図を見ながら明智軍の動向について分析したことは当然である。彼らは明智軍の立場で襲撃計画を検討し、シミレーションしたことは間違いない。宗及は順慶が光秀を裏切った事実を、長谷川秀一には堺で伝えていたとみなされる。

家康が堺を出る前に宗及の進言を信じたならば、「大和越え」を選択したかもしれない。一方で、家康がそんな話を容易に信じないことも予見できた。宗及が光秀に通じていたならば、偽情報を流して家康主従を陥《おとしい》れることも可能であったからである。宗及は「大和越え」をプランAとし、プランBとして「伊賀越え」を準備していたのではないか。

プランAを拒絶された宗及は、長谷川秀一を介するなどして、酒井忠次か石川数正に明智軍の攻撃が遅れている事実を確かめるように求めた。実務的には、秀吉の代理人が家康側近を事前に取り込んでおく必要があった。その家康側近にある程度の情報を事前に入れておかねば、家康主従をコントロールすることができないからである。

秀吉周辺が狙うとすれば、「織田・徳川同盟」の立役者である酒井忠次と硬骨漢《こうこつかん》の本多忠勝は避けるに違いない。残るは石川数正である。数正は三年後の天正十三年（一五八五）十一月十三日に妻子と共に秀吉を頼って出奔した。数正は安土に到着して以来、織田家の内情に大きな不安を抱いていた。そこに秀吉や前田玄以がつけこむ余地があった。当初は、徳川家のためであっても、仲介者の立場は微妙となる。在京中に数正が玄以に会っていたならば、疑いは濃厚となる。史料はないが、秀吉と玄以がそれを思いつかなかったとしたならば、不思議な話である。

家康主従は、三日前の二十八日に織田信澄から大坂で接待を受けていた。彼らはプロフェッショナルであり、光秀の謀反に信澄が加わる兆候も理由もない、と判断したに違いない。最も合理的な大坂城籠城策が却下されたとしたならば、家康の重臣の中でこれに同意しなかった者がいたとみなさなければならない。その人物は家康が「大和越え策」を拒絶すると、すぐに堺を出て上洛することを進めたに違いない。後から「伊賀越え」の経緯を思い返し、家康や酒井忠次などは点と線をつなげていく。その結論は、石川数正内通の疑いであったと考えられる。

六月二日昼下り

山城国草内◉木津川《きづがわ》渡河《とか》作戦と影武者・穴山梅雪《あなやまばいせつ》

◆影武者・穴山梅雪と殿《しんがり》・高力清長

家康主従が尊延寺峠を抜けた頃、橋本・八幡付近から明智軍到来の狼煙《のろし》が上がった。家康をはじめとする五十名ほどの馬乗りは、草内の渡しをめがけて疾走した。従者や中間を統轄する小荷駄《こにだ》奉行の高力清長《こうりききよなが》が殿軍の指揮を執った。誰かが残らなければならなかった。従者たちは、ほぼ全員残された。清長は家康に今生の別れを告げたに違いない。

穴山梅雪と清長が指揮する徳川勢二百名余りは、五十名ほどの家康主従と長谷川秀一などを見送った後、休憩をした。明智軍の索敵による狼煙は、草内方面からではなく、彼らが待機していた付近で上がった。時間的にも、家康主従が渡河した前後であった。明智軍の斥候《せっこう》は、梅雪が率いた囮部隊を捕捉し、先行した真正の家康主従に気づかなかった。それを見て梅雪は、ゆっくりと南の飯岡方面に向かった。当時も飯岡に渡し場があったかもしれないが、草内に近すぎるので、ニセの家康主従は「草内の渡し」から四キロほど上流の「藪《やぶ》の渡し」（現・京都府相楽郡精華町）へ向かうよう見せかけたのであろう。これは陽動作戦で、明智軍を真正の家康主従から引き離すためである。

穴山梅雪と高力清長が率いたほとんど丸腰の二百名の雑兵の抵抗は、弓・鉄砲など飛び道具を備えた完全武装の明智軍によって瞬く間に殲滅《せんめつ》させられた。随行者の人員は限られていたので、彼らは身分ごとに特に選抜された人材であったと考えられる。清長は、彼らの人心を掌握していた。家康は「関ヶ原の戦い」でも同じ手を使った。石田三成の反乱を誘発させるために使わざるを得なかったが、『家忠日記』の著者・松平家忠も、慶長五年（一六〇〇）九月十五日の「関ヶ原の戦い」の前哨戦となった西軍による伏見城攻防戦で「捨て石」となった。城兵の犠牲は、「飯岡の戦い」でのそれと比べれば、十倍以上となる二千三百名に上《のぼ》った。

慶長五年六月十六日に家康は、家忠をはじめ鳥居元忠・内藤家長などを伏見城に残し、今生の別れを告げて「上杉討伐」のため会津へ向かった。計画通り、石田三成は反乱を起こした。西軍は七月十九日に伏見城攻撃を開始し、八月一日に落城させた。結果、家康はこれを逆手に取り、「関ヶ原の戦い」で西軍を敗走させた。その後、家康は幕藩体制を成立させるが、家康には犠牲をいかに生かすか、どのように報いるかといった重い責務が課せられていた。そして、家康はこの責務を誠実に履行《りこう》したことで「神君《しんくん》」と讃えられた。

一方、石田三成は豊臣政府体制を守ろうとしたのであり、光秀が室町幕府体制を守るために決起した理由と同じく制度防衛である。家康は三成が率いる西軍を賊軍として討伐することで真の天下人となった。「関ヶ原の戦い」の結果、豊臣政府の五奉行は解体され、五大老では前田家を取り込み、宇喜多は取り潰し、毛利・上杉両氏は大減封に処して大大名としての地位をはく奪した。これは秀吉や藤孝が光秀の反乱を誘発させて謀反人に仕立て上げ、主導権を確立した策略と基本的には同じ大戦略である。

◆穴山梅雪の立場と決意

穴山梅雪の実名は、信君《のぶただ》である。天正九年（一五八一）二月に出家して梅雪斎と号し、家督を九歳の嫡子・勝千代《かつちよ》に譲った。梅雪は三十九歳であり、隠居したわけではない。穴山氏は甲斐国の河内《かわうち》地域（現・山梨県西八代郡と南巨摩《みなみこま》郡の一帯）を領有し、下山館《しもやまやかた》（現・山梨県南巨摩郡身延《みのぶ》町《ちょう》）を本拠としていた。穴山氏は武田家一門衆筆頭の家格である。対外的には武田姓を使用することが許されていた。穴山氏は宗家と区別するための呼称である。穴山家の家格は足利一門筆頭の斯波《しば》家や徳川御三家に類似する。

梅雪は天正三年（一五七三）五月二十一日の「長篠の戦い」の後、隣接する駿河国江尻《えじり》城代となった。梅雪は武田勝頼がその求心力を失う中で、徳川勢と直接対峙することになった。同十年二月の「甲州征伐」の際、梅雪は武田家名跡の継承と所領《しょりょう》安堵を条件に、勝頼を見限った。梅雪が味方になったことは、三月一日に徳川家中にも伝わった（『家忠日記』）。家康は同月二日付の梅雪宛書状の中で、信長の了解を得ると共に、その権益を保証する旨を約束した（『家康文書』)。梅雪は三月四日に蒲原城《かんばら》に在城していた家康と面談した(『家忠日記』)。三月二十日には信長も梅雪と面談し、本領を安堵した(『信長文書』一〇〇八)。駿河の穴山領は、梅雪死後も穴山家が領有した。駿河は徳川氏の領国なので、家康の任意によるものであった。

木曾義昌《よしまさ》と同じく、梅雪は勝頼を裏切ったことになる。しかし、勝頼の両者への対応は全く異なるものであった。勝頼は二月二日に全軍を新府城に集め、義昌の人質の老母と嫡子・千太郎、娘三人を処刑した。ところが、勝頼は梅雪の室(武田信玄の次女・見性院《けんしょういん》)と勝千代を同月二十五日に帰還させている。

勝頼にとって自分の代で甲斐源氏の名門・武田家を滅ぼすことは慙愧《ざんき》に絶えないことであった。覚悟を決めた勝頼は、武田氏の名跡を梅雪に託すことを内心望んだに違いない。梅雪の願いも同じであった。武田氏研究会会長を務めた故・秋山敬《たかし》氏は「信玄の姉を母、信玄の子を妻とした信君は、信友(梅雪父)以上に武田親族意識が強い」としている。

梅雪は上洛の直前、四月二十五日に母・南松院《なんしょういん》の十七回忌を営んだ。その際の香語(法語)の最後に「武田中興吾門大檀」として、武田家中興は当家に託されたと書き残した。平山優健康科学大学特任教授は、梅雪の立場を次のように説明している。

・武田氏を存続させるには、織田信長との連携以外なく、それは勝頼では不可能であった。
・梅雪が勝頼を見限った理由は、おそらく武田家を存続させるための最善の方策として、織田・徳川につくしかないと考えたのであろう。

一方で、家康はともかく徳川家臣団にとって梅雪は三か月前からの新参者であった。しかも、主家を見限った謀反人である。家康傘下に入った梅雪は、どこかで家康に忠節を尽くす必要があった。梅雪にしてみれば、千載一遇《せんざいいちぐう》の機会が、思いの他早く来たことを喜んだかもしれない。梅雪は嫡子・勝千代の身上を家康に託した。織田政権が倒壊した今、徳川家の存続が武田家を存続させる唯一の道であった。梅雪は家康よりも一歳年長であるが、同年代である。幸い、丸顔と背格好は似てなくもなかった。

◆穴山梅雪最期の戦い

真正の家康主従と、穴山梅雪と高力清長が率いた囮部隊との距離は一里（四キロ）ほどであった。真相を知ってか知らずか、『石川忠総留書』は「穴山梅雪は思ふ心候か、一里程御跡（後に）我人数計越し候のところ」と記している。梅雪の犠牲なしには徳川幕府の成立はあり得なかった。それは不都合な真実ではあったが、その代償は徳川の家臣たちではなく、将軍家が支払う必要があった。

梅雪は武家の礼服である「のし《（熨斗）》付」に着替えていた。『永日記《えいにっき》』は「穴山ハのし付板を着し」「美麗なる出立《いでたち》故にそれ悉《ことごと》く追討《おいうち》せらるゝと也」と記す。この史料は、永井直勝の子・摂津国高《たか》槻《つき》藩主の永井直清が、徳川家綱の代（寛文二年・一六六二年）以降に著した書である。梅雪が甲斐へ無事に帰国したいと考えていたならば、あえてこのような目立つ格好はしない。

もし梅雪が野盗や落ち武者狩りを恐れていたならば、このいでたちは彼らを引き寄せることになる。『譜牒余禄』の「永井万之丞（直勝）」も「穴山不調法、穴山供のものとも奇麗をいたし」と記しているように、梅雪は着飾っていたとしている。この史料は「のし付をし申し候もの多く召し連れ候に付」「一揆とも、のし付を目がけ討ち捕り候よし」と記している。明智軍は、梅雪を家康とみなして、攻撃を集中させた。

信長も永禄二年（一五五九）に上洛した時、のし付の正装であった。これは将軍・義輝の謁見を受けるためであった。『信長公記』は「大のし付きを車にかけて、御伴衆みなのし付きにて候也」と記している。家康主従がのし

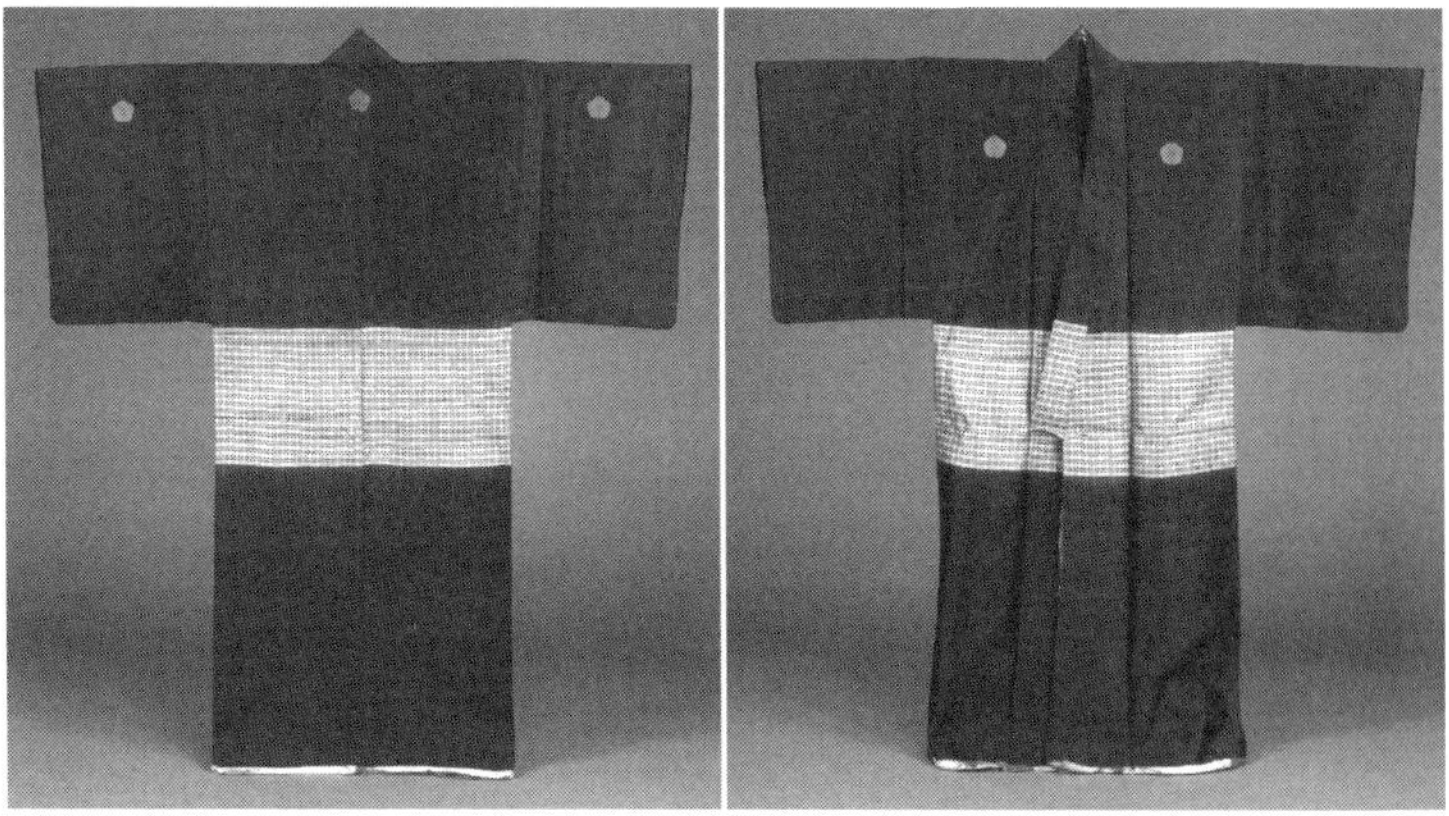

のし付　経に生糸、緯に練糸を使用して平織にした絹織物のことで、室町・桃山時代には身分のある武士の式服として、腰替わりの小袖の地質に最も広く活用された。熨斗目ともいう。写真は、「熨斗目 萌黄平絹地格子模様 桔梗紋付」（東京国立博物館蔵）。出典：ColBase（https://colbase.nich.go.jp/）

付を用意していた事実は、任官の準備があった傍証《ぼうしょう》となり得る。

梅雪の最期について、江戸幕府の公式史書である『東照宮御実紀』は「梅雪疑ひ思う所やありけん。梅雪しいて辞退し引き分かれ」と記す。梅雪が家康を疑ったという記述は、編者の主観である。しかし、梅雪は家康との同伴を固辞し、墓がある飯岡周辺で討死したことは事実である。また、梅雪が家康の影武者を引き受けたことも間違いない。

この徳川家の正史は江戸時代後期に編纂されたもので誤りもあるが、結果、家康を取り逃がした光秀は、自身の破滅を悟ったとする認識は正しい。この史料は「これ光秀は君（家康）を途中において討ち奉らんとの謀《はかりごと》にて土人に命じ置きしを土人あやまりて梅雪を討ちし也」と記している。常識に従えば、この土人とは畿内の国人領主のことである。

光秀の心境についても「よって後に光秀も。討たずしてかなわざる徳川殿をばうちもらし。捨て置いても害なき梅雪をば伐ちとる事も。吾命の拙《つたな》さよとて後悔せしといえり」と推察している。いうまでもなく、この史料は、梅雪を殺害したのは明智軍であることを前提にしている。

また、『譜牒余禄』後編巻十三「諸旗本之七」は『愛知県史』（一五五三）にも掲載されているが、「梅雪は明智軍に討たれた」と明記している。この史料は「穴山梅雪は、御後にて（家康一行の後方で）明智方の者これ討ち取り申し候」と書き残している。この史料が示す家康主従の逃走経路は、日付に一日の齟齬はあるが、正確に記されている。この史料は「権現様枚方より河内内の尊延寺をお通り、草地（草内）の後お越しなされ、山口藤左衛門（秀景）在所宇治田原へ入御」と記している。

ところで『石川忠総留書』は、梅雪が津田宗及からの使者二名を殺害したとしている。彼らは、家康と重臣たちの顔を知っていたことから口をふさぐ必要があった。その理由がわからず、この史料は「津田の案内者ののし付を、梅雪これを取りて、かの者を打殺候故、近郷の者とも、梅雪をまた打殺候とも申候」と記している。この記述は、津田の案内者がのし付を着用していたとし、両者の殺害に怒った郷民が梅雪を殺害したとしているように、この伝聞は混乱しているが、梅雪がのし付に着替えたことと、津田の案内者を殺害したことは事実と考えられる。

また、徳川重臣を装った梅雪側近や徳川の下級家臣もいたであろう。酒井忠次などの重臣たちは、彼らと着物を交換し、馬を与えたことも想定できる。穴山梅雪と高力清長と共に残った名もなき徳川の将兵たちは、やれることはすべてやったに違いない。

◆武田家再興と「草内の誓い」

穴山梅雪の犠牲と功績が事実ならば、もっと評価されてしかるべきとの疑問が生じるに違いない。実際に家康は、穴山武田家に武田宗家の名跡を継がせただけでなく、徳川一門として処遇した。さらに、穴山武田氏への処遇は歴代の将軍に申し送りされていた形跡すらある。

その後の歴史の推移をたどれば、徳川幕府内では大久保忠隣、本多正純《まさずみ》の失脚など、苛烈《かれつ》な権力闘争があり、新参者の一人にすぎない穴山梅雪の功績は等閑視された。また、四面楚歌の伏見城に取り残されて戦死した鳥居元忠・内藤家長・松平家忠も、梅雪の運命と変わることはなかった。一方で、家康の穴山武田家に対する処遇は厚いものであった。家康は天正十年八月十八日付で武田勝千代の知行を安堵した（『家康文書』）。家康は甲斐国河内・駿河国江尻領はもとより、梅雪の祖父・穴山信友が今川義元から分与された駿河山西の地と河東次津《（須か）》分まで勝千代に与えた。

この家康書状の宛先は「武田勝千世（代）殿」であり、穴山ではない。信長存命中、信長も家康も梅雪宛書状の宛名は、武田ではなく穴山であった。勝千代は武田家の継承が認められたことになる。勝千代は天正十五年（一五八七）に十六歳で元服し、武田信治《のぶはる》と名乗った。ところが、信治は同年六月七日に急死した。信治が長生きしたならば、「草内・飯岡の戦い」の真相も明らかにされたかもしれない。

家康は五男・万千代を武田信吉として武田家を継がせた。信吉の母は下山殿（於都摩《おつま》の方）である。下山殿とは穴山武田氏の居城・下山にちなむ。下山殿は武田家重臣・秋山虎康《とらやす》の娘で、梅雪の養女として家康の側室となっていた。梅雪の室で信玄の次女・見性院は、信吉の後見人になっている。また、見性院は、秀忠の弟で初代会津藩主の保科正之を養育したことで名高い人物である。彼女の待遇は徳川一族扱いであった。信吉は「関ヶ原の戦い」の後、常陸国水戸二十五万石に封じられ、武田旧臣が付けられた。しかし、信吉もまた早世した。

そこで家康は、二歳の十男・頼将《よりまさ》に跡を継がせた。後の紀州藩主・徳川頼宣《よりのぶ》である。水戸藩には二千石の佐野兵左衛門、千石の蘆沢信重《あしざわのぶしげ》、川北長左衛門など、三十三名の武田旧臣が残されたが、他は江戸に召し寄せられた。この中には「伊賀越え」の生還者で、後に旗本になった多田三吉もいたと思われる。三吉は武田家滅亡の際、梅雪が引き受けた武田家旧臣の一人とみられる。水戸藩は頼宣が駿府に移封された後、家康の十一男で頼宣の実弟・頼房《よりふさ》が継いだ。武田家は無嗣断絶《むしだんぜつ》となり、水戸藩の実権は梅雪の家老・蘆澤信重が握った。信重は家康の代官であった。

信重は二千石の他、与力十騎、同心三十人が付属されて計四千七百石を知行した。信重と対立した万沢君基《まんざわただもと》・帯金君松《おびがねただまつ》・河方織部《かわかた》・馬場忠時《ばばただとき》などの家老たちは、改易となる。三鬼清一郎氏によれば、家康の代となる慶長期（一六〇三〜一四）の水戸藩は、武田旧臣が約四割を占めたとしている。その後、水戸藩士に占める武田旧臣の比率は激減した。しかし、水戸藩の創成期に武田旧臣が中心的な役割を果たした事実は変わらない。そして、水戸藩の成り立ちが穴山梅雪を祖とし、武田信治・信吉と続いた武田家再興の系譜であるという事実も変わることはない。水戸藩主の祖は、甲斐源氏の武田家であった。御三家とはいえ水戸藩主は、新田源氏の徳川宗家を継ぐことは憚《はばか》られた。また、水戸藩の石高《こくだか》は三十六万石であり、尾張が六十二万石、紀州も五十五万石であることから、格下である。

官職も尾張・紀州藩主の極官は従二位権大納言であったが、水戸藩は従三位中納言であった。なお、十五代将軍・慶喜《よしのぶ》は、水戸藩主・徳川斉昭《なりあき》の子であるが、御三卿・一橋家の養子であった。また、鎌倉公方・足利家の末裔《まつえい》である高家、宮原義久《よしひさ》は武田勝頼の娘を室とし、庶子は穴山を名乗るように命じられた。『寛政重修諸家譜』（宮原家）は「庶子に至りては穴山と称すべき旨台命《たいめい》（将軍の命）あり」と記している。家康が武田氏再興ために、誠心誠意を尽くした事実は動かない。

思えば、家康と梅雪の盟友関係は、わずか三か月にすぎない。家康が梅雪に大きな借りを作ったとすれば、梅雪が「草内の渡し」に向かった家康主従を見送り、その影武者になった時点に限定される。家康はそこで梅雪に武田家再興を誓った。

梅雪の死後、天正十一年三月十七日に酒井忠次の嫡子・家次に梅雪の娘が嫁いだ。『家忠日記』は「吉田酒井小五郎（家次）殿へ穴山殿娘越候」と記している。祝言は二十五日であった。家康の影武者となって時間を稼ぐことを梅雪に要請したのは、忠次であったと考えられる。

◆木津川渡河と本多忠勝の勲功

本多忠勝は家康主従に先駆けて「草内の渡し付

草内の渡し付近の木津川に架かる山城大橋

近」に到着した。草内は現在の木津川西岸の山城大橋付近である。昭和三十九年（一九六四）にこの橋ができる前は「草内の渡し」が使われた。古来、この渡しは河内・大和方面から宇治田原に出る重要な川湊であった。飯岡はその上流域にあって、草内の南部に隣接している。

「草内の渡し」と飯岡の戦場は二キロも離れていない。忠勝の武功を記した『本多家武功聞書』は、本人から直接聞き取った覚書と考えられる。忠勝は草内の地で庄屋の子を人質に取り、道案内をさせた。同史料は「城州草地（草内）と申す庄屋の子を人質に取り、案内者になされ候」と記している。

驚くべきことに、忠勝が人質にした庄屋側の史料も残っている。この庄屋とは、四代・小山太郎左衛門政清《まさきよ》のことである。小山家の史料である「小山伊織家系図」「飯岡小山家文書」を紹介したのは、郷土史家の首藤義之《すどうよしゆき》氏である。首藤氏は、小山家が飯岡きっての旧家としている。黒田基樹氏はこの史料を用いて「家康とは別行動になった上に山城飯岡で木津川の増水によって渡ることができなかったところを、追撃してきた河内津田の郷民の襲撃をうけ自害した」と記している。

この史料は、家康を「神君」と記しているので、江戸時代に書かれたものである。政清は梅雪を襲ったのは津田の郷民としているが、それでは彼らが他の村に侵入して梅雪の他、徳川の将兵を全滅させた理由を説明することはできない。

この史料にある「河水暴至」という事情は確かにあった。当時の奈良の天候については大和国（現・奈良県）興福寺の記録がある。『多聞院日記』は、五月二十六日、二十七日、六月一日は大雨であったとしている。なお、天正十年五月の晦日は二十九日なので、増水していたところに前日の大雨で川幅は広がっていたと考えられる。

穴山梅雪や従者と別れた家康主従は、長谷川秀一と若干名の従者、本国に報告する責務を託された梅雪の家臣を含めて五十人ほどになっていた。総勢二百五十人余りを一度に運ぶだけの船は「草内の渡し」にはなかった。従者はもともと置いていくか、木津川の上流まで行って川幅の狭いところを探して徒歩で渡る他なかった。

◆増水した木津川

「草内の渡し」の渡し場には、家康主従に必要な舟がなかった。『本多家武功聞書』は、先乗りした忠勝の使命は家康主従の舟を確保することにあったとしている。忠勝はまず柴舟（柴を積んで渡る舟）を二艘確保した。明智軍が迫っている中で往復する余裕はなかった。忠勝は、さらに柴を積んでいた二、三艘の舟を弓で威嚇して積み荷の柴を捨てさせた。忠勝は全員を運ぶ舟を何とか調達した。津田宗及は舟まで手配しなかったのか、家康と酒井忠次など十数名を助ければ、それでよしとしたか、であるが、秀吉と藤孝が選択したとすれば、後者と思われる。徳川重臣たちすべての生還は出来すぎであった。

舟が二艘しか確保できなければ、家康は非情にも二次選抜を行い、漏れた者たちは穴山梅雪と囮部隊に編入することになる。忠勝は計五、六艘の小舟を使用したとしているが、柴舟では、十人以上も乗れるとは思えない。この時点で家康主従の総数は、多くて数十人になっていたことが確認できる。忠勝のなりふり構わぬ振る舞いは、いかに事態が切迫していたかがわかる。

木津川を渡って向こう岸に着いた忠勝は、槍《やり》の石づき（槍の根本）で船底に穴をあけて沈めた。船頭たちが草内に戻って、その舟が明智軍に利用されないためである。『本多家武功聞書』は「末々の者まで残さずお渡し成されて候後、忠勝様御渡り成され候、渡し舟の船底を一々御鑓《やり》の石つきにて砕きなされ」と記している。船頭たちには帰りの舟はなかったが、金銭で解決したと思われる。「飯岡小山家文書」は家康の命に従っ

増水した木津川を横断する家康主従を乗せた小舟

たように記しているが、実際は忠勝に人質を取られた政清は、協力を余儀なくされたとみられる。忠勝が名を名乗ったかはわからない。正清は、この時、何が起きていたのか、理解できなかったに違いない。

ところで、この「飯岡小山家文書」は、梅雪に殉《じゅん》じた側近について、帯金美作守《みまさかのかみ》・万沢主税《ちから》(助)・跡部《あとべ》因幡守・佐野右衛門佐・穴山五郎左衛門・中山隼人佐・馬場丹後守・田中一波斎・窪三太夫・三浦十左衛門・大石弥四郎など、十一名の名を記している。確かに武田旧臣の苗字が多いが、史料で実在が確認できた人物は、帯金美作守と万沢主税助の二名である。

ただし、万沢主税助は生存している。梅雪の家臣たちは全員が殉じたわけではない。後を託された梅雪の重臣若干名は、甲斐に戻って事の顚末と梅雪の遺言を家中に伝える必要があった。それは梅雪死後に穴山武田家で重きをなした有泉大学助《ありいずみだいがくのすけ》や、生き残った万沢主税助であったかもしれない。

梅雪の遺体には錦が掛けられ、武具も残されていたという。明智軍は人違いではあったが、家康に敬意を払った。物取りや一揆の仕業ではない。「飯岡小山家文書」は「梅雪は長さ七寸ばかりの錦の袋、梅雪公御はだにかけたりけり」「太刀物の具等そのまま預かり置く」と記している。梅雪の派手な出立ちは、徳川家臣団の記録と一致する。

◆小荷駄奉行・高力清長

『寛永諸家系図伝』によれば、徳川主従の中で一人だけ鉄砲で撃たれて負傷した人物がいる。後に武蔵国岩槻《いわつき》(現・埼玉県さいたま市)藩主となった高力清長である。明智軍は鉄砲で攻撃してきたことになる。この清長の家譜は「清長数度返しあい追い払い、鉄砲傷をこうむる」と記している。

清長は小荷駄奉行として、護衛・中間《ちゅうげん》・荷物を運ぶ小者《こもの》を統轄していた。家譜は「清長殿《しんがり》して小荷駄奉行となる」と記している。清長は後方で梅雪たちを支援し、明智軍と戦い時間を稼いだ。「殿」とは、退却中に最後尾を守り、敵の追撃を食い止める役目である。従者の大半は家康が連れてきていたことから、梅雪だけでなく徳川方も一人は残る必要に迫られた。そこで清長が囮となった徳川の将兵の最期を見届けることになった。清長の死ぬ順番は最後であった。

清長が生き残ることができたのは奇跡であった。清長が戦死していたならば、もっと早く真相に近付けたかもしれない。結果、徳川の重臣は一人たりとも「伊賀越え」で犠牲にならなかった。もし同僚の清長が討死したならば、その名誉のためにいずれの家譜も、穴山梅雪の生害を一揆や野盗の仕業とは記さなかったに違いない。

家康主従も必死であり、明智軍の鉄砲と囮となった諸卒の断末魔《だんまつま》の叫びが川辺に響きわたる喧騒《けんそう》を耳にしながらの逃避行は、想像を絶する。幸い、家康主従の状況を「草内の渡し」の向こう岸である宇治田原の川岸から見聞した貴重な史料が『宇治田原町史』第一巻に掲載されている。この史料は、家康主従を受け入れた山口秀景の重臣、新《あたらし》主膳正末景《すえかげ》の子・新末次《すえつぐ》が、慶安三年（一六五〇）十二月二十六日に京都守護代・板倉重宗《しげむね》宛に提出した上申書である。

新末次が板倉重宗にこの上申書を提出した時、七十五歳であった。「伊賀越え」の時は七歳である。末次は父・末景から「囂《かまびす》しく（何度もやかましく）」聞いた通りに記したとしている。秀景の命で新主膳正末景と市野辺《しのべ》出雲《いずも》が迎えに行った時点では、家康と重臣たちはすでに渡河を終えていた。家康主従は堤防の影に隠れながら山口城に向かっていた。この史料は「権現様は高堤の陰を御通りに成されて存ぜず」と記している。

新と市野辺が向こう岸（飯岡の川辺）に到着した時には、明智軍はすでに撤収していた。そこで二人は、生き残った小者を集めて木津川を渡ろうとする大将を発見した。それは高力清長その人であった。この史料は「惣（総）大将一騎、御跡（後）の人数川越（渡河）え下知をなされ候ところへ、両人参り」と記している。清長は新と市野辺に取り残された小者たちを助けるために戻るといった。清長は「それがしは後に下り申して、小者以下川を越させ申すべく」と述べたとする。

両人は清長に小者の救出を約束して、早く宇治田原の山口城へ行くように促した。二人は生き残った小者、中間を舟で残らず救出したとしている。この史料は「さて両人の者は渡し場の川西へ乗り越し後に下がり申す。小者、中間、残らず川を越させこの方へ乗り換えし申し間」と記している。家康にとって高力清長は、駿府での人質時代からの家臣であり、その奇跡の生還は感無量であったと思われる。また、この史料によれば、穴山梅雪は、木津川の西表（飯岡の川辺）で一揆の野武士に殺害されたとする。原文は「穴山梅雪老渡しの西表ニテ一揆の野伏供に取□□ギ□躰御座候」と記している。この史料は梅雪が木津川を渡ることなく、野伏に討たれたとしている。

◆逃げ切った家康

家康主従は、宇治田原であまりにも長い一日を終えて、山口城で一泊している。新末次の上申書によれば、山口城から甲賀国信楽《しがらき》の多羅尾《たらお》へ向かったのは、六月三日の正午頃と記されている。二日目に家康主従の動きが止まったのは、安全圏に入ったことと、従者がほぼ全滅し、主従五十名ほどになったからである。ここにいたって、一揆などの襲撃に備え、従者を補充する必要に迫られた。新末次の上申書には、酒井忠次の馬が使えなくなったことから、替えを求めたことが記されている。家康主従は馬を置いてこざるを得なかった。馬だけでも数十頭は調達する必要があった。

兵と馬を補充するために活躍したのが、伊賀に地縁があった服部半蔵正成《まさなり》と保次《やすつぐ》である。これまで語られてきたような、少なくとも日程に支障がでるような一揆の襲撃は伊賀ではなかった。それは「草内・飯岡の戦い」と混同されて伝えられてきたと思われる。野盗や一揆の襲撃や活劇は伊賀ではなかった。

家康主従は、一揆や野盗などを懐柔するために金品を使ったのではなく、襲われないようにするために未然に護衛の数を増やした。伊賀者は長太の湊《なご》（現・三重県鈴鹿市）まで護衛を務めた。また、家康はこの日、甲賀の豪族・和田定政《さだまさ》から人質を取り、随行させている（「和田家文書」『愛知県史』）。西尾吉次などは京方面から逃亡し、伊賀路で家康主従に合流した者もいたかもしれない。

六月三日、山口城を出発した家康主従は、信楽（滋賀県甲賀市）にある小川城の多羅尾光俊《みつとし》・光雅《みつまさ》親子を頼って一泊している。「伊賀越え」の二泊三日の行程は、六月二日の朝、堺を出て宇治田原まで十三里（五十一キロ）進み、三日は宇治田原から信楽小川までの六里（二十三キロ）をゆっくり進んだ。四日になって家康主従は歩みを速めて、小川から長太の湊までの十七里（六十六キロ）を走破した。四日、小川を出る際に家康は光秀に対して宣戦布告を行った。家康は安土城から信長の子女を退避させた蒲生賢秀《がもうかたひで》・氏郷《うじさと》宛書状の中で、その感謝を述べ、次に「信長年来の御厚恩忘れがたく候の間、是非惟任（光秀）儀、成敗すべく候の条、御心安かるべく候」（「山中文書」『愛知県史』一五三二）と記した。この一文は、光秀が家康主従を討ち漏らしたことで生じた取り返しのつかない結末を物語るものとなった。

長太から伊勢湾を渡り、知多半島を旋回《せんかい》して四日中に大浜（現・愛知県碧南市）に着いている（『家忠日記』）。海路はおおよそ七十キロほどであった。家康主従の心中は別にして、行程からすれば、「伊賀越え」そのものは、総じて快調であった。「伊賀越えの危難」とは「木津川渡河の危難」であった。

六月二日夕刻
山城国飯岡◉筒井順慶《じゅんけい》と明智方大和武士

◆石原源太とは何者か

明智軍の大将格は誰だったのか。現状、史料の中に見受けられる唯一の固有名詞は「石原源太」である。この人物の名は、八代将軍・徳川吉宗に提出された『武徳編年集成』に記載されている。この史料は江戸時代中期のものであるが、「六月四日、石原村にて地士《じざむらい》石原源太数百の賊を率いて前路を遮る《さえぎ》」と記している。また、同時期の国学者・柏崎永以《かしわざきえいい》が記した『神祖《しんそ》堺《さかい》記事《きじ》』、大和の豪族・布施氏の縁者が著したとされる『大和記』にも石原源太の名は出てくる。

なお、家康主従は明智軍の攻撃を直接受けてはいないので、家譜なども含めてその名は記されていない。高力清長は唯一戦闘に加わった重臣であるが、現場では知る由もなかった。

これらの史料の源泉は「権現様江十市玄蕃頭忠節申上候事《ごんげんさまえとおちげんばのかみちゅうせつもうしあげそうろうこと》」である。この史料は筒井順慶の重臣・十市遠光《とおみつ》の勲功を子孫の遠知《とおとも》が仕官するために書き上げた嘆願書である。記された時期は十七世紀の中頃であり、「伊賀越え」から八十年ほど経過した史料となる。もう一つは、紀州藩士・吉川家が幕府に提出した「先祖覚書」であるが、この史料も百年ほど経過している。両史料とも公的な史料であることから、先祖からの言い伝えはあったと考えられる。

石原源太の本拠地とされた「石原村」とは実在するのか。一般的には苗字が石原なので石原村ないし石原の庄を支配する国人が考えられる。なお、「大和越え説」には「石原田」(現・奈良県橿原《かしはら》市)とする史料もあるが、これはもとよりつじつま合わせの創作であり、誤りである。

確かに石原氏という苗字だけでは、該当者は特定できない。しかし、当時、数百の軍勢を動員できる畿内の国人領主・石原氏はしぼられる。しかも光秀と関連する石原氏といえば、山城国西岡の有力国人であった石原氏に行きつく。

石原氏の本領である紀伊郡石原荘は、現在の京都市南区吉祥院《きっしょういん》石原周辺にあった。『革嶋系図』には「又一宣の女《むすめ》をチヨコと云うは石原監物に嫁ぐ。石原氏明智光秀の家臣也」と記されている。また、『革嶋家家伝覚書』は、光秀の家臣・溝尾(三沢)庄兵尉の叔母が一宣の室であったとし、「明智の家臣に親族多くありし」と記している。石原監物と革嶋秀存を中心とする西岡国人が家康襲撃部隊の中核であったとする軍事的・政治的な理由となり得る。

光秀の家臣団のすそ野は広い。光秀の重臣で最も有名な人物は、斎藤利三と思われる。利三は、三代将軍・徳川家光の乳母・春日局の父としても知名度は高い。利三は美濃の国人であり、兄・石谷《いしがい》頼辰《よりとき》は奉公衆・石谷家の養子となった。頼辰も光秀に重臣として仕えた。その他、明智秀満(三宅弥平次)、明智次《(治)》右衛門、藤田伝五《でんご》なども謀反決行の際、光秀が相談した重臣として『信長公記』に名が挙げられていることから知られている。

また、溝尾庄兵衛、津田重久、天野《あまの》源右衛門（安田国継）も光秀に関心のある人は知っているかもしれない。しかし、光秀の重臣・石原監物入道《けんもつにゅうどう》については、井戸良弘、進士《しんし》作左衛門、井上善内《ぜんない》などと同じく、知られていない。あるいは、信長の側近についても、堀秀政や長谷川秀一はまだ知っていたとしても、菅屋長頼《すがやながより》や福富秀勝《ふくずみひでかつ》などの知名度は低い。特に織田政権下における菅屋長頼の地位は、安土三奉行筆頭であるにも関わらず、森（蘭丸）成利《なりとし》の知名度とは比較にならない。当時と現在の知名度は、歴史家や歴史小説家の取り上げ方の差で異なる。

◆光秀と石原監物入道

石原氏の本領・石原荘は、桂川以東に位置することから、長岡（細川）藤孝ではなく、光秀の管轄領域であった。桂川の以西は藤孝の領地とされていた。信長の代の石原氏は、光秀の与力になっていた。足利義晴・義輝の治世において石原氏は、細川晴国《はるくに》・細川国慶《くによし》・三好長慶などに従った西岡国人として知られていた。天文十九年（一五五〇）の三好長慶宛西岡国人十四名の連署状には、石原惣左衛門尉綱貞《そうざえもんのじょうつなさだ》と石原孫五郎延助《そんごろうのぶすけ》がその名を連ねている。

足利義昭が槇島城に籠もって、信長と武力衝突が生じた際に、石原監物は明智軍重臣として京都・岡崎方面で陣を構えた。『兼見卿記』の元亀四年（一五七三）七月十五日の条には「岡崎郷、石原監物入道陣取りこれあり、見回りに罷り向かう。両種貳荷《りょうしゅにか》持参了《おわんぬ》」とある。

『尋憲記《じんけんき》』にも石原監物は登場する。天正二年（一五七四）正月晦日《みそか》（三十日）の条によれば、光秀は奈良・興福寺大乗院の門跡、尋憲に「法性《ほっしょう》五郎」の長刀《なぎなた》の拝見を所望した。これを取り次いだのが石原監物であった。使者は一族の石原勘左衛門である。この史料は「明智十兵衛より、石原勘左衛門使いとして、（進藤）兵庫助（市原久盛）殿へお尋ね申上げ候」と記している。同年二月二日の条にも「明智十兵衛尉内石原監物入道帋紙《おりかみ》（折紙）進む、長刀拝見いたし由なり」とする内容の書状が書き写されている。

また、光秀がこの長刀の貸借の礼を述べた進藤兵庫助宛書状も記載されているので、石原監物入道は光秀の副状《そえじょう》を発給したことになる。『尋憲記』は、石原監物について「明智十兵衛尉内（家臣）」とも記している。もとより石原源太が石原監物であったとすることはできないが、西岡国人石原一族の一人であったとすることに無理はない。

◆十市新二郎と吉川主馬・次大夫親子

石原源太を討ち取ったのは、吉川主馬《しゅめ》・次大夫《じだいふ》親子である。吉川親子は大和国人領主・十市新二郎（玄番頭遠光）の家老である。新二郎は大和の国主・筒井順慶の腹心であった。家康救援作戦は筒井氏の命運を左右する以上、新二郎にこの任務を命じたのは順慶その人である。

十市氏は長年にわたり大和の有力国人として名を馳せたが、松永久秀との戦いで勢力を失い、天正四年（一五七六）以降は、筒井順慶に従属していた。同七年二月に順慶の親戚筋である大和国人・布施二郎が十市家の養子となり、十市新二郎と称した。翌年には、新二郎は父親になっているが、年齢は二十代前後と思われる。天正十二年（一五八四）八月に死去した順慶の葬式の際、新二郎は、天蓋役《てんがいやく》（仏教の装飾的な覆いをかける役）を務めるなど、筒井一族の中心的な存在となった。新二郎は一貫して順慶、その養子・定次《さだつぐ》に従順であった。

吉川主馬・次大夫親子の嫡流は絶えたが、弟・磯野《いその》善兵衛の系譜が吉川家を継ぎ、徳川御三家の紀州藩士となった。吉川家は嫡流ではないことから高禄《こうろく》ではないが、「和歌山御家中御目見以上以下」では「武」の朱筆が記された武功《ぶこう》の家として紀州藩から認知されていた。この史料のまえがきには「朱筆〈武〉の印ある者は御本家あるいは他家にて武功由緒の筋」と記されている。『南紀徳川史』第七巻によれば、吉川主馬は十市家断絶後、浪人した。後に吉川助進清次は大和国郡山藩主・松平忠明《ただあき》に呼び出されて、三百石で仕官した。忠明の母・亀姫は、家康の長女であった。忠明は祖父を崇敬しており、『當代記』の著者ともいわれている。忠明は、吉川親子の功を評価したと考えられる。

吉川家は忠明の姫路転封に従わずに浪人したが、吉川主馬のひ孫にあたる吉川源《げん》五《ご》兵衛《ひょうえ》正次は、二代紀州藩主・徳川光貞《みつさだ》の時に仕官した（『南紀徳川史』第七巻）。吉川家の「先祖覚書」は「貞享元年（一六八四）三月甲子、権現様御手筋をもって先祖働きこれある者は書き付け」という幕府の命令によって書き上げられた。提出したのは正次である。

幕府に限らず諸藩でも軍功は厳格に査定されている。まして、名高い「神君伊賀越え」に関わる武功であればなおさらである。しかも、家康をはじめ相当数の譜代大名や旗本が当事者であった。吉川家の「先祖覚書」は幕府が受理し、松平忠明に仕官している以上、十市新二郎の命で吉川親子が石原源太を討った、という軍功は確認された事実である。

この史料の欠点は、「大和越え説」をとっていることである。しかし、飯岡周辺に吉川親子が進軍していなければ、石原源太と遭遇することはない。寛永年間（一六二四〜四四）に記された『當代記』以降、「大和越え説」は通説となっていた。今でも誤った通説を、事実と論理に照らし合わせて否定することは至難の業である。吉川家も「先祖覚書」を提出するにあたり指摘されたならば、通説に帳尻を合わせる他なかったと思われる。

吉川正次は「先祖覚書」の末尾で、十市家の系図と経路については旧主十市新二郎遠光の「権現様江十市玄蕃頭忠節申上候事」を参照したとする。これは通説の「大和越え説」が吉川家の伝承と異なる点があり、これに合わせるために引用したこともあったのであろう。

◆筒井順慶の家康主従救援計画

筒井順慶に家康主従救援計画があったとすると、初めから「伊賀越え」を計画することはない。順慶が家康主従を自身の支配地域内で通過させたならば、「大和越え」となる。吉川親子も「大和越え計画」に従って準備したに違いない。それが事実ならば、天正十年六月二日以前に「大和越え計画」は存在していたことになる。この「先祖覚書」によれば、吉川親子は河内山田

◆

村（現・大阪府南河内郡太子町）で家康主従を待ち受けたという。

河内山田村は堺から二十キロほど東に位置する。その後、吉川親子は、奈良県吉野郡東吉野村と三重県松坂市の国境である高見峠まで、家康主従を案内する予定であった。この史料は「河州山田村までお迎えに差し越し高見峠まで供奉御道筋ご案内つかまつり候ところ」と記している。同史料は、石原（現・奈良県橿原《かしはら》市石原田）村より初瀬榛原《はせはいばら》（現・奈良県桜井市榛原町）までは四里（十六キロ）余りと近いが、そこは十市領ではなかったと記している。遠回りにはなるが、八木（現・橿原市）から芋峠（現・吉野、大淀、高取町、明日香村の境）を超えて高見峠まで行けば十市領であることから、道中の安全は確保できたと説明している。

この「先祖覚書」は、家康主従が「大和越え」を選択した場合、當麻《たいま》周辺を根拠地とする大和の国人・万歳《まんざい》氏が大和と河内の国境、竹之内（現・奈良県葛城《かつらぎ》市當麻）で待ち伏せしていたと記している。万歳氏は明智方である。竹之内は、吉川親子が家康主従を出迎える予定の山田村の東六キロほど手前である。

吉川家の「先祖覚書」は「万歳藤四郎（当麻《とうま》）、竹之内と申すところへ差し向かい襲い奉らんと相議するところ、十市玄番頭方よりお見届けあるの由聞き件の企て相止め候」と記している。万歳氏は、摂関家領・平田荘（現・奈良県大和高田市）の荘官の一族である。万歳氏の他、越智（現・奈良県高市郡高取町）、箸尾《はしお》（現・奈良県北葛飾郡広陵《こうりょう》町）、楢原《ならはら》（現・奈良県御所《ごぜ》市）、十市など、大和の有力国人の所領は、奈良の南方に所領があったことから「南方《なんぼう》衆」と呼ばれていた。

「南方衆」と井戸氏は、信長から筒井氏の与力として付けられた。万歳氏の石高は不明であるが、同じ有力国人の越智氏の石高は、天正八年（一五八〇）の検地で一万二千石であったことがわかっている（『多聞院日記』）。万歳・越智の両者は、同十年六月四日時点で明智軍に加わっていたと、筆者の多聞院英俊は記している。

常識的に考えれば、それ以前から万歳氏などは光秀に味方していたとみなしうる。筒井氏は光秀の組下であったので、「南方衆」も光秀に従属していた。越智・万歳・箸尾・楢原・十市は「南方衆」の中でも「大将衆」と位置付けされていた（『蓮成院《れんじょういん》記録』天正十年三月五日条）。

六月四日の『多聞院日記』は「筒井には南方衆・井戸一手の衆惟任（光秀）へ今日、立ち云々、いか《（如何）》ゝ〳〵」と記している。明智方の「南方衆」とは、具体的にどの大和国衆を指すのか。六月十四日条の『多聞院日記』には「南方越智・楢原・万歳以下ことごとくもって立ちおわんぬ」と記されている。十市氏の名はない。これは、「山崎の戦い」で明智軍が敗れたことから、明智方の「南方衆」が撤収《てっしゅう》したことを指している。

万歳氏をはじめ越智・楢原の各氏は、六月二日以前から光秀方の国人であり、家康主従の逃亡に備えていた。海上ルートにおいても、光秀方の菅達長が待ち構えていたと考えなければならない。光秀は家康主従の脱出経路を塞《ふさ》いだ上で、西岡の襲撃部隊によって壊滅させる計画であった。家康の読みは正しく、文字通り袋のネズミであった。

◆吉川親子の草内急行

吉川親子は家康主従を待ち受ける予定の河内山田村まで行くことができず、万歳氏が陣を張る竹之内村から二キロほど東の東八幡社（現・葛城市長尾）で足止めになった。万歳氏との兵力差があり、援軍を待ったのかもしれない。少ない兵力であっても不意討ちならば、万歳氏を混乱させることができたかもしれない。しかし、秀吉の代においても十市氏の石高は千石である。家康が「大和越え」を選択していた場合、万歳藤四郎によって打ち取られたと思われる。

ところで「先祖覚書」は、東八幡社で吉川親子は新二郎から弁当と馬を与えられたと記している。吉川親子はこの時点では何もしていないので、記されているような報奨《ほうしょう》ではない。吉川親子が「草内の渡し」に向かったことは、「先祖覚書」には記されていない。しかし、吉川親子は馬を必要とする新たな任務を、新二郎から与えられたということになる。

たとえ騎馬であっても、完全武装のまま炎天下に長尾から「草内の渡し」までの三十数キロを駆け抜けなければならない。そこでは合戦がある。弁当と馬の支給は、具体的かつ合理的な施策と考えられる。吉川親子はこの時点で「大和越え」ではなく「伊賀越え」を家康主従が選択したことを知った。そして「草内の渡し」へ急行するようにとの命令を、十市新二郎から受けたということではないか。

このような重大な作戦変更を余儀なくされたということは、密偵の報告などによって家康主従の動向を察知したのではなく、家康主従の内部情報が直接もたらされたものでなければならない。時間的にも、津田宗及から順慶への至急報があったとしか考えられない。この新たな指令を受けて、騎馬隊で編成された吉川親子は北上し、草内へ向かった。この経緯が事実でなければ、家康主従に加勢したという吉川家の「先祖覚書」はデタラメということになる。

吉川親子が長尾村から飯岡の戦場に到着した頃は、すでに日が陰りはじめていたかもしれない。家康主従はすでに木津川を渡りきり、穴山梅雪は討たれた後で付近にはのし付の胴体が残っていた。周囲の草むらには徳川の諸卒や中間たちの死体が散乱していた。石原源太などが率いる明智軍は生き残ったわずかな家康の兵卒たちを掃討《そうとう》していたと思われる。小荷駄奉行の高力清長は鉄砲で負傷し残存した将兵をまとめて川岸へと追い詰められていた。

石原源太は援軍と思ったのか、吉川親子の攻撃に不意を突かれたのであろう。「先祖覚書」によれば、源太を討ったのは吉川一族の磯野善兵衛としている。この人物が紀州藩士・吉川家の祖である。明智軍は源太が討たれたため、家康の残兵の掃討作戦を打ち切った。明智軍は筒井順慶の譜代《ふだい》衆が付近に展開していることも考えなければならず、撤収を余儀なくされた。長岡（細川）藤孝の雲隠れに加えて、順慶が敵対したことは明智陣営に大きな衝撃を与えた。

明智軍は吉川親子の襲撃により、家康の従者を捕らえて尋問することもできなかった。明智軍は穴山梅雪の首は持ち帰ったが、家康どころか徳川家重臣の首は一つもなかった。順慶が裏切ったことを伝えられた光秀は、反乱が完全に失敗したことを悟った。すでに光秀は織田信長と信忠を殺害している以上、今更、騙されたではすまなかった。

◆筒井順慶と津田宗及

筒井順慶が光秀に加担していたとすれば、「伊賀越え」であろうと、「大和越え」であろうと、そもそも不可能であった。家康主従の命運は順慶が握っていた。筒井氏は他の大和の国人と同様、代々興福寺の「衆徒《しゅと》」であり、室町時代を通じて大和の有力土豪であった。順慶の本領は、筒井（現・奈良県大和郡山市）である。順慶は出家をする前、長岡（細川）藤孝と同じく、足利義輝の初名の義藤から一字をもらい、藤勝・藤政を名乗っていた。なお、大和は、興福寺が守護職を兼ねていた。興福寺は、大和国内の武士に僧侶の資格を与えていた。

永禄十一年（一五六八）九月二十六日に義昭政権が発足した際、大和は松永久秀の任意とされた。順慶は大和へ進出してきた久秀と争い、一時期は不利な状況に陥ったが、元亀二年（一五七二）八月四日に大和国辰市《たついち》（現・奈良市）で久秀に大勝して以来、形勢を逆転させた。将軍・義昭と信長が対立を深めると、久秀は信長ではなく義昭に従ったので、天正三年（一五七五）三月二十三日に信長は大和一国を側近の塙《ばん》（原田に改姓）直政《なおまさ》に与え、大和を直接統治させようとした。

多聞院英俊は原田直政を守護と呼んでいるが、将軍ではない信長に守護の任免権はない。直政はあくまで事実上の守護職であった。畿内に縁もゆかりもない直政の大和支配について英俊は「前代未聞の儀」と批判した（『多聞院日記』同年三月二十五日の条）。

ところが、天正四年（一五七六）五月四日の石山本願寺との戦いで、直政の他、塙安弘《ばんやすひろ》・同小七郎・箕浦《みのうら》次郎右衛門・丹羽小四郎が戦死した。信長にとって直政の戦死は、森可成《よしなり》や坂井政尚と同様に痛手であった。信長は逃げ帰った丹羽二介や塙孫四郎など、直政の家臣たちを捕縛《ほばく》させた（『多聞院日記』五月十五日）。信長はやむなく五月十日に光秀と最側近の万見仙千代《まんみせんちよ》を上使として派遣し、大和の支配権を筒井順慶にゆだねた。それはあくまで次善の策であり、当座の処置であった。

『多聞院日記』は「今日巳《み》の刻（午前十時）に和州（大和）一国一円筒井順慶に存知あるべきの由」と記したが、信長は順慶を光秀の与力とし、その指揮下に置いた。光秀が病に伏せると、順慶は興福寺成身院《じょうしんいん》に祈禱を申し入れた。信長の恩賞には、光秀も一枚かんでいた。

順慶は天正八年（一五八〇）十二月二十日に光秀に面会するために坂本城へ参上した（『多聞院日記』）。順慶宛の津田宗及書状（「紙背《しはい》文書」三四）にその理由が記されている。なお、「紙背文書」とは、紙が高価であったので、不要になった下書きや自身宛書状の裏紙を日記などに使用して後世に残った史料である。

この文書は控えなので宛先は記されていないが、内容から順慶宛であることが判明している。書状の内容は、天正八年十一月に光秀と滝川一益が大和で検地をした際、抵抗する大和の国人四人を処刑したことに関連している。『多聞院日記』は十月二十八日条で「すなわち滝川は岡へ下し、順慶は高田へ、戒重《かいじゅう》・大仏供《だいぶく》へ惟任下し了《おわんぬ》」と記している。その結末について、十一月二日には多聞院英俊は「すでに果てたる衆地獄の苦しみ同じならんか」と書き残した。

御状拝謁し候、四人御成敗の事、是非に及ばざる次第に候、今朝、箸尾（宮内大輔）より様躰（態）、慥（確）かに申しきたり候、拙者は気遣いも申さず候、高田（為成）・大仏供（の）（正忠）殿のことなど、惟任日向様（光秀）へ一言申し遣わすべく候、

岡は滝川一益、高田は順慶、戒重・大仏供は光秀にそれぞれ預けられた。宗及は高田・大仏供について、この処置は納得できない旨を光秀に伝えるとした。これは順慶の真意を宗及が察しての言質である。宗及は光秀に対して異見するといっている。この書状は出されなかったかもしれないが、宗及と順慶の関係が親密であったことはわかる。

◆筒井順慶の選択

「明智光秀の乱」が起きた時点での順慶の立場は危《あや》うかった。それより前、天正八年（一五八〇）七月二十三日には、京で順慶が切腹したとの噂が流れた。これは織田政権内での順慶の立場が危ないと大和では認識され敏感になっていたことの表れである。『多聞院日記』は「日中の過ぎに筒（井）順慶京にて腹切り候由沙汰」と記している。この年、信長は大和郡山城以外の城を破棄させる「一国破城《はじょう》」（支城の廃止）と大和国内の検地（大和指出《さしだし》）を容赦なく行った。これは大和国人や荘園領主の既得権益に対する織田政権のあからさまな介入であった。

同九年九月の「伊賀攻め」の際には、順慶と大和衆は大和口を受け持ったが、緩慢《かんまん》であったことから、信長は順慶を叱責《しっせき》した。『多聞院日記』は九月二十八日の条で「伊賀において筒井衆働き曲事《くせごと》の由（信長の）御朱印成され恐怖の由聞《きこえ》（噂《うわさ》）あり」と記している。「西国出陣」が終われば、信長は順慶を排除し、大和を直轄支配することは想定内であった。実際に、同十年正月に織田信澄が大和一国を望んだとする風聞《ふうぶん》が大和の支配層の間で流れた。

『多聞院日記』と同じく、興福寺の僧侶の日記に『蓮成院記録《れんじょういんきろく》』がある。天正十年正月六日の条に信長は、大和は伝統的に興福寺など大寺院の力が強い国であり、まとめることはむずかしいと述べて、信澄に断念させたとしている。これは信長の言説《げんせつ》ではなく、大和の世論を集約した楽観的な観測である。この史料は「ある人物語て舊冬《きゅうとう》（去年の冬）いわく少（織）田七兵衛（信澄）殿当国（大和）申し受けられたき由直訴、達して申し入らるるの所」とした上で「上様（信長）より大和は神国にて往代《おうだい》より子細あり、その国人存知こと也」と記している。

筒井順慶や大和の国人にとって、信長の定めた畿内秩序を崩壊させることを意味した光秀の反乱は、歓迎すべきことであった。光秀のみならず、井戸良弘や「南方衆」も順慶が明智軍に参画することを見込んでいた。ところが、順慶は、光秀が勝てば井戸や「南方衆」の力が強くなり、いずれ彼らに自身が取って代わられることを恐れていた。

順慶は日和見《ひよりみ》主義の代名詞のようにいわれている。洞ヶ峠《ほらがとうげ》（現・京都府八幡市八幡南山）まで出陣して秀吉と光秀を天秤にかけたという故事から「洞ヶ峠を決め込む」ということわざさえある。しかし、それほど単純ではなかった。そもそも洞ヶ峠で陣を構えたのは、光秀である。

信長の代、順慶は大和全体の国人たちを完全に掌握していたわけではなかった。越智・箸尾・万歳・井戸・十市は、あくまで信長から付けられた与力である。槇島城主の井戸良弘は順慶の妹を室としていたが、光秀との関係も深く、子の覚弘《さとひろ》は光秀の娘を室としていた。良弘は最後まで光秀を裏切ることなく槇島城を守っている。

順慶の意のままになる大和有力国人は、十市氏ぐらいであった。天正八年に殺害された国人たちは、順慶に近い存在であったに違いない。順慶は光秀のみならず、井戸良弘と「南方衆」を裏切った。光秀は順慶を信用してはいなかったが、井戸と「南方衆」を押さえている以上、順慶は味方せざるを得ないと目算していた。

光秀謀反の一報が奈良にもたらされたのは、午前十時すぎであった。その日の夜明け、順慶は上洛したが、すぐに戻ってきている。『多聞院日記』は「今暁《こんぎょう》（六月二日の夜明け）の事今日の四の過ぎ（午前十時すぎ）に聞こえ了《おわんぬ》」「順慶今朝京へ上る所これより帰られ了」と記している。

吉川親子の家康救出作戦は、六月二日の早朝からその日の日没までのことである。順慶に第一報がいつ入ったか不明である。しかし、順慶は事前に光秀の反乱計画を知っていなければ、家康主従の救援計画など荒唐無稽《こうとうむけい》といえる。また、その逃亡を助けることは光秀との敵対を意味した。一方で、順慶は家康主従が無事に脱出できる確率を五分と見ていた。そこで順慶は譜代の家臣を使うことなく、外様の十市新二郎を利用した。さらに十市は、家老の吉川親子を使った。家康主従が全滅した場合、順慶は光秀の反乱は成功すると考えていた。日和見といえば、日和見であった。

◆六月二日前後の筒井順慶

大和は特殊な地域である。興福寺は反抗的な国人に対しては「名字を籠《こ》める」として、氏名の書かれた紙を五社・七堂に収めて呪詛《じゅそ》した。この効果は覿面《てきめん》だったらしく、大和の国人たちは、これを恐れて許しを請うた。この呪術《じゅじゅつ》的制裁は、豊臣秀長が大和に入り、筒井氏が伊賀に移るまで大和の地に残っていたという

光秀の謀反が起きる四日前の五月二十七日に、順慶は「東国出陣」の費用を徴収した軍資金五百石を奈良中の人夫へ還付した。多聞院英俊はそれについて「比類なきこと也」と記している。順慶はこの日から「東国出陣」を無事終えたことに対するお礼参りということなのか、藤屋に二夜三日籠もって祈禱した。多聞院英俊は先例がなく理解に苦しむとしている。英俊は「東国陣（陣）の時立願にて、今日より順慶藤屋に二夜三日とや参籠《さんろう》を覧《み》る云々」「順興・順昭・順政三代の間にもこのごとくの事覚えず」（『多聞院日記』）と記している。

筒井氏は、大和武士の中でも最も信心深い家であった。順慶が重大事を決断する場合には、形式的ではあっても、必ず神仏にすがると考えなくてはならない。確かに祈禱の目的もあったが、一方で順慶は情報が外に漏れぬ場所と時間を確保したことも事実である。筒井順慶の家康救出

作戦がデタラメではなかったとしたならば、十市新二郎と吉川親子を藤屋に呼んで、作戦計画を入念に打ち合わせする必要があった。軽視されがちであるが、それが実務である。

順慶は六月二日の朝に上洛した。ところが、順慶は二、三時間後に奈良に戻ってきた。英俊は、信長が「西国出陣」のため安土に戻ったことから、順慶も戻ってきたと推測した。つまり、順慶は周辺に虚偽の情報を流していたことになる。英俊は「順慶今朝京へ上る所、上様急度《きっと》(急ぎ)西国へ御出馬とてすでに安土へ帰らるる由か、これより帰られ了」と記している。

順慶は、天正十年六月二日未明に京都で何が起こるかを知っていた。それでも事が事だけに実際に起こるか否か、自身の目でどうしても確かめたかったに違いない。順慶は京都の中心部から立ち上る黒煙を実見するため、最も見通しのよい近隣の山へ登ったと思われる。

六月四日に井戸氏と「南方衆」は明智方として参戦したが、五日になって順慶は井戸や「南方衆」を引き戻そうとした。英俊は「昨日山城へ出衆(光秀に味方した衆)はや引き退き了」と記している。彼らは「山崎の戦い」が終わる(六月十三日)まで明智方であった。また、五日に順慶は大和に隣接する山城国の木津氏を味方に引き入れようとした。英俊は「木津も筒順(順慶)へ申し合わせ、すなわち在所へ入り了」と記している。木津氏は明智方から離反した。

順慶は、家康主従が虎口を脱し、六月四日に帰国したことを知っていた。同時に順慶は「明智光秀の乱」が失敗したことを確信したことから明智方への敵対行動を露わにしたのである。

筒井氏を支持する英俊は、順慶が明智方として参加した将兵を引き揚げさせたことを喜んだ。

英俊は「しからば三七殿（信孝）と申し合わされるか、もっとも〳〵」と記して、順慶は織田方に帰順したとしているが、実際はこの段階で織田信孝方ではなく羽柴方であった。

◆羽柴秀吉と筒井順慶

順慶は六月十日に誓詞《せいし》を出して、秀吉に恭順《きょうじゅん》している。順慶は十一日に光秀の使者・藤田伝五を追い返した。豊臣・筒井両氏共に絶家したこともあり、残念ながらこの誓詞は写しすら残っていない。なお、六月十三日付の順慶宛の羽柴秀吉と丹羽長秀の連署状は残っている。この日は「山崎の戦い」の当日である。内容は勝龍寺を攻めるので明日、織田信孝は高槻から西岡に陣替えするとした上で、順慶は淀川の川筋を放火せよとの指令書である（『秀吉文書』四二四）。

秀吉は十五日に順慶を叱責したというが、それはこの時点では利用価値があった織田信孝の手前、そうしたのかもしれない。『多聞院日記』は「余《あまり》に見合され筑州（秀吉）より曲事と申す云々」と記している。秀吉と順慶が、この時点で主従関係にあったと考えるのは、穿《うが》ちすぎかもしれないが、織田家部将の秀吉が信長のごとく順慶を叱責する構図は奇妙である。

ところで、前述した十市瑞庵遠知《ずいあんとおとも》が記した「権現様江十市玄蕃頭忠節申上候事」の内容は、十市家の家老であった吉川家の「先祖覚書」とほぼ一致しているが、異なる点もある。十市新二郎と吉川両家の史料に共通していることは、筒井順慶の名が出ていないことである。十市と吉川主馬・次大夫親子は、口外しないことを神仏の前で順慶に誓わされていたに違いない。

十市氏の史料では、派遣したのは家老二人になっている。吉川親子については触れていない。特筆すべきことは、この史料には家康救援作戦に秀吉が関与したと記されていることである。また、この史料は、家康を救援した者は取り立てるとした秀吉の「廻し状」が出されたと記している。原文は「その時秀吉公より廻し状、趣は権現様（家康）を何方《いずかた》にてもおしたい奉り留める者は、以来は次第に御取立て成されるべき旨につき」である。これはまるで、秀吉が家康救援作戦への参加を六月二日当日に公募したような書き方である。

この史料は荒唐無稽のように思われるが、秀吉には家康主従を救済しなくてはならない明確な動機が二つあった。ここで確認すると、一つ目は、家康主従の脱出により光秀の敗北が決まることである。秀吉は家康よりも早く反転して東上すれば、レイムダックと化した光秀を容易に討つことができた。二つ目は、信長と信忠が他界したことで「織田・徳川同盟」のバランスが崩れ、織田家臣団の不安心理が秀吉の台頭を許すことになることである。

それでも秀吉にはアリバイがあった。六月二日の日中は、秀吉は堺から二百キロ以上も西に離れた、備中高松城を取り囲んでいた。翌日に杉原家次からの報告があったとしても関係ない。また、秀吉が順慶を介することなく、十市新二郎に直接連絡するようなことはない。

ところが、秀吉が長岡（細川）藤孝と共謀し、津田宗及が家康周辺で暗躍していたならば、遠隔操作は可能であった。十市遠知は、新二郎が家康から高麗鷹《こうらいたか》二羽と黄金五十枚を授かったとし、大和の年寄でこの話を知らぬ者はいないと豪語している。しかし、遠知が言及した秀吉の廻し状が、実際にあったとしたならば、新二郎に恩賞を出したのは秀吉でなければならない。この話が事実であろうとなかろうと、到底、徳川幕府が喜ぶような話ではない。もちろん、家康への忠節にはならない。

実際、秀吉は順慶の日和見を批判するどころか、論功として順慶に大和一国を与えた。順慶は「山崎の戦い」の二日前の十一日に、秀吉に対して誓詞を提出した。『多聞院日記』は「藤吉へはすでに順慶別儀なく間、誓帋《せいし》（誓詞）これを遣わされる、村田・今中使い云々」と記している。この段階で秀吉は関白ではない。まして、六月二十七日の「清須会議」の前に誓詞を順慶が秀吉に遣わすというのは解せない。また、秀吉が順慶の誓詞を受け取ったとしたならば、重大な越権行為である。順慶は、「清須会議」の後、正式に大和一国の領有を認められた。『多聞院日記』は七月十一日の条で「和州一国一円順慶知行」と記している。それが十市家に伝承された秀吉の廻し状の実態ではなかったのか。

◆筒井順慶の早世と大和

片山正彦博士（佛教大学）は、天正十年六月以降の「順慶による大和国衆のとりまとめの過程は、大和における国衆支配から秀吉による国衆支配への移行を具体的にあらわす画期の一つ」と鋭く指摘している。

○本能寺の変によって信長を失った際には、順慶や「国中与力」は改めて寄り合って「血判起《けっぱんき》請《しょう》」に押印した上で、順慶が代表して秀吉に対し別儀ない旨の「誓詞《せいし》」を提出した。
○これまで「日和見」と捉えられてきた順慶の行動は、本能寺の変によって「与力」との関係を規定していた信長を失った際に、彼らを素早くとりまとめ、秀吉に味方する意思を鮮明にしたという点で評価されるべきであろう。

順慶は秀吉という上意権力の力を借り、光秀の与力であった「南方衆」などの大和国人を解体して支配しようとした。また、順慶は彼らを粛正《しゅくせい》して自身の譜代である「内衆」に入れ替えた。明智方であった楢原右衛門尉は、天正十一年（一五八二）閏正月二十三日に他界、英俊は「不便々々」としていることから自然死ではないことを示唆している。

越智玄蕃頭は、同年八月二十六日に順慶によって粛清《しゅくせい》された。暗殺計画は前年の天正十年十二月二十一日もあったと英俊は記している。万歳氏は筒井氏の「内衆」となって何とか生き残ったが、「大坂夏の陣」で滅亡した。井戸良弘は妻子と共に吉野に逃亡した（『多聞院日記』七月五日の条）。

ところが、同十二年八月十一日に筒井順慶が頓死《とんし》した。享年三十六歳である。順慶は在京していた七月八日には食事ができなくなったと英俊は記しているので、消化器系の疾患と思われる。順慶が死去して四日後の八月十五日に、秀吉は井戸良弘の出仕を許した。良弘は細川忠興の与力になった。

順慶とは関係が深かった多聞院英俊は、案の定、激怒《げきど》した。英俊は「井戸若狭近年牢籠《ろうろう》(浪人)、惟任へ申し合わせられる故也、今度順慶死去につき、筑州(秀吉)に従い召し直され了、今日惣珠院《そうじゅいん》(興福寺)へ上る云々、国の大天魔の随一」と記している(天正十二年八月十五日条)。なお、井戸氏は後に大身の旗本になっている。

順慶の後継者・筒井定次は、慶長十三年(一六〇八)に、家康の意を受けた中坊秀祐《なかのぼうひですけ》の密告で、改易となった。その後、「大坂冬の陣」の際に、豊臣方への内通を問われ、定次は親子ともども自害させられた。なお、筒井氏の一族、順斎《じゅんさい》は旗本になっている。家老の十市氏は連座しなかったが、浪人を余儀なくされ、結局、仕官できなかった。

秀吉が順慶に大和一国を任せたのは、当座の話であった。秀吉は順慶の早世に付け込み、筒井定次を伊賀へ転封し、異母弟・秀長を入れた。秀長が病死すると、秀次の弟・秀保に継がせた。秀吉は文禄四年(一五九五)七月十五日の「秀次事件」が起きる三か月前の四月十六日に秀保を病死として排除し、五奉行の増田《ました》長盛を送り込んで大和を事実上、直轄地にした。十七歳の秀保の排除は、秀次に連座する形で殺害するよりも、自害させる前に処理したほうがよいとする秀吉なりの理屈があっての判断である。秀次事件の時と同じように、理由は何とでも作ることができた。そして、秀吉は中納言豊臣秀保の死を隠密に済ますように命じた(増補『駒井日記』五)。このように、秀吉にとって大和はかけがえのない領域であった。

天正十年六月二日前後になされた筒井順慶の小賢しい選択は、大和武士の解体を招く結果となった。同時に、興福寺の大和支配も終わりを告げることになったのである。順慶が死去してから半年後、同十三年二月に秀吉が主催する茶会が連日開かれたが、織田信雄は一切茶を口にしなかった。津田宗及は「何にても茶ヲハきこしめされす候」（『宗及他会記』同廿二日昼の条）と記している。

これは順慶の頓死による学習効果であったかもしれない。言い換えれば、順慶の死は秀吉にとって都合がよすぎる死であった。普通は願掛けでは人は死なない。秀吉のような類は、約束は形式的には守る。しかし、守れない場合には、多分に最初から守るつもりはないにしても、約束した相手を消滅させることで、それは常に合理化された。

帝都◉「複合謀反《むほん》」＝羽柴秀吉・長岡藤孝《ふじたか》の共謀《きょうぼう》

◆「駕籠の鳥」の秀吉

六月二日の朝、光秀の謀反は堺にいた家康のみならず、共にいた長谷川秀一と杉原家次にも伝えられた。家次は備中高松城を囲む秀吉に一刻も早く報告する必要があった。家次はすぐさま家康と秀一に備中の秀吉の下へ帰陣するための了解を取り付けた。家次は光秀謀反と信長親子の生害を毛利氏が察知し、大攻勢をかけて秀吉陣営が総崩れになることを恐れた。中国の毛利氏と畿内の明智勢にはさまれた秀吉は「駕籠《かご》の鳥」であった。

当時の秀吉を「駕籠の鳥」と評したのは、長岡（細川）藤孝の嫡子・細川忠興である。『川角太閤記』は、忠興が「太閤様は、播磨一国一城に候、西は大敵の（毛利）輝元をかかへ、明智はおごり出で候へば、太閤様は駕籠の内の鳥なりと、とても身上立ちまじくと見切り、かる羽を使はれ候事」「自然の仕合せにてこそ、了見《りょうけん》これなく国を打って出られ、自然の仕合せにてこそ、明智をば御討ちなされ候」といったと記している。忠興は秀吉の備中からの反転攻勢について思慮《しりょ》もなく偶然の成り行きであったとするが、それはあくまで十九歳の時の感想である。真相は後から知ったに違いない。

光秀謀反と信長・信忠親子生害の情報は、秀吉陣中に紛れ込んだ光秀の密使、あるいは通説である信長の奉行人・長谷川宗仁《そうにん》からの報告であっても、確認する必要があった。しかし、「西国出陣」の連絡のため、備中の秀吉陣営から堺に来ていた杉原家次からの報告であったならば、その必要はなかった。

ただし、本来、家次は「西国出陣」の打ち合わせを名目に信忠から派遣された名代であったことから、秀一と同じく家康に随行する選択もあった。後に、秀吉は在京していたら駆け付けて切腹したといってのけたが、このホラ話は家次の選択となり得た。家次は光秀の反乱を予期しておらず、現地の指示に従っては困る秀吉は、

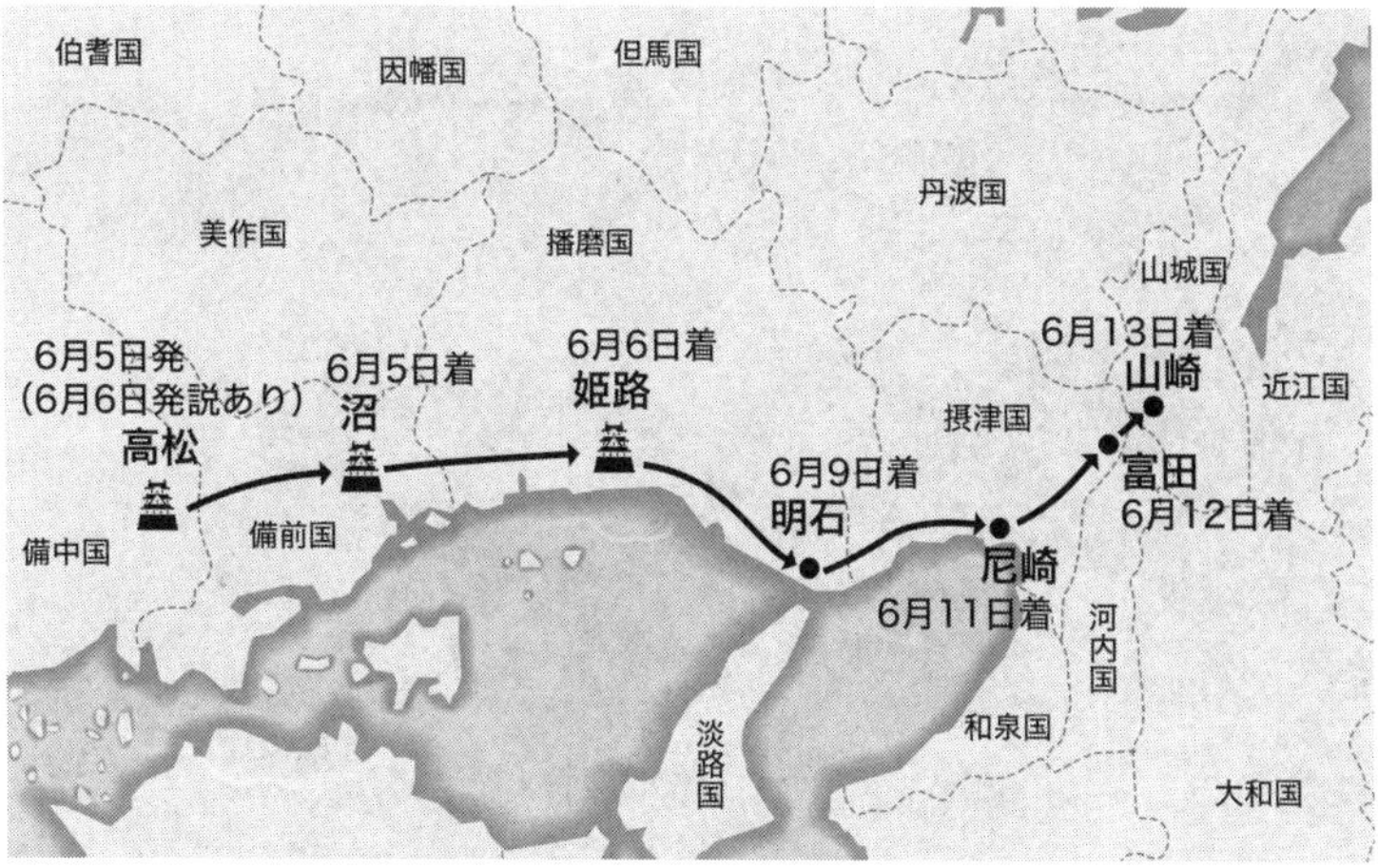

秀吉の中国大返し 日程推移　高松出発は「6月6日説」もある。

家次に「内々妙な噂がある」とほのめかした上で「噂とは思うが、事が起きた場合は、大至急戻って来い」というような趣旨の話はしたに違いない。そういった具体的なサジェスチョンがないと、秀吉は家次をコントロールできない。この時点で家次が秀吉を疑う理由はなかった。

◆杉原家次の備中国高松帰陣

毛利氏研究の先駆者、故・瀬川秀雄学習院大学教授は、六月三日付の杉原家次・蜂須賀正勝《はちすかまさかつ》宛の清水宗治《むねはる》書状（「吉川家中並びに寺社文書」など）を根拠に、秀吉は三日に「明智光秀の乱」を知ったとした。この説が正しいとすると、家次は三日の夜半には備中高松に到着していなければならないことになる。

それは可能なのか。堺から備中高松までは、航行を含めて二百キロ余りである。家次は家康と秀一の了解を取り付けた後、即座に堺を出港した。それは午前七時前後と考えられる。なお、堺から児島《こじま》湊（現・岡山市）までの瀬戸内海の制海権は、織田方が有していた。高速の軍船である関船《せきぶね》、あるいは小早《こはや》などを使って瀬戸内海を航行すれば、児島湊までは海路を進むことができる。当時の潮の流れや風などは計算できないが、家次は行きと同じ船を使ったと思われる。秀吉の家老が乗る船なので、選りすぐりの船頭や漕ぎ手が操船していたと考えられる。

陰暦の天正十年六月二日は、陽暦で六月二十一日にあたる。この日は晴れていたので、夜間も航行できたと思われる。また、船頭らの経験や技量は現代とは異なることは想像できる。そ

◆

れはともかく、事が事だけに、家次が限界まで急がせたことは当然である。平均時速十キロ（五ノット程度）と仮定したならば、日没まで十時間以上あった。日中に百キロから百二十キロは進むことができた。夜間航行を無視したとしても日の出は四時半頃である。児島の港から備中高松の秀吉陣所まではおよそ十二、三キロの道のりであった。馬で一時間ほどの距離となる。つまり、三日の朝、遅くとも午前中には、家次は秀吉と対面し、報告ができたと思われる。

秀吉は杉原家次から直接、光秀謀反と信長絶望の報告を入手できた。秀吉はその後、家次が堺から帰って事の顚末について報告した事実を話していない。秀吉は毛利氏との講和を六月四日に成立させて、五日に備中高松を出立した。通説は六日であるが、服部英雄九州大学名誉教授、盛本昌広《もりもとまさひろ》博士（慶応大学）などによる最近の学説では五日である。

杉原家次は、後に真相を知って秀吉に問い詰めたのか、秀吉の意に添わぬ誰かをかばったのか、家次は二年を持たずに狂人とされて失脚した。案の定、代わって、織田信忠の家老から転身した織田信忠の側近・前田玄以が天正十三年（一五八五）三月から京都所司代となり、七月に正式に発足した豊臣政府の事実上のナンバー2となった。

驚くべきことに、清水宗治側の史料では、六月四日の巳《み》の刻（午前十時〜十二時）に宗治をはじめ庶兄・同宗知《むねとも》、難波《なんば》伝兵衛（宗治の弟）、小早川隆景から派遣された軍事顧問（軍監）の末近《せちか》左衛門尉信賀《ざえもんのじょうのぶよし》は切腹している（『萩藩閥閲録』『大日本史料』十一之一）。こうして秀吉と毛利氏の講和が成立した。信長・信忠の生害から、ほぼ丸二日しか経過していない。

秀吉の「御伽衆《おとぎしゅう》」となり御用学者であった大村由己が著した『惟任退治記《これとうたいじき》』には「杉原七郎左衛門尉（家次）検使として（備中国高松）城を請け取り」と記されている。杉原家次と蜂須賀正勝《はちすかまさかつ》が安国寺恵瓊や清水宗治などとの交渉にあたったことはよく知られている。

故・瀬川秀雄氏は、著書『吉川《きっかわ》元春』の中で「吉川家中並びに寺社文書」「平生より寫來文書」から引用した杉原家次・蜂須賀正勝宛の清水宗治書状を示している。この書状によれば、清水宗治は自身と三人の切腹によって降伏する代わりに籠城した家臣たちの赦免を依頼した。その日付は六月三日である。ただし、秀吉宛の書状は、杉原・蜂須賀両者宛の書状形式をとるので、家次が六月三日に備中へ着いた証拠にはならない。

ところが、秀吉がこの書状内容を受諾した請状の日付も六月三日である。この書状は、天正十年六月四日からはじまる『大日本史料』十一には掲載されていないが、内容に問題はない。しかし、写本なので、杉原家次の署名と花押が代筆であった可能性は残る。また、逆算しても清水宗治は三日に四人の切腹を受け入れて降伏を申し込み、秀吉も即日これを了解し、四日に切腹させている事実は動かない。したがって、四人の切腹はこの書状のとおり、三日の夜半に決定されたと見なしうる。

御状の趣《おもむき》、筑前守に達しせしめ候ところ、各四人命に代わり籠城の諸人御助けあるべきの由、結構一入《ひとしお》相感じられ候、即《すなわ》ち御望みにかけられるべく候、小舟壹艘《いっそう》、酒肴十荷、上林極上三袋進め入れせしめ候、明日検使出候様にと、御使者申し候、御意を得候、悉《ことごと》く存じ候、四人の他、たとえ長男連枝（一族）といえども、切腹これあるまじく候、恐惶謹言

六月三日

杉原七郎左衛門
蜂須賀彦右衛門

清水長左衛門（宗治）殿

また『惟任退治記』は天正十年中には作成されていたことから、誇張《こちょう》はあるものの、信憑性《しんぴょうせい》は高い史料とされている。もともと秀吉には、毛利氏と講和を結ぶどころか、それを信長へ取り継ぐ権限すら与えられていなかった。それを可能にしたのは、前日の信長・信忠親子の死であり、それが大前提となる。なお、信忠の切腹については、前田玄以から秀吉に報告がなされたことは間違いない。その経緯は後述する（217頁）。

実際に秀吉は信長から勝手な交渉を厳に禁じられていた。天正七年（一五七九）九月四日に秀吉は播磨から安土に参上し、宇喜多直家《うきたなおいえ》の赦免を求めて信長に懇願《こんがん》した。しかし、信長は事前の相談もなく事後承諾を求めたことに激怒して、秀吉を追い返した。『信長公記』は「備前宇喜多（直家）御赦免の筋目《すじめ》」について「御掟をもうかがい申されず、示し合はすの段、曲事《くせごと》の旨、御仰せ出され、すなわち、播州へ追い返され候なり」と記している。

しかし、結局、秀吉の意のままに直家はその組下となっている。秀吉は天正四年（一五七六）

八月に加賀平定に加わったが、その折に柴田勝家と対立し、勝手に撤収した。信長は一旦蟄居《ちっきょ》させたが、この時も明確な軍令違反にも関わらず、秀吉に丸め込まれた。秀吉は西国から北陸方面への配置転換を避けるために博打《ばくち》を打ったのであろう。秀吉には長期的な目論見と打算があった。それは後に現実化するが、秀吉が小早川隆景とは、高度なディールができると踏んでいたことは間違いない。そのためには毛利氏全体を軍事的に追い込んでいく必要があった。

それでも今回は、信長の「西国出陣」は、すでに先陣として光秀などを出陣させたように開始されていた。まして直前に家康の出陣も決定していた以上、信長が毛利氏と秀吉の講和を認めることは絶対にあり得ない。たとえ秀吉が出向いても信長が受け付けることはない。今度こそ首が飛ぶ。常識的に五年も続いた戦争の講和交渉が、半日で成立するようなことはない。実務的には絵空事である。信じるほうがおかしい。ところが、それは事実である。

◆羽柴・小早川単独講和

秀吉以上に問題なのは、毛利家である。小早川隆景と安国寺恵瓊が、信長の了解がないことを承知していながら、秀吉の講和条件を受け入れた事実は極めて重い。毛利輝元は天正十年六月十日付の福井十郎兵衛尉宛書状で「この表の儀、羽柴しきりに懇望候の条、和談せしめ候」（『萩藩閥閲録』）と記している。この言質を疑う理由はない。

一方、隆景も手を打っていた。備中高松城に派遣されていた隆景の軍監・末近信賀も宗治と共に六月四日に切腹した。清水宗治は信賀の説得に応じたが、拒否した場合には信賀が刺し違えることになっていた。宗治の切腹がなければ、秀吉と隆景の芝居が成り立たなくなるからである。隆景は断腸の思いで最も忠実な家臣を犠牲にした。隆景にとっても真剣勝負であった。

毛利陣営に入る情報は、外交・諜報関係を担当する隆景と恵瓊の二人に集中する以上、風聞は対陣している状況でせき止められ、情報管理の一元化は可能であった。この場合、確認を理由に毛利家中に対して一日程度、「明智光秀の乱」と信長親子切腹の事実を秘匿《ひとく》することができた。いずれにしても、六月三日に清水宗治が説得を受け入れて四日に切腹して講和が成立したことは、決定権者ではない、外交僧である恵瓊の独断によるものではない。これを即時に追認した以上、隆景が主導していたことになる。

清水宗治は、安国寺恵瓊から光秀の謀反により毛利氏が絶体絶命の窮地を脱し、さらに秀吉と組むことで中央政界に参画する計画を聞いた。杉原家次も同席し、堺での見聞を語って説得したかもしれない。少なくともあり得ない話ではない。宗治は隆景から城兵の救出のみならず、その後の担保が隆景と秀吉から取れたことから切腹を了承した。また、それ以外の選択肢がないことも知っていた。

この講和は、織田・毛利両氏の講和ではなく、その実態は、羽柴・小早川の単独講和であった。秀吉は織田政権を裏切り、隆景と恵瓊は、輝元や吉川元春を出し抜いた。元就《もとなり》亡き後、毛利氏は吉川家の養子となった元就の次男・元春と小早川家の養子となった三男・隆景が、長男・隆元の子、輝元を支えていた。いわゆる「毛利両川《りょうせん》体制」である。その終焉は、天正十年六月四日となった。

光秀謀反の一報について、毛利氏は紀州雑賀《さいが》衆からもたらされたとする。これは元春の三男で、兄・元長の跡を継いだ吉川広家《ひろいえ》が記した慶長六年(一六〇一)の「自筆覚書」を根拠にしている。しかし、紀州雑賀からの情報は、あくまで吉川元春が入手したものである。『吉川家文書』九一七は「紀州雑賀より、信長不慮の段、慥《たし》かに申し越し候」と記している。隆景と恵瓊は、すでに秀吉からの情報も含めて、正確な情報を複数の筋から入手していた。

『川角太閤記』は、京都の変事が備中に伝わると、元春などは騙されたと激怒し、秀吉軍への追撃を主張したとする。それには「今日の誓紙は破りても苦しからず候、だまかされ候ての儀にて候」と記されている。実際に元春を騙したのは、弟の隆景と外交僧の安国寺恵瓊であった。隆景は誓紙を取り交わしたばかりであるとして、既成事実を盾にして抗弁《こうべん》した。しかし、元春や宍戸《しし ど》隆家《たかいえ》らは納得せず、これを拒む隆景との間で毛利陣中は大混乱に陥ったとする、毛利家中の内情を『川角太閤記』は伝えている。

隆景は秀吉軍を追撃するために出撃した元春などに対し、能会を開いて進路を妨害し、結局、元春などは泣き寝入りした。『川角太閤記』は「吉川陣宍戸陣にハ、先、馬の腹帯《はるび》をかためひしめき候か、小早川には能始まり候と、取りぐ\に申候、吉川さすが進むは及ばざる事、泣き寝入り」と記している。また、広家は後に隆景が自分と元春が強硬派を説得したとし、折に付け「御自慢の一に候」と記している(『吉川家文書』九一七)。しかし、元春と隆景の意見が一致していれば、毛利陣中がこのようにもめるようなことはそもそもなかった。

秀吉は六月四日付で毛利輝元・吉川元春・小早川隆景に対して、神仏に誓う「血判起請文」によって講和を申し出た（「水月古鑑」『秀吉文書』四二二）。この中で秀吉は、信長を介すことなく、将軍・足利義昭の身上に関する約束をしている。これは信じがたい越権行為である。この「血判起請文」には「公儀（義昭）、御身上に対せられの儀、我等（秀吉が）請取り申候の條、いささかもって疎略あるべからずの事」と記されている。

しかも、秀吉は何様のつもりか、輝元・元春・隆景の身上についても、六月四日の段階で約束している。それについて秀吉は「申すに及ばすといえども申候、輝元・元春・隆景、深重如《によ》在《ざい》なく（ないがしろにしない）、我等の進退にかけ見放し申さずまじき事」と記している。

◆恵林寺焼き討ち事件

秀吉と藤孝の「複合謀反」は、天正十年（一五八二）三月の「甲州征伐」の直後から具体化する。この時期の両者の策略は、信長と光秀の対立を深めていくことにあった。秀吉と藤孝は、光秀の謀反を水面下で本人に気づかれぬように支援していた。光秀が知らないまま、謀反の環境は有利に整えられていったのである。また、両者は信長と信忠親子に楔《くさび》を入れることも忘れていなかった。こうして、織田家と天下の簒奪《さんだつ》を狙った両者の形成作戦が本格化していった。

信長は同年四月十五日付の長岡（細川）藤孝宛書状の中で、思いの他順調に進んだ「甲州征伐」の成果を誇った。信長は「東追伐《とうついばつ》のこと、言□□のごとくに早々落着、我れながら驚き入るばかりに候」(『信長文書』一〇一三)と記している。その戦果を台無しにしたのが、悪名高き「恵林寺事件」であった。

　信長第二の領国である美濃国(現・岐阜県南部)と臨済宗妙心寺派の関係は、伝統的に親密であった。光秀も妙心寺との関係は深い。光秀唯一の肖像画は、大阪府岸和田市にある妙心寺派の本徳寺《ほんとくじ》にある。光秀とは縁戚関係にあった土岐明智氏嫡流の妻木氏の菩提寺も、妙心寺派の崇禅寺《そうぜんじ》(現・岐阜県土岐市)である。この寺は文和三年(一三五四)に創建され、土岐明智氏の菩提寺でもあった。斎藤利三の家と関係が深い稲葉家の菩提寺も妙心寺塔頭・知勝院《ちしょういん》である。この塔頭は、稲葉貞通《いなばさだみち》が慶長二年(一五九七)に開基となり、父・一鉄(良通《よしみち》)の菩提を弔った。知勝院には利三の墓もある。利三と妙心寺住持七十九世・一宙東黙《いっちゅうとうもく》は、兄弟であったとされている。

　光秀の美濃での人脈は、妙心寺のネットワークと深く関わっていた。利三の娘・春日局も妙

恵林寺三門(写真提供/恵林寺)

心寺への帰依《きえ》は厚く、家光に請願して、寛永元年（一六二四）に江戸の湯島に報恩山天澤寺《ほうおんざんてんたくじ》を創建し、同十年には妙心寺塔頭・麟祥院《りんしょういん》の開基となっている。そして、同十一年正月に実子・稲葉正勝が没すると出家し、麟祥院を名乗った。

事件が起こった恵林寺（現・山梨県甲州市塩山）も妙心寺派の名刹で、武田信玄の菩提寺でもある。住職の快川紹喜《かいせんじょうき》はもともと美濃国崇福寺の住持であったが、信玄に招かれて甲斐国に来たことから、信長とは微妙な関係にあったと思われる。また、快川は妙心寺の第四十三世住持を務め、天正九年（一五八一）九月六日には正親町帝から「大通智勝《だいつうちしょう》国師号」を与えられた。

快川をはじめ百五十人余りの僧侶たちが焼き殺された「恵林寺事件」は、天正十年四月三日に起きた。外形的にみれば、この事件の首謀者は、信長ではなく信忠であった。『信長公記』は「今度恵林寺にて佐々木（六角）次郎隠しおくについてその過怠として三位中将信忠卿より仰せつけられ」と記している。さらに『信長公記』は「恵林寺破滅、老若上下百五十余人焼殺されおわんぬ」と伝えている。著者の太田牛一本人も現場にいた。牛一は「初めは黒煙立て、見えわからず」としているように、自身の見聞を記している。

「恵林寺事件」の半月前にあたる同年三月十七日付の松井友閑宛書状の中で、信長は義昭の使者として武田家に詰めていた佐々木次郎（六角承禎《じょうてい》の子で、六角義弼《よしすけ》の弟）と武田五郎（若狭武田氏）などを切腹させたと記している。しかし、美濃国守護・土岐頼芸《よりのり》、岩倉城の織田信賢《のぶかた》、犬山の織田信安《のぶやす》については助命したと述べている。信長はこの書状の中で、恵林寺について何も触れていない（『信長文書』九七八）。ところが、今回は、問題を蒸し返して同日中に恵林寺の焼き討ちを強行したことになる。

確かに信長は、一向宗や比叡山などへの軍事力を行使した場合は焼き討ちも辞さず、攻撃的な宗教活動を行う日蓮宗に対しても責任者を処刑し、関係者を追放した。それも唐突にやったわけではなく、交渉や裁判も事前になされていた。恵林寺の場合は、何ら正規の手続きがないまま、不意討ちにした。しかも、非武装の禅宗や浄土宗寺院への懲罰《ちょうばつ》による焼き討ちは、前代未聞の所業であった。世間は、信長の命令ないし了解のもとで信忠が凶行におよんだと、思ったに違いない。一方、信長は『信長公記』や『家忠日記』によれば、四月二日に諏訪をたって、甲府に入ったのは三日である。信長は富士山観光と甲府を視察し、草津で湯治《とうじ》を楽しんでいた。

「恵林寺事件」は、「甲州征伐」に参陣していた光秀にとっても寝耳に水であった。心中穏やかならざるものがあったに違いない。もちろん、斎藤利三は光秀以上に憤慨《ふんがい》したと思われる。この事件が反乱の直接の原因になったとまではいえない。しかし、一連の時宜《じぎ》をわきまえない信長の愚行《ぐこう》と不注意によって、謀反への心理的な敷居を下げることになったに違いない。

◆川尻秀隆の軽挙妄動

「甲州征伐」に際し、信長は親心か、若い信忠の暴走を恐れた。信長の側近の中にそれを煽るような助言をしていた者がいたのかもしれない。天正十年二月十五日付の書状で副将の滝川一益に対し、信忠に勝手な行動をさせないように厳命した。信長は「城介（信忠）こと若く候て、この時一人粉骨をもつくし、名を取るべしと思う気色あい見え候」と記している。信長は「毎々《まいまい》卒爾《そつじ》（軽挙《けいきょ》）の儀これあるべく候」（『信長文書』九六八）と続けているので、常々信忠の軽挙を問題視していた。信長はもう一人の副将である川尻秀隆にも、同じ指示を与えていた。

川尻秀隆は信長の古参の家臣の一人であるが、残忍で短気な人物であった。中国・春秋時代の兵法書『孫子』は「気短で怒りぽいものは侮《あなど》られて罠《わな》に陥る」と記すが、秀隆はその典型である。信長は長年の戦いで多く有能な家臣を失っていた。そのツケが回ってきた。俗にいう徳川四天王をはじめ、中核を形成した家臣団をほぼ温存できた家康との差は大きい。

秀隆は、不必要であったにもかかわらず、二月二十六日に高遠《たかとお》（現・長野県伊那市高遠町）の町を焼き払った。信長は三月一日にこの件を事後承諾したが、同時に秀隆の軽挙妄動《もうどう》をいさめた。信長は秀隆の焼き討ちを無用と判断していた。信長は秀隆に「これをもっても卒爾《そつじ》の働きは思惟《しい》すべき事専一候」（『信長文書』九七三）と警告した。しかし、信長は信忠の卒爾を気にかける中、卒爾を厳重注意した秀隆を副将として付けたことになる。

案の定、川尻秀隆は信長の苦言を聞き入れなかった。『甲乱記《こうらんき》』は、秀隆を「恵林寺事件」の首謀者としている。信長は穴山梅雪の知行地を除いた甲斐の占領地を、三月二十九日に秀隆に与えた。問題は、秀隆が信忠から信長へ指揮権が移る直前に焼き討ちを強行したことである。

秀隆は快川に三か条の罪状をあげた。秀隆は武田勝頼の埋葬と追善供養を断りもなく行ったこと、六角氏の佐々木次郎、足利義昭の使者・成福院《じょうふくいん》と奉公衆の大和淡路守を匿《かくま》ったこと、恵林寺に避難してきた人々から小屋の賃料を取ったことを欲深いなどと、思い当たる罪状を並べて論《あげつら》った。

一、今度勝頼父子生涯せしむところ、理《ことわり》なくして死骸をとり追善いたさるること。
二、次に江州佐々木中務大輔《なかつかさだいゆう》（次郎）並びに上使《じょうし》成福院・大和淡路守（義昭奉公衆）寺中に隠しおかるるの条、奸謀《かんぼう》のこと。
三、次に寺家へ小屋銭かけらるるの条、欲心深きこと。

快川はこれに対して、勝頼は恵林寺の檀家であり、国主の遺骨を拾い追善することは当然と主張した。そして、佐々木次郎や成福院などを匿ったこと、金銭の授受《じゅじゅ》は濡れ衣であると、理にかなった抗弁で応じた。川尻秀隆は証拠の収集を口実に、将兵を寺内に入れた。秀隆は快川の他、長禅寺《ちょうぜんじ》の高山《こうざん》和尚・東光寺《とうこうじ》の藍田《らんでん》和尚・宝泉寺《ほうせんじ》の雪岑《せっちん》和尚、大覚長老・長円寺長老など僧侶たちを三門で待機するように命じて、そのまま三門に火をかけた。

これは問答無用の騙し討ちであった。こんなことを行えば、入国して間もない占領地の統治を著しく《いちじる》困難にする。ところが、信長は警告を無視した秀隆を罰することはなかった。それが軍神・織田信長のあまりにも鈍すぎるガバナンスの実態である。

◆家康の光秀追討作戦と本多信俊殺害事件

天正十年六月四日に三河帰国を果たした家康は、翌五日に信長の弔い合戦のための出陣を命じた。家康は本拠地の浜松から信長の弔い合戦のため岡崎に拠点を移した。『家忠日記』は「城（岡崎）へ出仕候、早々帰り候て、陣用（出陣）用意候へ由仰せられ候」と記している。また、同日、家康は織田信雄と尾張からの使者と会って光秀追討を約束した。原文は「伊勢、おハり（尾張）より家康へ御使い越し候、一味の儀に候」である。

『家忠日記』は、当時の徳川軍の準備状況を今に伝えている。六日に西三河の将兵は家康の命令があり次第で出陣可能と、酒井忠次は報告した。それには「こゝもと衆は御左右（君命）次第の由」とある。また、東三河衆は八日に岡崎へ到着するとした。それについては「来る八日に東三河衆、岡（岡崎）へお寄り候」と、家忠は記している。

ところが、西国出陣は遅延した。『家忠日記』の九日の条は「西陣少し延び由申し越し候」と記している。十日になって「明後日十二日出陣候への由」との連絡が、忠次から家忠に伝えられた。出陣遅延の理由は、京都の異変を知った北条氏政と武田家旧臣に不穏な動きがあったためである。

家康は六月六日付で駿河の岡部正綱《おかべまさつな》に穴山領の下山へ城を築くように命じた（『家康文書』）。正綱は今川家重臣・岡部元信の一族であったが、武田信玄に降伏し穴山梅雪と共に家康に仕えることになった。後に岡部家は譜代大名となる。穴山武田氏は梅雪が死去した後、後見人となった家康の管轄下に置かれた。下山は穴山領であったが、甲斐は穴山領を除けば川尻秀隆の所領であった。家康は秀隆にその旨を説明する必要があった。

また、家康は光秀追討の軍を率いて上洛するためには、北条氏や武田残党の動きに備えなければならなかった。そこで家康は、滝川一益や秀隆など東国の織田家武将たちと連絡を取る必要があり、「伊賀越え」に帯同した本多信俊《のぶとし》を川尻秀隆の下へ派遣した。

案の定、秀隆の軽挙妄動は信長死後も止まらなかった。あろうことか、家康の使者・本多信俊を殺害した。信俊は六月四日に「伊賀越え」から生還した六日後の十日に命を落とした。秀隆は信長・信忠親子が殺害されたにも関わらず、堺にいた家康主従が無傷で本国に戻ったことに憤懣《ふんまん》を感じていた。「伊賀越え」は当時もあり得ない話であり、家康への疑念を前田玄以などにたき付けられたのであろう。また、秀隆には佐久間信盛親子追放の遺恨があったに違いない。

それにしても、長年信長の盟友であった家康の使者を織田家重臣が殺害することは、常軌《じょうき》を逸している。何者かの教唆《きょうさ》というよりも洗脳《せんのう》がなければ、なし得ない所業であった。家康は、東国に取り残された織田家臣団と迂闊《うかつ》には連絡が取れなくなり、連帯して行動することができなくなった。川尻秀隆は六月十八日に武田家旧臣たちの一揆によって殺害された。秀隆は信長という後ろ盾を失い、甲斐では怨嗟《えんさ》の的であった。秀隆の自滅により滝川一益が上野で孤立した。この弱みに付け込んだ北条氏政の攻撃に、一益は独力で対処せざるを得なくなった。一益は善戦したが、秀隆討死の報が入った十九日に敗走した。

結果、一益は「清須会議」に出席することができず、宿老から外された。これは一益のみならず、織田信孝や柴田勝家にとっても大打撃となった。最大の受益者は秀吉である。家康の出陣は、六月十二日からさらに十四日まで遅延を余儀なくされたのは、本多信俊が秀隆に殺害された事件が影響しなかったとは考えにくい。

一方、北条氏政の動きはいかにも急であった。正確な情報が上方から流れていたことになる。思いつく情報源は、東国に人脈を持つ聖護院道澄である。道澄は、かの連歌会の最高顧問ともいうべき存在であった。

◆秀吉の代理人、信忠側近・前田玄以

一連の川尻秀隆の血迷った行動については理解に苦しむ。しかし、秀隆本人はよかれと思って卒爾を繰り返した。秀隆のみならず、信忠の卒爾には、獅子身中の虫が近くにいたことを意味する。「織田・徳川同盟」に不利に働く連鎖の原因が何者かの教唆であったとすれば、それが可能であり、秀吉との関係が深い人物は前田玄以である。秀吉が自ら手を汚してない人間を信用することは絶対にない。それは秀吉のような類の本能であり、本質である。

信長の代、玄以はいつのまにか信忠の家臣団を牛耳る存在になっていた。その経緯は詳《つまび》らかではない。玄以が頭角を現しはじめたのは、信忠が織田家の家督となった天正三年（一五七三）頃からである。それを示す史料の初見は、徳大寺家旧蔵「和歌御会詠草《えいそう》」（5某宛書状）である。

この史料は、信忠が織田家の家督を継いだ秋田城介《じょうのすけ》時代（一五七五年十一月〜七七年一月）のもので、「殿さま（信忠）の御伴に玄以と申す仁候はん」と記している。すでに述べたように、本願寺の宇野主水は玄以が信忠の「取次衆」であるとしている。天正十一年（一五八三）五月二十一日に織田信雄は、玄以を「京都奉行」に任命した。「賤ケ岳《しずがたけ》の戦い」の直後である。玄以は杉原家次の後任であった。秀吉の後押しがあったことは当然である。

遠藤珠紀《たまき》東京大学准教授は、玄以が「京都所司代」の地位に就いたのは、秀吉が天正十三年（一五八五）三月十日に内大臣になる以前からとしている。玄以は信長の代に「京都所司代」であった村井貞勝の女婿であった。玄以の地位は、秀吉の権力拡大に連動して上昇している。

遠藤氏は、玄以が里村紹巴の連歌会に参加した記録は、天正六年（一五七六）八月二十五日が初見としている。参加者は玄以の他、藤孝・津田宗及・古田織部などであった。さらに遠藤氏は、玄以の追善連歌会での紹巴の言によれば、玄以と紹巴との交流は、元亀年間（一五七〇〜七三）にまで遡るとした。また、天正六年頃、玄以の連歌会の興行での紹巴の玄以への気配りは、何か「遠意（思惑）」があるのではないのか、と思わせるほどであったという史料を紹介している（連歌師有琳《うりん》書状）。

秀吉の代の「京都所司代」の権力は絶大であった。玄以は、秀吉が関白・秀次を切腹させ、妻子を三条河原で虐殺《ぎゃくさつ》した「秀次事件」では奉行として主導した。「秀次事件」とは、秀吉の意に反して独自の権力を持ちはじめた「関白権力」を秀吉の「太閤権力」が強制排除するために起こした事件である。秀次の背後には徳川家康と前田利家がいた。秀吉と玄以が踏み切った陰惨《いんさん》な「秀次事件」は、両者への見せしめであった。

天皇と関白の一体化による「公家一統」の弱点は、一体性の維持が天皇と関白双方の政治的志向に左右されることであり、そこへ家康と利家が楔を入れることは理にかなっていた。皇嗣《こうし》（事実上の皇太子）・誠仁《さねひと》親王と関白・秀次は、この一体性の原則から逸脱していたと解される。両者共に従来の武家社会との協調を志向していた。言い換えれば、正親町帝と秀吉が実現させた「公家一統」に両者がこだわる必然性はなかった。しかし「公家一統」は、正親町帝と秀吉にとって核心的な利益であった。相反した場合には、死が待っていた。

「豊臣政権」の核心が天皇と関白の一体性である、とする学説は、三鬼清一郎氏と中野等九州大学大学院名誉教授両者によって提唱されたが、文禄二年（一五九三）正月五日の正親町院の崩御により、大きくバランスを崩すことになった。秀吉と前田玄以は体制の維持に強い危機感を抱き、天皇と関白の一体性を堅持することに腐心した。豊臣政府は醜く顔が崩れはじめた。同年八月三日の豊臣秀頼の誕生と文禄四年七月十五日の「秀次事件」がその象徴であった。

詳細はここでは控えるが、秀次は家康や前田利家に抱き込まれて結果的に秀吉の計画を妨害した。秀頼は生まれながらの刺客であった。秀頼は、秀次を排除するために秀吉が父権を行使し、どこからか調達してきた丈夫そうな赤子であった。若い天皇（二十三歳）と幼い関白を秀吉と玄以が支え、各々が代行することで何とかその場を切り抜けようとした。案の定、秀次に代わって「関白権力」を代行したのは前田玄以であった。伊藤真昭《しんしょう》博士（大阪大学）は「玄以が徳善院《とくぜんいん》を名乗り始めた文禄四年（一五九五）八月（三日）は、秀次事件以後の直後である」（「木下家文書」『愛知県史』資料編13、七一〇）とした上で、次のようにまとめている。

1　玄以は僧位僧官の最高位になることで、寺社はもちろんのこと、公卿や門跡とも官位の面で、より対等の関係に近づいたといえる。

2　所司代の確立と玄以の昇殿が結びついていたことは、すでにみたが、秀次事件の豊臣政権の基盤強化のために、秀吉は玄以の地位をさらに上昇させたのである。

主君・織田信忠に殉じることなく生き延びた前田玄以は「関ヶ原の戦い」の後も、豊臣五奉行の中で唯一、家康から本領・丹波亀山を安堵されて生き残った。豊臣政府の成立過程と内情を知りつくしていた玄以は、家康に西軍の機密情報を売り払って保身に走った。玄以や藤孝など、その成立に加担した共謀者にとってみれば、正親町帝と秀吉あっての豊臣政府であった。しかし、玄以の後を継いだ子の茂勝は、玄以が死没してから六年後の慶長十三年（一六〇八）に改易となった。家康は玄以に対して死後、裁きを下したことになる。家康の藤孝に対する嫡子・忠興を使った仕置きについては別の機会に述べる。

◆信長・信忠親子の亀裂

信忠は、天正十年五月二十七日に信長の意向に逆らい、堺訪問を取りやめた。前日の清水寺での盛大な能の催しが信長の不興を買ったと考えられる。さらに、それにかこつけて「恵林寺事件」で信忠が監督不行き届きを問われ、信長に叱責《しっせき》されるようなことがあれば、さすがに怒りを隠せなかったに違いない。それほど賓客というだけでなく舅になると目される家康への相伴と大坂・堺の訪問を土壇場で取りやめたことは、全く尋常ではなかった。そもそも「甲州征伐」で信忠は信長から滝川一益や川尻秀隆の助言に従って行動するように厳命されていた。信忠は信長によって縛られ、本人の裁量は著しく制限されていたのである。

しかも、『信長公記』によれば、「恵林寺事件」の前日の四月二日に信長は、滝川一益に命じて大ヵ原（現・山梨県北杜市白州町台ケ原）で宴会を設けさせ、事件当日の三日は、富士山をめでて満足したとする。さらに、武田勝頼の新府《しんぷ》廃城を見た後、旧武田信玄館の普請を信長は信忠に命じた。信忠は父親を接待するために忙殺されていた。

信忠にとって、川尻秀隆の卒爾や「恵林寺事件」は二の次となっていた。このように、信長・信忠親子は「恵林寺事件」には直接関与していなかった。むしろ大きな問題は、この親子の当事者意識が希薄すぎたことである。実際、信長は恵林寺事件の波紋が日本国中に広がる中、草津へ湯治に向かった。信長がその後にしたことは、四月十一日から十八日まで場所と趣向を変えて家康の歓待の他、祝宴の連続であった。さらに、信長は富士の人穴、白糸の滝、三保の松原、田子の浦などを巡り、観光を楽しんだ。信長は四月十九日に清洲に着き、その後も飽きることなく二十一日には、安土への道すがら稲葉一鉄（良通）、不破直光《ふわなおみつ》、菅屋長頼《すがやながより》、丹羽長秀、山崎方家《がたいえ》の諸将がそれぞれの領地で歓待を受けた。

『家忠日記』は、これを「御成」としている。「上様御成」は「織田・徳川同盟」の下で通用する話である。無神経で独りよがりな宴会を続けながらの信長の凱旋行軍《がいせんこうぐん》は、諸将たちを白けさせた。現に山崎方家は光秀の謀反後、安土城の自邸を焼いて明智軍に加わっている。信長と信忠の能のことで不仲が表面化し、それは沈静化したかのように見えた。しかし、火種はくすぶり続けていた。信長は世間の注目と期待が信忠に集まることを好まなかった。

ところで、大久保忠教が記した『三河物語』は、本能寺で異変に気づいた信長は、当初、信忠の謀反と思い「上之助（信忠）が別心か」と口走ったとしている。一見、荒唐無稽な話であるが、信長と信忠の軋轢を示す明智方の史料もある。それは熊本藩に仕官した明智秀満（三宅《みやけ》弥平次《やへいじ》）の子孫が残した『三宅家史料』に掲載されている。

「吉浦《よしうら》郷右衛門覚書」は、三宅家の家司・吉浦郷右衛門季行《すえゆき》が先祖の伝承を元文四年（一七三九）五月に覚書として書き留めた家譜である。徳川吉宗の代に記されたこの家譜は、明智秀満は本能寺の番衆に対して信忠による父・信長への謀反に光秀が加勢したと偽《いつわ》ったとし、明智軍はまんまと番衆に寺門を開けさせて押し入ったと書き残している。この史料は「城之助（信忠）様御謀反につき、光秀御味方に参り申し候」「早々御門開き申され候様にとこれ有り候らえば、御門番の衆中に驚き、取りあえず御門開き候につき、そのまま押し入り」と記している。

実際に信長と信忠親子に軋轢がなければ、このような荒唐無稽のウソを明智秀満が思い付くとも思えない。本能寺の門番ですら騙されたとしたならば、信長と信忠の不仲は家中周知の事実であったとみなさなければならない。

◆信忠の介錯人の逃亡

織田家簒奪《さんだつ》を目論む秀吉の立場からすれば、信長だけでなく、このどさくさに紛れて障害となる織田家の二人の中心人物を確実に殺害する必要があった。その一人が、自他共に認める信長の後継者であった織田信忠であった。

妙覚寺から二条御所に移った信忠の家臣たちの中には信忠に逃亡を勧める者もいたが、信忠はこの進言を退けて切腹した。信忠の介錯をしたのは、鎌田新介《しんすけ》である。『信長公記』は「ご介《かい》錯《しゃく》のこと、鎌田新介に仰せつけられ」「鎌田新介、冥加《みょうが》なく御頸《おんくび》を打ち申し、御掟のごとくに御死骸を隠し置き」と記している。当時の常識では、介錯人は敵に切り込むか、腹を切る必要がある。それ以外は考えられないといっても過言ではない。ところが鎌田新介は逃亡した。

『武家事紀』によれば、鎌田新介は高野山で謹慎した後、秀吉子飼いの福島正則に仕えて朝鮮南門（南原城《なんばる》）で戦功をあげたとしている。また、福島家の「鎌田主殿介《とものすけ》」という人物が「関ヶ原の戦い」で軍功をあげている（「関原首帳・福島家」）。新介が改名したのか、後継者なのか不明ではあるが、この「関原首帳」によれば、主殿介は組頭三千石の大身である。

実際に主君を介錯した人物が逃亡し、秀吉がそれを赦《ゆる》したならば、信忠の最期は切腹か、鎌田新介によって殺害されたのかわからない。この人物が信忠を生害させたことは間違いない。もし信忠が逃亡しようとしたならば、明智軍の仕業に見せかけて殺害することも可能であった。

『當代記』は、鎌田新介の逃亡を「言外に武士の本分にもとる行為」として疑念を示している。この史料は「この鎌田追い腹切る旨申しけるが、何とかしたりけん（どういう料簡か）終《つい》に切らず」と記している。『太閤記』の著者・小瀬甫庵も「その後は自害をもせさりけり」と批判している。時から鎌田新介に対する批判と疑念はあったに違いない。また、介錯人は主君の最期の瞬間に立ち会うことで逃げ遅れる。生還するには完璧な逃亡ルートを事前に確保しておく必要があった。鎌田は高野山で、ほとぼりを冷ました後、秀吉や前田玄以の家臣では目立つことから福島正則に仕えたと思われる。

信忠と共に妙覚寺にいた信長の弟・織田有楽（長益）は、信忠には切腹を勧めたあげく自身は逃亡したとして世間から非難された。その狂歌について『義残後覚《ぎざんこうかく》』は「をだ《（織田）》の源五（長益）は人ではないよ、御腹召せ召せ、召せておいて、我は安土へ逃ぐる源五、むつき二日に大水出でてをだのはらふる名をながす」と記している。

しかし、それは介錯人の鎌田新介のことであった。逆に有楽は信忠を逃亡させようと試みたのかもしれない。これは到底、鎌田一人の裁量ではない。世間の目をそらすために、情報操作を必要とする勢力がいたことは間違いない。前田玄以が鎌田に介錯された信忠の生害について、即座に備中の秀吉に報告したことは推して知るべし、である。

秀吉は信忠脱出の可能性を完全に消し去る必要があった。秀吉は、藤孝に家康主従の始末を任せた光秀とは異なる。秀吉は信忠を亡き者にしなければ、自身が破滅することを知っていた。信忠周辺で次々に起きる負の連鎖は、内通者・前田玄以の関与なくしては説明することができない。また、玄以が生き残ったことで、すでに壟断《ろうだん》されていた織田宗家は完全に乗っ取られた。

信忠の子・三法師は二歳ないし三歳であり、玄以の腹話術がものをいうことになる。清洲会議では秀吉が玩具で三法師を手懐《てなず》けたというような史料も確かにあるが、実際のところ、秀吉は玄以を通じて織田宗家を意のままに動かすことができたのである。

◆織田信澄の冤罪

もう一人、秀吉に狙われた人物がいた。織田家筆頭奉行人で大溝《おおみぞ》城主であった織田信澄である。当時、信澄は総大将の織田信孝、丹羽長秀、蜂屋頼隆などと共に四国遠征軍に参加していた。信澄は一族の要として織田家宿老の地位が約束されていた。「馬揃え」において信澄は、信長の嫡子・信忠、次男・信雄、弟・信包、三男・信孝の次に位置し、序列五位の地位にあった。信長には、信澄に光秀の地位と職責を継がせる目論見があったと考えられる。

しかし、光秀の謀反によって信澄は非常に不利な立場に追い込まれた。父は信長の弟・信勝

(信成《のぶしげ》)であり、信長は父の敵《かたき》である。しかも、信長は信澄に光秀の娘を嫁がせていた。『寛政重修諸家譜』は、信澄が父・信勝の家臣であった柴田勝家に養育されたとしている。一方で、信孝の烏帽子《えぼし》親も勝家であった。つまり、勝家は信孝の後見人であり、最後まで見捨てていない。そんな中、六月五日に大坂城の千貫櫓《せんがんやぐら》にいた信澄は、信孝と丹羽長秀によって殺害された(『細川忠興軍功記』)。信澄の最期について『宗及他会記』は、次のように記している。

　同六月五日　於大坂城中七兵衛《(信澄)》御しやうかひ《(生害)》、三七殿《(信孝)》、五郎左衛門《(丹羽長秀)》両人之為御覚悟之儀也、即首ヲ堺之北之ハシ《(端)》ニカケラレ候、七兵衛殿首、堀田弥次左衛門首、渡辺与右衛門首、以上三ツかけられ候、

　勝家にとっては、信孝が「山崎の戦い」で明智軍に戦勝し、父・信長の敵を討ったにも関わらず、無実の信澄を殺害したことで織田家中の信望《しんぼう》を失ったことは、大打撃となった。秀吉は信澄殺害を利用して信孝の論功をかき消したことになる。同時に、それは佐久間信盛の追放後、織田家筆頭家老となった勝家の地位の低下をもたらした。もちろん、最大の受益者は秀吉である。そこで、秀吉が信孝による信澄生害に関与していなかったかが、問題となる。
　ところで、信澄の当時の世評は総じてよいものであった。織田政権には批判的な多聞院英俊でさえ、卓越した人物と評している。天正十年六月五日の条では「向州(光秀)の聟《むこ》一段逸物

なり」と記している。英俊は「三七殿（信孝）・丹羽五郎左衛門・鉢《（蜂）》屋などの沙汰か」とした上で、「ただし雑説（風評）か」と記しているように、容易には信じなかった。その後「必定《ひつじょう》〳〵」として、信澄の生害を確認している。

同じ興福寺の『蓮成院《れんじょういん》記録』も、信澄生害について疑念を隠していない。この史料の十二日の条には「これは惟任御縁辺（女婿）これある故か、謀反御存知か、不審云々」と記されている。また、研究者の評価は分かれるが、秀吉方の史料には違いない『先祖武功夜話《ぶこうやわ》』も信澄を称賛している。「惜しむべき御仁」「才識ある御仁」「御連枝《ごれんし》（織田一族）中随一の公達《きんだち》」と記している。

この史料は、讒言《ざんげん》に従って信澄を殺害した信孝を同士討ちとして非難している。原文は「明智日向守に同心ある如くの讒言に迎合して」「誠に御家危急《おいえききゅう》の折柄大事《おりからだいじ》を打ち忘れ、同志討ちの浅ましきこと言い様なし。軽挙浮薄《けいきょふはく》なる事、天下後世にそしりを招く所以《ゆえん》なり」である。信孝と共に信澄を討った丹羽長秀も「以後面目失うは是非なき事に候」と批判している。ところが、信孝や長秀に信澄を殺害するように讒言したのは、彼らの主君である羽柴秀吉であった。

◆秀吉の信澄殺害教唆

『川角太閤記』は、秀吉が丹羽長秀に対して信澄と光秀が共謀していると主張したとしている。

この史料は「羽柴筑前守殿所より、丹羽五郎左衛門殿（長秀）へ御内証と聞え申し候、織田七兵衛殿（信澄）ハ日向守（光秀）と、おく意（真意）は、一味同心たるべきと存じ候」と記している。

この史料は、また秀吉は長秀に信孝と共に信澄を討つように進言し、「三七殿（信孝）と仰せ談ぜられ、七兵衛殿を御討ち果しなさるべきの事、御もっともに存じ候」といったと記している。それについては、秀吉自身が天正十年十月十四日付の幸田《こうだ》彦右衛門・岡本良勝宛の書状の中で、その真相を語っている（『秀吉文書』五〇三）。宛先の幸田と岡本は信孝の取次役である。

この秀吉の言質《げんち》は『川角太閤記』の記述を裏付ける。秀吉は信孝に援軍を派遣するつもりであったが、独力で信孝が信澄を討ったことをお手柄と誉めている。秀吉は信孝が自身の讒言に乗って信澄を殺害すれば、取り返しがつかない過誤《かご》になることを知っていた。秀吉は「大坂へ人を（援軍を）進上申すところ、すなわち御手柄をもって、七兵衛殿は討ち果たされ候」（同五〇三）と言い放った。しかし、これは信澄殺害教唆の自白である。

信長の三男・織田信孝は、秀吉の人質になっていた母・坂《さか》氏と娘を串刺しにされたあげく、後見人の柴田勝家は天正十一年（一五八三）四月二十四日に越前国北庄城《きたのしょう》で自害した。秀吉は「役に立つ愚者」とみなしていた兄の信雄に、弟・信孝の切腹を命じさせた。信孝は勝家切腹から十日も経ない五月二日に知多半島の内海で切腹した。信長の一周忌の一か月前のことである。源頼朝の父・義朝《よしとも》の故事にかけた信孝の辞世句は「むかしより主をうつみのうらなればむくいをまてやはしばちくぜん」であった。一説に自身の腸を掛け軸に投げ付けたという。

ところで、三河の幸田で松平家忠が信長の凶事に接したのは、天正十年六月三日の午後六時頃であった。さらに、信澄は無実であるとの情報を、家忠は、四日に帰還した家康主従から道すがら聞いていた。家忠は四日の条で「ミちにて七兵衛殿はセツ《(説)》候」と記している。「説」は噂に過ぎない、フェイクニュースと解釈できる。家康は「伊賀越え」の道中で情報を収集し、結論は、信澄は光秀に加担していない、であった。ところが、五日になって、信澄は信孝と長秀に討たれている。信澄が抵抗した形跡もないことから、騙し討ちであった。

『川角太閤記』は、秀吉と同じく、丹羽長秀も信澄を疑っていたとする。この史料の筆者は「五郎左衛門殿（丹羽長秀）も内々は、筑前守（秀吉）分別と同前なりければ」と記している。その上で、信澄が信孝や長秀に成敗されたことで、明智軍は鎮圧されたと記している。この史料は「さてこそ、明智軍ハおさまりけり」と結んでいる。

◆小早川隆景の情報操作

安国寺恵瓊と共に秀吉に内通した小早川隆景は、毛利家中に対して虚偽の内容の書状を送っている。たとえば、六月六日付の桂就宣《かつらなりのぶ》・岡元良《おかもとよし》宛書状である。隆景はこの書状の中で、信澄だけでなく、柴田勝家も謀反に加わったとしている。それには「京都の儀、去る朔日、信長親子打ち果て同二日において大坂三七（信孝）生害残るところなく候、七兵衛尉（信澄）、明智、柴田調儀をもって討果し候」（『山口県史』3「岡家文書」）と記されている。

確かに、勝家の一族には光秀に仕えた柴田勝全《かつまた》がいた。勝全の室は斎藤利三の娘である。しかし、隆景が記した「柴田」とは勝家のことである。毛利家中の者が聞けば、誰もがそう思うであろう。後でわかれば、隆景は勝全のことであったと弁解するつもりであったかもしれない。隆景は、六日の段階で六月二日に信孝が戦死し、勝家も光秀に加担したという、フェイクニュースを配下の武将たちに流していた。彼らは隆景の言質を信用し、騙されたに違いない。

また、隆景は情報を故意に捻《ね》じ曲《ま》げた証拠を、この文面の中に残している。六月四日の講和交渉成立では、毛利家内では矛盾をきたすことから、光秀謀反を一日繰り上げて「朔日」にしている。これらの情報操作は、隆景と秀吉の共謀を裏付ける。さらに、信孝は信澄、光秀、勝家によって討たれたとしている。この伝え方では信澄が主犯となる。信孝と勝家は、秀吉の次のターゲットであった。六月六日の段階で隆景は、秀吉のグランドデザインを先取りしていたことになる。

この時代においても、人間は最初の情報が刷り込まれる。さらに、情報を更新し修正する機会は現代よりも格段に少ないことから、その罪は重い。しかも、隆景がこれまで裏付けのない情報を、味方に対してみだりに流すことはなかったと考えられるので、効果は大きい。毛利氏と京都のパイプは太く、安国寺恵瓊は東福寺や南禅寺の住持を歴任し、長らく毛利氏の下にいた聖護院道澄から何の連絡もなかったとは考えにくい。したがって、隆景は故意に悪質なフェイクニュースを味方に流していたことになる。それは疑う余地がない。

ところで、六月三日の夕方に、三河の松平家忠に織田方の大野から届いた情報も、光秀と信澄の謀反であった。越後にも信澄と光秀の謀反が伝わった。「直江兼続《なおえかねつぐ》宛湯原国信《ゆはらくにのぶ》書状」は「織田七兵衛、ならびに明地（明智）その他面々七首（七将）色替え（謀反）下京にいたり、信長滅亡、必然の仕合せ」（『大日本史料』十一之二）と記している。

また、東国においても「御同名七兵衛殿・惟任両人の謀反にて安土・京都正体を失い候」（『群馬県史』資料編7　三一三九）とする情報が流れた。この怪情報は、畿内全域のみならず、全国一斉に流された。拡散《かくさん》された情報が「明智光秀の乱」ではなく「明智光秀・織田信澄の乱」であれば、計画的な情報操作があったとみなさなくてはならない。

本来は、大村由己が『惟任退治記』で記しているように、「惟任合体の侍」とは藤孝のことである。それは当時の畿内周辺の支配層の共通認識であった。ところが、蓋が開いた途端に「惟任・長岡別心」が「惟任・信澄別心」に変わっていた。そして、「明智光秀の乱」前では、想定内であった「惟任・長岡別心」と記す史料は現状、全く見当たらないのである。

◆光秀の信澄追い落とし計画

丹羽長秀に信澄謀反の情報を伝えたのは、秀吉だけではなかった。「丹羽家譜伝」は「信澄与力朽木河内守《くつきかわちのかみ》・吉武《よしたけ》治右衛門ひそかに公（丹羽長秀）に密計を告ぐ」と記している。この史料は、信澄と共に「四国征伐」に与力として従軍していた朽木河内守と吉武治右衛門が長秀に信澄の謀反を密告したとする。

朽木河内守は、近江国高島郡朽木の朽木元綱《もとつな》のことである。元綱は、義輝の代に守護の次に格式が高い「外様衆」であった朽木一族の惣領である。元綱は天正十八年（一五九〇）十一月に秀吉の執奏《しつそう》で従五位下・河内守と豊臣姓を授かった。元綱の叔父三人のうち、藤綱《ふじつな》と輝孝《てるたか》は「部屋衆」として室町幕府に出仕し、成綱《なりつな》も「奉公衆」として義輝・義昭に仕えた。なお、吉武治右衛門は、『高島郡誌』によれば、本姓は饗庭《あえば》氏としている。饗庭氏は伊勢氏に近い湖西の国人である。

朽木・吉武は共に、天正元年（一五七三）七月の足利義昭の出奔に従わなかった。湖西に残った両者は高島郡を一職支配（管轄）した信澄の支配下に属したと考えられる。このように、信澄の家臣となった湖西の国人たちは光秀と近く、その人脈にも通じていた。光秀にとって最大の脅威は、寄せ集めとはいえ大坂城周辺の信孝の四国遠征軍であった。

光秀が信澄謀反を吹聴して四国遠征軍を攪乱《かくらん》し、これを無力化させる理由はあった。光秀が朽木や吉武に信澄加担を丹羽長秀に密告するように指示しておくことは想定内ともいえる。秀吉も自分が畿内へ戻る前に、四国遠征軍が明智軍と一戦を交えて勝利するようなことがあれば、計画が破綻しかねないことから内紛《ないふん》を起こさせる必要があった。

秀吉、光秀双方共に最も恐れた事態は、家康とその家臣団が四国遠征軍に駆け込んで合流することである。四国遠征軍が堺で陣を設営することは、是が非でも回避させせなければなければならなかった。それは、双方の意を汲んだ、津田宗及が千宗易の代役を引き受けることで事前に阻《はば》むことに成功していた。

ところで、「丹羽家譜伝」は、丹羽長秀の出陣の機会を捉えて信澄が明智軍と合流し、挟み撃ちにする魂胆であったとしている。この史料は「信澄、長秀の出軍を時とし、戦うに伊丹の一揆を大坂に徴集し、長秀、光秀と戦うにおよんで、これをして挟撃せんと欲す」と記している。この家譜は、通報した人物を長束正家《なつかまさいえ》としている。正家は後に豊臣政府五奉行の一人となる。「丹羽家譜伝」は「時に長秀の老臣長束藤兵衛正家その密謀知り、使いを駆けさせて一報を森口（現・滋賀県守口市）の（丹羽長秀）に送る」と記している。

大混乱の中で、丹羽長秀や信孝の下には「信澄謀反」の情報が、秀吉側と光秀側の双方から押し寄せていた。光秀と秀吉の両者は、四国遠征軍内の疑心暗鬼を利用して内紛に導いていった。光秀の策略は、藤孝を通じて秀吉に流れていた。秀吉は、それに便乗すればよかった。信澄殺害の決め手となったのは、秀吉の進言と長束正家の注進であったと考えられる。同時に、四国遠征軍は独力で明智軍と戦うことが不可能となった。

◆秀吉の「起請文」

天正十年六月五日付の茨木城（現・大阪府茨木市）主・中川清秀《きよひで》宛秀吉書状の中で、信長の側近・福富秀勝《ふくずみひでかつ》の活躍で信長・信忠親子は膳所《ぜぜ》（滋賀県大津市）に逃れて無事であるとの虚偽の報告をしている（『秀吉文書』四二四）。清秀は摂津の有力国人である。清秀の子・秀政には信長の娘が嫁いでいた。なお、清秀は、光秀と共に「西国出陣」に参加することになっていた。

上様（信長）ならびに殿様（信忠）いずれも何も御別儀なく、御きりぬけなされ候、ぜぜか崎（近江《おうみ》国膳所《ぜぜ》）へ御のきなされ候（退いた）内に福平左（福富秀勝）三度つきあい、比類なき働き候て、何事なきの由、まずもってめでたく存じ候。

秀吉はこのデタラメな書状とは別に、六月五日付の「起請文」（同一九六）を清秀に差し出している。この文書は、天正七年（一五七九）六月五日付とされてきたが、同十年の誤りである。

公儀《こうぎ》（信長）御疎略《ごそりゃく》なき体《てい》、なかなか申すばかりなく候条、向後（今後）は兄弟の契約申し定め候、しからば本知（本領）の儀は申すに及ばず、河内国・摂津□□の郡の儀申し上げ進《まい》らすべく候、このごとく申し談《だん》ずるの上は、いささかもって表裏・公事《くじ》抜くことあるまじく候者なり、もし偽りこれあるにおいては、かたじけなくも日本国中大小神祇《じんぎ》、八幡大井・愛宕《あたご》・白山の御罰《ごばち》を被《こうむ》るべきものなり、よって件《くだん》のごとし、

羽柴藤吉郎

六月五日　（花押）

中川瀬兵衛尉殿

この中川清秀宛の秀吉による「起請文」は、デタラメな秀吉書状の内容を前提にしている。信長・信忠が他界して三日が経過した後で、秀吉は、河内一国と摂津の一郡の宛行《あてがい》を信長に申請すると約束しているのである。秀吉がこの段階で本領安堵、ましてや国を与えるなどという言質を清秀に与えたことは完全な越権行為である。実際は、信長に推奨《すいしょう》するという意味でも同じではあるが、この「起請文」は、いずれにしても信長が生きていることにしないと成立しない内容である。そこで秀吉は帳尻を合わせるために、信長生存説をでっち上げたのである。もとより秀吉は、この起請文を守る気などさらさらなかった。

また、「兄弟の契約申し定め候」として兄弟の契りを約束しているが、これも同様である。案の定、清秀は「賤ヶ岳《しずがたけ》の戦い」で捨て石にされて落命《らくめい》した。そこで落命しなければ、秀吉は次の方法を考えたに違いない。筒井順慶と同様、秀吉にとって清秀は、当座の存在にすぎなかった。約束を交わした当事者が死亡したため、河内一国と摂津一郡の話は反故になった。子の秀政は、摂津国茨木城を相続し、その後、播磨国三木に加増転封された。

ところで、中川清秀宛の起請文には、秀吉の花押が加えられていたが、天正十年六月四日に取り交わした毛利氏との起請文には、それに加えて血判が押されている（『秀吉文書』四二二）。毛利氏宛の「血判起請文」は実質的には小早川隆景宛であった。

もう一つ、秀吉の血判が押された「起請文」がある。同年七月十一日付の長岡（細川）藤孝・忠興宛の「起請文」である（『秀吉文書』四五八）。これは原本が残っており、秀吉の血液型がO型であることが判明した。また、重要なことは、他の諸大名に先んじて、藤孝が秀吉からの恩賞を最も早く受け入れたことである（同四五九・四六〇）。これは信長亡き後、約四十日で秀吉と藤孝の間で形式的ではあっても主従関係が成立したことになる。秀吉は忠興に丹後国の明智領二万石と矢野領五千石を与え、その内三分の一は家老の松井康之に与えるとした。しかし、賢明な藤孝は秀吉に余分な借りを作れば、逃げたい時に逃げられなくなることを予期して、九月に一色五郎を騙し討ちにして自力で丹後一国を平定した。

なお、「起請文」の内容は「別して入魂《じっこん》申し上げ候わば、表裏、公事《くじ》を抜くことなく、御身上《ごしんじょう》見放し申すまじき事」とした上で、「存じ寄るの儀、心底に残さず（忌憚《きたん》なく）御ためによき様に、異見申すべき事」というものであった。なお、『秀吉文書』（一）を参照すると、藤孝と同じ大名級の織田家部将で、秀吉による知行宛行状の初見は、天正十一年十一月十三日付の稲葉一鉄（良通）宛の目録である。

この「血判起請文」には、両者の敵については共同して対処するとした一条もある。秀吉は「自然中意の族《じねんやから》（両者を阻害する者）これあれば、互いに直談をもって相すますべき事」と記している。そもそも光秀与党とみなされた藤孝が、秀吉に「血判起請文」を差し出すのではなく、恩賞を与えた側が出すというのは主客が転倒している。

この論理矛盾は、秀吉がキング（関白）で、藤孝がキングメーカーという構図があるからである。この関係は「複合謀反」計画とその過程の中で成立したものである。秀吉を中心に形の上では、頭を丸めて幽斎《ゆうさい》と号した藤孝と隆景の三者が実質的に豊臣権力の中核となる。

また、長岡親子宛の血判起請文を作成した秀吉の右筆は、信長から主人を秀吉に変えたばかりの楠《くすのき》長諳《ちょうあん》であった。なお、鑑定したのは、故・染谷《そめや》光廣《みつひろ》東京大学教授である。

一方、六月九日に光秀は吉田兼見邸にまでわざわざ出向き、藤孝宛の「覚条々」を里村紹巴に託したが、この中で摂津と若狭を藤孝に分け与えるといいながら、これは覚書であり、いわば「明智メモ」にすぎない。もし光秀が本気で藤孝を説得しようとしたならば、血判であるかはともかく、秀吉と同様「起請文」形式にする必要があった。

◆正親町帝のモグラ・細川藤孝

熊本藩の正史である『綿考輯録』は、藤孝が天正八年（一五八〇）三月十八日に従四位下侍従に任官したとしている。この史料は「天正八年三月十八日、叙従四位下侍従に任じられる也」と記している。

この史料以外に、この正規の任官を裏付ける史料は、今日まで発見されていない。「御供衆」の四品は珍しくないが、信長や義昭が藤孝を推挙した事実がないことから、天皇による室町幕府の中核的存在である「御供衆」の一本釣りは、正に世も末ということになる。しかも、室町時代の武家の「侍従」は、木下聡《さとし》東洋大学准教授によれば、足利義政と大内義隆の二人しかいないとし、義隆の任官を前代未聞と述べている。

果たして、藤孝は自称「従四位下侍従」なのか。この官職での「僭称」もあり得ない。ところが、藤孝の任官の事実は、『兼見卿記』別本の天正十年一月十一日の条によって裏付けられる。それには「出頭長兵（藤孝）、同道まかり出でせしめ、まず禁裏参る、（衣冠万里小路これ着る）参内、御対面、御礼申し入れおわんぬ」とある。兼見と藤孝は、万里小路充房《までのこうじみつふさ》邸で衣冠《いかん》を整えて参内した。その後、兼見は他の公家に挨拶回りに行っている。

藤孝がそれに付き合うとは考えられない。藤孝は、正親町帝との密談を続けるため、内裏《だいり》に残ったとみなされる。藤孝は参内するために、殿上人である従四位下侍従への任官を必要とした。正親町帝は日蓮宗の四人組に四品や同格の上人号を与えたように位階に特にこだわった。

その前日の十日の条で兼見は、藤孝が光秀と坂本で会っていたと証言している。兼見は「長岡（細川）兵部大輔、坂本より上洛の次第」と記している。藤孝は一月十日に光秀が謀反の決意を固めたことを確認した。そこで、藤孝は坂本から上洛した翌日に参内し、その後の計画を天皇に直接、報告して叡慮《えいりょ》を得た。後は、藤孝と秀吉の任意である。

しかも、一月十三日に兼見は「今朝山崎へ下向うんぬん」として、藤孝が山崎へ向かったと記している。「山崎の戦い」の五か月前である。数か月後に予測される戦場の下見は不可避である。戦略的に摂津方面から京都へ進撃する際、山崎は京都防衛の最終防衛ラインとなるからである。秀吉は備中で毛利氏と対戦しており、山崎の地へ行くことはできない。藤孝が見に行く必要があった。藤孝も丹後宮津に居城を移したことから、戦場を見る機会は限られていた。戦場視察は冬でなければならない。冬枯れの季節でなければ、地形を読むことはできない。

慶応四年（一八六八）一月三日の「鳥羽・伏見の戦い」も、この周辺地域であった。いずれも王朝勢力が勝利した。この地は足利・徳川両幕府の墓場となった。室町幕府の最高幹部であった「御供衆」長岡（細川）藤孝は、六波羅探題の最高幹部・伊賀兼光《いがかねみつ》や小田時知《ときとも》と同じく「王朝のモグラ（天皇の意向を受けた代理人）」であった。たとえ、その本性が暴かれたとしても、藤孝は「足利尊氏も鎌倉幕府と北条氏を裏切って後醍醐帝に寝返り、六波羅探題を襲ったではないか」と反論するに違いない。

◆将軍の落胤《らくいん》　細川（長岡）藤孝と三條西実澄

『綿考輯録』によれば、藤孝は十二代将軍・足利義晴の長男であったが、庶子のため母と共に「部屋衆」の三淵晴員《みつぶちはるかず》に払い下げられたとしている。同様の伝承を「築山家記」「中山宗俊覚書」「三淵家譜」なども伝えている。藤孝も生前に義晴の子であることは否定したことはなかった。

この史料は「幽斎様（藤孝）実は公方義晴卿の御子也」と記す。舟橋（清原）家の説として「（清原）宣賢《のりかた》の娘を将軍義晴公の妾《めかけ》として一子あり、与一郎と称す、これを三淵晴員に妾とともに賜ふ。先妻死せし跡なり、これによって藤孝威名（評判）これありと云々」と記している。

藤孝は天文三年（一五三四）生まれで、信長とは同い年であった。義晴は三淵家から家格の高い淡路守護家の養子として長男の藤孝に継がせて「御供衆」とした。義晴は正室・近衛氏を母に持つ弟の義輝と足利幕府を支えるように取り計らったと思われる。三淵晴員は当座の仮親にすぎなかった。父・義晴の野望は、足利氏と近衛氏が合体して、新たな権威を創出することであった。これを「足利・近衛体制」というが、正親町帝はこれに激しく反発した。

折しも天正十年五月十九日の義輝の命日に、藤孝の母・清原氏が亡くなった。藤孝には弟・義輝との圧倒的な身分差ばかりではなく、払い下げられた母親を見るにつけ、幕府と武家社会への嫌悪をつのらせた思春期があったのかもしれない。

藤孝が和歌を通じ、王朝社会への憧憬《どうけい》から三條西実澄《さねずみ》を通じて、方仁《みちひと》親王（正親町帝）の王政復古運動に転じたことは想像にかたくない。天皇になる前の方仁親王であれば、敷居は低い。方仁親王と藤孝は、政治的に反「足利・近衛体制」で共鳴していたとみなされる。

正親町帝の即位後は、藤孝は三條西実澄などを介して接触していたとみられる。しかし、実澄は天正七年（一五七九）一月に死去し、計画も進展していたことから、藤孝が従四位下侍従に任官した理由にもなり得た。三條西実澄と藤孝の親密すぎる関係は、目撃されている。『尋憲記』の天正二年（一五七四）二月十八日の条には、藤孝が光秀からの書状を実澄にそのまま見せたことが記されている。原文は「信長陣の様態、明智十兵衛尉より兵部大夫（藤孝）書状来る、大夫、三西（実澄）の御前にて披見申し候」である。これは尋憲が意外に感じたことから書き留めたものである。

同年六月十七日に実澄は、『古今集』の解釈の秘伝である「古今伝授」を勝龍寺で藤孝に授けた。これは源実朝が『新古今集』を編纂した後鳥羽上皇に畏敬《いけい》の念を抱き、接近していった構図に似ている。実朝は征夷大将軍でありながら、王朝文化にあこがれて官位昇進と和歌の世界に埋没した。

一方で、藤孝は実朝とは異なり、現実主義者であった。後鳥羽上皇も後醍醐帝も、個々の武士を直接掌握《しょうあく》しようとした。藤孝と秀吉は、天皇と関白が一体化することで、間接的に武士階級の天皇支配を実現した。幕府は廃止されて、守護など武家独自の地位は王朝国家の官職に一元化された。思えば、永禄十一年（一五六八）九月二十六日に信長が入京した際、御所を警備したのも藤孝であった。『お湯殿の上の日記』は「みつふちきやふふのたゆふ（三淵《みつぶち》兵部大輔《ひょうぶたいふ》・藤孝）みょうばん《（明晩）》まいらせて。おたの《（織田）》のつかさ《（司）》おほせつけられ。御けいこかたく申しつけられ」と記している。

足利義晴は、後の世の話となるが、徳川秀忠の庶子で兄・家光と烏帽子《えぼし》親を務めた家綱を幕閣で支えた保科正之《ほしなまさゆき》のような役割を、藤孝に期待したと思われる。ところが、義輝の庶兄であった藤孝は真逆の道を選んだ。藤孝は秀吉と共謀し、室町幕府を滅亡させ、正親町帝の王政復古運動を主導した。ここでは詳しく記さないが、藤孝は義輝時代にも暗躍していた。

◆二つの『兼見卿記』と検使・津田越前入道

秀吉と藤孝の「複合謀反」は見事に成功した。しかし、「天正十年六月政変」には、事前準備があったことを示す、確かな痕跡を残した。それは新史料ではなく、オープンソースである『兼見卿記』に記されている。すでに述べたように、この日記の天正十年正月から六月十二日までは、原本の「別本」と書き替えた「新本」があるが、その比較によって動かぬ証拠が判明する。相手はいずれも大物である。状況証拠だけでは、ドアを蹴破《けやぶ》って踏み込むことはできない。

吉田兼見が「新本」を作成した理由は、六月十四日に織田信孝の検使《けんし》と称する津田越前入道《にゅうどう》が兼見邸に現れたからである。越前入道は、光秀から禁裏や五山、大覚寺などに対して銀子を進上した件を「曲事」として詰問《きつもん》した。兼見は一々弁解に努めたが、この検使は納得しないまま帰京した。

原文は「津田越前入道来たると云ふ。今度日向守（光秀）当所へ来る。禁裏（朝廷）その他五山（別格南禅寺・天龍寺・相国寺・建仁寺・東福寺・万寿寺）へ銀子配分の儀、今度御陣所とりどりその沙汰、曲ごとの旨なり」である。驚いた兼見は、検使の指摘を裏付けることになる日記の没収を恐れて改竄《かいざん》した。なお、兼見は「明智光秀の乱」後、四回にわたって光秀と対面している。兼見は光秀と朝廷の窓口であり、取次役ともいえる存在であった。

これまで同じ期間に二つの日記が作成された理由については、「新本」では「惟任日向守謀反を企て」と批判的に記し、「別本」では粟田口まで兼見が光秀を出迎えたことなどが削除されるなど概して光秀寄りの記述を中立ないし信孝や秀吉寄りに書き改めたとされてきた。

ところが、金《かね》子《こ》拓《ひらく》東京大学史料編纂所教授は、この通説を批判し、書き換えの目的は本能寺の変の関与とは全く関係ないとした。金子氏は、兼見が「新本」を書いた時点で「別本」を焼くなどして証拠隠滅を図らなかったことや、光秀との関係を新本でも積極的に否定していないことを指摘した上で、結論として別本は下書きであり、六月十二日分で偶然紙がなくなったにすぎないとした。

これに対し、清水康二奈良県立橿原考古学研究所指導研究員は、金子説を批判した上で『兼見卿記』の元亀年間（一五七〇〜七三）の紙背文書（裏紙に書かれた文書）に天正五年（一五七七）九月から同九年十月頃の書状が使われることが最近判明したことから、元亀元年から天正十年にかけて改竄があったとした。その契機になったのが、津田越前入道の難詰《なんきつ》であったとした。確かにこの史料の天正十年の前半部分は改竄であるが、それ以外については改竄とは断定できない。兼見本人が紙の傷みや貸借などの理由でまとめ書きしたこともあり得るからである。

兼見は津田越前入道が信孝の使者であることを疑わず、直ちに誠仁親王に面会し、信孝から検使が来たことを報告した。兼見が当初、信孝の検使を深刻な問題と捉えて動いたことは間違いない。もし日記が押収されるようなことがあれば、兼見は自身のみならず、親王や関わった公家にも災厄がおよぶことを危惧《きぐ》することは当然の反応である。誠仁親王も兼見同様、事の重大性を認識し、信孝に大納言・柳沢淳光《あつみつ》を派遣して真偽を確かめている。

光秀と朝廷のやり取りを知り得る人物は、天皇と親王、一部の公家と光秀とその側近だけである。兼見にとって、この段階で信孝方に秘密が漏れたことは意外であった。朝廷の中にリークした者がいたのか、六月九日に兼見邸を訪問した里村紹巴か、その周辺が漏らしたものなのか、それがわからないため、兼見はいっそう不安に思ったに違いない。

ところが、信孝もこの報告を聞き、驚いたのである。信孝は自身が命令した事実はなく、津田越前入道の身柄を確保するようにとの返信が、当日に兼見に宛て出された。この書状は『兼見卿記』に写本されている。

津田越前その方に対し難題申しかけるの由候、我等そもそも（信孝）申し付けず候、何の輩申しかけ候か、所詮《しょせん》その者から め捕り、その者あげられべく候、もし異議に申しつくべく（※字の欠損）、恐々謹言

六月十四日　　三七信孝

吉田神主殿

また、兼見は施薬院全宗《せやくいんぜんそう》にも善後処置を相談した。全宗は秀吉に近侍した医師であり、信長に焼き討ちにされた比叡山の僧で、里村紹巴の連歌会のメンバーである。全宗は、心配することはないとし、秀吉にその旨を申告するようにと助言した。両者は秀吉の奉行人・桑原貞也《くわはらさだなり》に

使者を派遣した。桑原は信孝の命ではなく、津田越前入道の一存であるとした。原文は「最前の御使越前入道は、三七殿（信孝）の義あるべからず、私の存分なすべきなり」である。文脈からすると、桑原貞也は、津田越前入道が誰であるか知っており、この人物と信孝には接点がないことも知っていたと考えられる。

信孝は六月十九日に光秀からの献金銀百枚の没収を大徳寺に命じている（『大徳寺文書』三一三）。また、六月二十二日に兼見は松井友閑と信孝に光秀からの献金について弁明しているが、「山崎の戦い」の翌日であり、残敵掃討などで多忙を極めた信孝が光秀の献金について知ったのは、六月十四日の誠仁親王からの津田越前入道に関する問い合わせであったと考えられる。

信孝の名を騙ることとさえなければ、朝廷や五山などとのやり取りを何者かが津田越前入道にリークし、義憤《ぎふん》にかられて兼見邸を訪問したようにも思われる。ところが、この人物は、日記を押収せず、金銭のやり取りもなかった。勝手に名を騙られた信孝が激怒するのも無理はなかった。一体、この津田越前入道なる人物は何しに来たのか。

これまで筆者は、実際は、信孝の密命があって津田越前入道は、兼見邸を「がさ入れ」し、秀吉の圧力によって、それが覆《くつがえ》されたと認識していた。秀吉が信孝の命を覆したと解釈したのは、誠仁親王や柳原淳光などの公家衆も同じだったのではなかったのか。六月二日に信長親子が切腹し、光秀も負死したという状況下で、次の権力者の中心が「山崎の戦い」の総大将・信孝なのか、備中から駆け付けた秀吉なのか、正親町帝と一部の公家以外は知る由もなかった。

秀吉は、信長に代わる新しい権力者が自分であることを、公家社会に知らしめる必要があったことは確実である。それは早ければ早いほどよいはずである。その一つの手段として、津田越前入道は、信孝ではなく秀吉の意向に従って一芝居打ったと考えられるのである。

◆吉田兼見の供述と連歌師・里村紹巴

長岡（細川）藤孝と吉田兼見の関係は深い。藤孝が三淵姓から細川姓になったのは六歳の時であった。養子先は山田康弘博士（学習院大学）が提唱した細川刑部説が有力である。兼見と藤孝は従弟であった。兼見の父・兼右《かねみぎ》は、清原宣賢《のぶかた》の子であり、藤孝の母はその娘であった。藤孝は一色五郎を殺害した後、寡婦《かふ》となった娘・伊予を兼見の息子・兼治《かねはる》に嫁がせた。

結果的に兼見の日記は二冊とも残った。吉田家は「神使い」ともいわれた神道の大家である。神道では、「正直という徳目が神に相対したとき最も重要な態度」とされている。従って、方便そのものは許されるが、神に対して、正直にその事実を申告する必要があった。個々の史料の性格は無視されがちであるが、この日記は、著者が神官であったことが、願望や恣《し》意的解釈を記すこともある多聞院英俊の『多聞院日記』に比べて信憑性が高い理由となり得る。

当初、記された別本には第三者には絶対に見せたくない秘密が隠されているのではないのか。

『兼見卿記』別本
六月二日、戊子、早天自丹州惟任日向守、信長之屋敷本應（能）寺へ取懸、即時信長生害、同三位中将陣所妙見（覚）寺へ取懸、三位中将二条之御殿、此御所へ引入、即以諸勢押入、三位中将生害、村井親子三人、諸馬廻等数輩、打死不知数、最中親王御方・宮・館女中被出御殿、上ノ御所へ御成、新在家之邊ヨリ、紹巴荷輿ヲ参セ、御乗輿云々、本應寺・二条御殿等放火、洛中・洛外驚騒畢、悉打果、未刻大津通下向、予、粟田口邊令乗馬罷出、惟日（光秀）対面、在所之儀萬端頼入之由申畢、

『兼見卿記』新本
六月二日、戊子、早天当信長之屋敷本應寺而放火之由告來、罷出門外見之処治定也、即刻相聞、企惟任日向守謀反、自丹州人数取懸、生害信長、三位中将為妙覚寺陣所、依此事而取入二条之御殿、即諸勢取懸、及数刻責戦、果而三位中将生害、此時御殿悉放火、信長父子・馬廻数輩・村井親子三人討死、其他不知数、事終而惟日大津通下向也、山岡館放火云々、右之於二条御殿双方乱入之最中、親王御方・若宮御両三人・女中各被出御殿、上之御所へ御成、中々不及御乗物躰也、

それは当時、見る人が見れば、容易に見破れる内容であり、兼見は書き換える必要に迫られた。実見する側で最も注意しなければならないのは、虚偽記載である。それは後で作成した新本と原本である別本を比較することで判断できる。兼見が最も隠したかったのは、あの六月二日の記録である。それは新本では完全に消えた里村紹巴の当日の行動記録である。

親王の二条御所は、現在の京都市中京区二条殿町付近である。二条御所から禁裏までは遠回りしても二キロに満たない。しかし、そこは爆心地《ばくしんち》であった。六月二日の別本では、里村紹巴が誠仁親王と若宮御両三人を、二条御所（下御所）から禁裏に荷輿《にこし》を用意して避難《ひなん》させたとする。若宮たちの中には後陽成帝となる第一皇子の和仁《かずひと》親王もいた。

輿に乗って二条城を脱出する誠仁親王一家

重大な問題は、誠仁親王一家が紹巴の用意した荷輿で逃亡したとする箇所である。ところが、新本では乗り物はなかったと書き換えている。さらに、紹巴の名さえ消えている。一見、些細な嘘のようにも聞こえるが、明確な虚偽記載である。兼見の勘違いでは説明がつかない。兼見自身が意図的に当初の日記を改竄したのである。もちろん、六月十二日で途切れる理由も紙がなくなったわけではない。

原本（別本）は「新在家《しんざいけ》（京都市上京区）の辺りより、紹巴荷輿を参せ、輿に御乗り云々」と記している。新本は「中々御乗物躰には及ばず也」と変更している。この日記を活字化した史料編纂所本の注も別本は「誠仁親王禁裏に御避難、紹巴途次にて荷輿を進む」と記し、新本は「誠仁親王和仁王等徒歩《かち》にて脱出し禁裏に御避難あり」としている。

なお、荷輿は一般人用の輿とされているが、兼見がどのような意味で使ったか、不明である。地下人《じげにん》（一般人）である里村紹巴が用意した輿であることから、荷輿といったのかもしれない。親王一家が粗末な荷輿で逃亡したとすれば、危険である。外は修羅場《しゅらば》で鉄砲や弓矢が飛び交っている。誤射もあり得た。いずれにしても、親王にふさわしい体裁を整えた輿でなければならない。

また、親王一家の脱出について、あらかじめ紹巴は光秀と話を付けておく必要があった。明智軍の護衛も必要とした。誠仁親王と織田政権との関係は深く、信忠や五男の勝長が隠れていることもあり得た。里村紹巴が光秀の反乱計画を事前に知っていたことはいうまでもない。

◆天正十年六月二日の長岡(細川)藤孝

紹巴が親王一家用の荷輿を用意していたことは、場当たり的になし得るものではない。もとより紹巴は二条御所に輿がないことを知っていた。『日々記』によれば、二条御所には、親王と若宮(後陽成帝)、二宮(空性法親王)、五宮(興意法親王)、ひめ宮(三人か)、正室の阿茶の局がいた。ひめ宮たちは幼く、乳母が帯同していたと考えられる。その他、女房衆もいたことから、数台の輿と熟練した担ぎ手を相当数集める必要があった。そもそも著名な人物だったとはいえ、無位無官の一連歌師が親王一家に輿を用意することは分不相応で理解に苦しむ。藤孝の手下である紹巴が次々に起こることを的中させて走り回っているのに、主人の藤孝が何も知らなかったでは通らない。「手が、勝手にやってしまった」という理屈は今も昔も通用しない。

その上、兼見は紹巴が内裏の西に位置する新在家からやって来たとする。この地域は日蓮宗徒の居住地域である。兼見のいう荷輿が、隠されていた場所が新在家であれば、資金は日蓮宗徒が拠出したとみなされる。このことからも、親王一家のために作られた相応の輿であったと考えられる。

新在家を含む上京は、義昭に味方して上納金を渋ったために、元亀四年(一五七三)四月に信長は焼き討ちにし、焼け野原にされた。天正七年(一五七七)五月の「安土宗論《しゅうろん》」で日蓮宗徒は弾圧・迫害されており、これは織田政権へのレジスタンス運動の一環であったとみなされる。

家族を危険に晒すことになった誠仁親王は「明智光秀の乱」も「複合謀反計画」も知らされ

ていなかったことになる。正親町帝は誠仁親王を信用していなかった。朝廷内は決して一枚岩ではなかった。ある意味、信長の死後、豊臣政府の創成期において誠仁親王が最大の抵抗勢力であった。その存在は天皇と関白の一体化による「公家一統」の国家体制に矛盾する。親王の行く末に大きな不安を感じざるを得ないのはそのためである。いずれにしても、皇統継続のため、親王と皇子たちの救出は、帝が課した藤孝への絶対命令であった。

六月二日に参内した従四位下侍従・長岡（細川）藤孝は、内裏にいた。そこは安全で隔離された隠れ家である。藤孝が誠仁親王一家の救出作戦を連歌師に一任させることはない。そんなことは絶対に正親町帝が許容しない。藤孝も秀吉も天皇に対してのみ責任を持つ。藤孝は内裏で紹巴をはじめ米田求政・津田宗及を指揮していた。そこには従四位下河内守楠長諳もいたかもしれない。たとえ光秀が藤孝を内裏で発見したとしても踏み込むことはできなかった。

◆将軍京都不在の天正年間

信長を更迭した正親町帝は、十七年前の永禄八年（一五六五）五月十九日に足利義輝を弑逆《しいぎゃく》した実行犯の一人、従四位下三好日向守長逸《ながやす》を二日後の二十一日に参内させ、小御所の庭で「御酒」を下賜した（『言継卿記』同日条）。黒も白もない黒である。しかし、惟任日向守光秀は招かなかった。光秀が無位無官であることと、それほど長くないことを知っていたからである。

さらに驚くべきことに、正親町帝は、前代未聞の恣意《しい》的な改元延期を行っている。義昭政権の自滅を機に、信長が申請してはじまった天正という時代は、永禄・元亀よりも戦乱は激化した。天正十年には光秀謀反によって織田政権は瓦解《がかい》し、室町幕府を支えた補完勢力は「山崎の戦い」で解体されたことで滅亡した。天正十三年（一五八五）七月には、信長の一部将にすぎなかった羽柴秀吉が関白になるという、空前絶後の出来事もあった。同年十一月二十九日には史上最大級の内陸地震が列島中心部で起きた（天正地震）。天正十六年（一五八八）正月に、義昭は征夷大将軍を辞して官職も廃された。

このように改元の事由には事欠かなかったが、正親町帝は断固として改元を行わなかった。まだ続く。皇嗣《こうし》の誠仁親王が天正十四年（一五八六）七月二十四日に三十五歳という若さで急死するという異常事態もあった。正親町帝が譲位したのは、同年十一月七日であり、孫の後陽成帝（十五歳）が即位したのは同年十一月二十五日である。孫が一世代飛び越えて即位しても、代替わりの改元はなかった。

後陽成帝の即位礼は、正親町帝が譲位した二週間後の同月二十一日のことである。正親町帝の即位礼は、財政的な理由により三年後のことであった。しかし、これでも朝廷の財政事情が劇的に好転したことの現れであった。天正から文禄へ改元は、天正二十年（一五九二）十二月八日であった。正親町上皇の崩御は、翌年の文禄二年（一五九三）一月五日である。「治天の君（治世者）」は、前後不覚になるまで正親町院であった。天正は前近代における事実上の「一世一元制」（同一天皇一元号）といえる。

天正十七年（一五八九）十一月二十四日付で秀吉は、伊勢北条氏に対して宣戦布告をしたが、その中で「帝都に奸謀を企て」としているように、京都を「帝都」と呼んだ。そればかりではなく、秀吉は比叡山の再興、日蓮宗徒の開放、そして秀吉家臣に信者が多く、中途半端となったが、キリスト教を禁教にしたように、信長の宗教政策を否定した。

織田政権が存続していれば、これらの政策変更は不可能であった。天正という元号は信長が改元を申し入れたものである。出典は老子の「清浄《せいじょう》なるは天下の正（長）となる」によるが、この元号の長《おさ》は正親町帝であった。しかし、清浄とは異なる。それは天正十年六月の織田・足利新旧武家政権の相殺によって成し遂げられた、王政復古であった。

この矛盾を豊臣政府は内包《ないほう》していた。天皇は、原理的に祭政一致にもとづく国家的王権の主催者である。一方、征夷大将軍は東国を基盤とし、武家階級による社会的権力を源泉とする王権であった。豊臣政府は「天正十年六月政変」で、征夷大将軍と東国国家を名目的に廃絶し、「公家一統」の国家体制を成立させた。

豊臣政府の成立は決して他力本願などではない。帝が卓越した政治力と強い意志で「朝儀再興」を成し遂げた成果である。天正の元号下で国家の統治権と軍令権は、天皇と関白の一体化によって朝廷に一元化された。関白は、武家階級を御恩による主従的支配権によって統率した。しかし、関白は征夷大将軍と異なり、武家階級の代表ではない。一義的には公家である。しかも御恩は秀吉一代限りであった。豊臣氏が武家階級の海に浮かぶ公家である以上、永続性は担保できなかった。

「天正十年六月政変」を成功させた秀吉と藤孝の手口は、確かにすごいことだが、褒《ほ》めることはできない。権力の形成過程を説明できなければ、その本質に辿り着くことはできないと知るべきである。豊臣政府は、その権力の形成過程の欺瞞《ぎまん》を糊塗《こと》するため戦争を継続する必要に迫られた。「際限なき軍役」による国家権力の行使そのものが希求《ききゅう》された（War must go on）。統一後の「唐入り」は予定されていた。それなくしては、武家社会と対峙《たいじ》しながら存続することはできなかった。正親町帝も非人層出身の秀吉も、その方法しかないことを知っていた。

天皇と関白の一体性を命綱とする豊臣政府は、成立当初から正親町帝と秀吉の寿命に連動していた。豊臣政府には末期しかなかったともいえる。その悲劇的な副作用は、幕藩体制下において、天皇と秀吉の出身層が上下に隔離《かくり》された不条理に見出すことができる。

豊臣政府の国家原理は、異類の武家政権ではなく、異類ではあっても建武政府や明治政府と同じく、王朝国家の一形態である。従って、日本史は、王朝国家・鎌倉幕府・建武政府・室町幕府・豊臣政府・江戸幕府・前東京政府・ＧＨＱ・後東京政府に大区分されることになる。幕府は、東国国家による占領国家体制を意味する。また、アメリカ合衆国を主体とするＧＨＱは、正しく社会的権力であり、東国国家ではあるが、それにはいろいろ異見があるに違いない。

おわりに
家康の戦いとマキャヴェッリの格言

三鬼清一郎氏は、秀吉を祀る豊国神社の再興について「明治維新政府が最初に手がけたのは、神としての秀吉の復権をはかることであった」と述べた。その論拠として、慶応四年＝明治元年（一八六八）閏四月六日に、神祇局および大坂裁判所に宛てた「御沙汰書」を取り上げた。ここで示された豊臣政府の評価は「武臣国家（武家政権）を抑えるに功ある」であった。これは、江戸時代を通じて密かに語り継がれた公家社会の歴史認識であった。

豊臣政府成立の歴史的意義とは、建武政府と明治政府を中継する王政復古の現出を「天正十年六月政変」によって成し遂げたことである。本書は、その過程を「伊賀越え」を通じて見てきたが、結論としては、百五、六年前の「御沙汰書」と同じ歴史認識に回帰することになった。

次に、光秀側の視点から見ると、両目が開くことになる。このような周到な陰謀に対する対処法については、イタリア・ルネッサンス期の政治思想家、ニッコロ・マキャヴェッリ（一四六九～一五二七）が教示している（『政略論』）。家康は知る由もなかったが、この金言に従わざるを得なかった。

ここで陰謀を仕掛けられた君主や共和国に対し、あえて次のような忠告を与えたいと思う。つまり、自分たちに対する陰謀が露見した場合、何が何でも首謀者に仕返しするのではなく、その前に、陰謀の性格を理解するように慎重に努めなくてはならない。さらに、叛徒《はんと》の力と自分たちの勢力とをよく比べて、叛徒の力が強大であるなどれぬものがある場合は、決して陰謀をあばきたててはならない。そして、制圧できるだけの実力がそなわるまで事態を静観しなければならない。さもないと、いたずらに自己の破滅をあおる結果になるからである。

だから、あらゆる努力を重ねても、陰謀に気がついていないふりをしておく必要がある。陰謀が露見しまったことに気づけば、一味は勢いのおもむくまま、がむしゃらに突進してくるであろう。

このマキャヴェッリの金言を現実に遂行することは容易なことではなかった。家康は元和二年（一六一六）四月十七日に臨終を迎えた。その二日前、家康は納戸番《なんどばん》に三池典広《みいけのりひろ》作の佩刀《はいとう》の試し切りを命じた。その際、家康は納戸番を呼び返して、罪人がいなければその必要はないと命じた。家康は秀吉とは違う。

家康はこの刀を二、三度ふり廻し、最後まで戦う気概を見せた。『舜旧記《しゅんきゅうき》』は、「我この剣をもって永く子孫を鎮護《ちんご》すべし」と述べたとする。家康は「太刀を抜いたら必ず殺す」という侍の本分を体現した。この「抜刀必殺《ばっとうひっさつ》」の精神を貫かなければ、家康は武門の本懐《ほんかい》を成し得なかった。武門の本懐とは「天下静謐《てんかせいひつ》」の実現にあった。それもこれも、穴山梅雪以下二百人余りの徳川家臣を犠牲にした「伊賀越え」からの生還がなければ、成し得なかったことであった。

徳川幕府にとって関東は最終防衛ラインであった。それは家康の遺言からも明らかである。家康は元和二年（一六一六）四月四日に「関八州の鎮守にならんと欲す」と述べたが、日本全国とは言っていない（「板倉勝重《いたくらかつしげ》宛金地院崇伝《こんちいんすうでん》書状」『新訂本光国師日記』）。家康は明治維新を予感していたのかもしれない。しかし、江戸幕府を滅ぼしたのは薩長ではなく、水戸であったことは皮肉という他ない。

東国で事実上の王権を創出した源頼朝以降、征夷大将軍が対外戦争を行ったことは一度もなかった。特に「承久《じょうきゅう》の乱」の後、王朝国家は東国国家が支配する占領国家となったが、武家政権の歴史的意義とは、社会的権力が国家的権力を掣《せい》し、その暴走を抑止したことにあったといえるに違いない。両権力の均衡が崩れた時、「際限なき軍役」の恐ろしさを身をもって知ることになるであろう。

主な登場人物と本書での役割

※年齢は天正十年時点での数え年。その後に続く名前は改姓の変遷

徳川家康《とくがわいえやす》（一五四二〜一六一六）　四十一歳　松平元康―松平家康―徳川家康

堺で光秀謀反を聞き、帰国は不可能と判断し武士らしく死ぬため、家臣二百五十余名と共に堺を出て上洛の途についたが、飯盛山で本多忠勝から本国帰還が可能との進言を受け入れ「伊賀越え」を決行。

本多忠勝《ほんだただかつ》（一五四八〜一六一〇）　三十五歳

徳川四天王の一人。明智軍の上陸が想定された橋本湊を偵察に行く。橋本から枚方までの道中で茶屋四郎次郎と合流。明智軍内で問題が生じ、襲撃の遅延を確認。飯盛山へ戻り、三河帰国可能と家康に進言。陣頭指揮を執り、木津川渡河の舟を調達して作戦を成功させた。

穴山梅雪《あなやまばいせつ》（一五四一〜八二）　四十二歳

武田家名門一族。家康に従属したが、両者の関係は三か月。嫡子・勝千代の武田家継承を家康に託し、影武者となり、飯岡へ明智軍を誘導して討死した。家康は勝千代の死後、五男・信吉に継がせるなど厚遇。

酒井《さかい》忠次《ただつぐ》（一五二七～九六）　五十六歳
徳川四天王の筆頭。家康の補佐役。本多忠勝に橋本への偵察を命じた。穴山梅雪に家康の影武者となることを依頼した。嫡子・家次に梅雪の娘を娶らせた。「伊賀越え」の陰の立役者。

高力《こうりき》清長《きよなが》（一五三〇～一六〇八）　五十三歳
家康の小姓、歴戦の武将。通称・仏の清長。「伊賀越え」の際、小荷駄奉行として随行の兵卒を統率。二百名の中下級家臣を率いて囮となる。鉄砲傷を負ったが、九死に一生を得た。

茶屋《ちゃや》四郎次郎《しろうじろう》清延《きよのぶ》（一五四五～九六）　三十八歳
京都の豪商で徳川家政商。本能寺の大旦那であり、逸速く情報を入手できた。京都から堺の家康主従のもとに駆けつける。途中で本多忠勝と遭遇し、二人は本国帰還を訴える。

長谷川《はせがわ》秀一《ひでかず》（生没年詳細不明）
安土三奉行の一人。家康の接待役として奔走する。「伊賀越え」による本国帰還を提案した。

松平《まつだいら》家忠《いえただ》（一五五五～一六〇〇）　二十八歳
三河国深溝城主。『家忠日記』を記す。安土参勤・上洛時には留守居役の一人。

織田信澄《おだのぶずみ》（不詳～一五八二）
近江国大溝城主。家督争いで信長に殺害された信長の弟・信勝の子。四国遠征軍の大将の一人。室は光秀の娘。当初「明智光秀の乱」ではなく「明智・織田信澄の乱」として全国にフェイクニュースが流れる。

正親町帝《おおぎまちてい》（一五一七～九三）　**六十六歳**
王朝衰微とキリシタン布教許可に怒り、室町幕府を廃し、天皇と関白が一体化した「王政復古」を目論む。将軍・足利義昭が都落ちした後、信長を関白にしようと試みたが、信長が応じないため、信長更迭を決意。その方法は藤孝と秀吉に一任した。

長岡グループ関係

長岡《ながおか》（細川《ほそかわ》）**藤孝《ふじたか》**（一五三四～一六一〇）　**四十九歳**　三淵熊千代―細川藤孝―長岡藤孝―幽斎
室町幕府最高幹部の一人。親信長派の光秀と共に、将軍・足利義昭と対立。天正元年（一五七三）に細川から長岡に改姓。光秀周辺の内情に精通。秀吉と共謀。当初、家康襲撃を担当するが、光秀が信長・信忠親子を殺害すると、同時にはしごを外した。

津田宗及《つだそうぎゅう》（不詳〜一五九一）
堺の豪商・天王寺屋当主で茶人。藤孝の代理人。突如、千利休（宗易）の代わりに家康歓待の茶会の亭主を引き受けて接近した。光秀や大和国主・筒井順慶とも親密な関係。両者の情報を家康に伝え、道案内を派遣。善意ではないが、「伊賀越え」の陰の立役者。

里村紹巴《さとむらじょうは》（一五二五〜一六〇二）　**五十八歳**
著名な連歌師。藤孝の代理人。藤孝の指示を受けて「明智光秀の乱」前後に暗躍する。

吉田兼見《よしだかねみ》（一五三五〜一六一〇）　**四十八歳**　**吉田兼和—吉田兼見**
吉田神社の神主で公家。『兼見卿記』を記す。藤孝とは親戚関係。天正十年一月から六月十二日までの日記を「新本」に書き換えたが、「別本」（原本）を廃棄せず、二冊とも残す。積極的ではないが、藤孝に協力。

羽柴グループ関係

羽柴秀吉《はしばひでよし》（一五三七〜一五九八）　**四十六歳　木下秀吉—羽柴秀吉—豊臣秀吉**

若年より信長に仕え、織田政権と信長の内情に精通。信長の存命中に主人を天皇に鞍替えをして暗躍した。長岡藤孝・小早川隆景と共謀。家老・杉原家次を堺に派遣。光秀の謀反を誘発して信長の天下と織田家簒奪を企む。

前田玄以《まえだげんい》（一五三九〜一六〇二）　**四十四歳　前田玄以**（半夢斎）**—徳善院**

織田信忠の側近。秀吉の代理人。信長と嫡子信忠の仲を裂くなど暗躍。豊臣政府の京都所司代となる。

杉原家次《すぎはらいえつぐ》（不詳〜一五八四）

織田信忠の名代として堺での家康の饗応に参加した秀吉の家老。家康の「西国出陣」の打ち合わせを兼ねていた。光秀の謀反後、備中の秀吉の陣に戻り急報。また、毛利氏との講和交渉を担当した。秀吉と藤孝の共謀には加担していない。

筒井順慶《つついじゅんけい》（一五四九〜八四）　三十四歳　筒井藤勝―藤政―順慶
大和の国主。津田宗及との関係が深い。他の大和有力国人は光秀に味方したが、光秀と大和の国人たちを裏切り、家康の「大和越え」を計画する。家康が「伊賀越え」を決断すると、重臣・十市氏の家老吉川親子を草内へ向かわせた。

小早川隆景《こばやかわたかかげ》（一五三三〜一五九七）　五十歳
毛利両川として兄・吉川元春と共に毛利家を支えた。信長生害後、秀吉と単独講和に応じ、西上を助ける。豊臣政府の中核を担った。

吉川主馬《よしかわしゅめ》**・次大夫**《じたゆう》**親子**（子孫は紀州藩士）
筒井順慶から家康救援の命を受けた十市新二郎の家老。大和で待機するが、家康主従が「伊賀越え」を選択したとの報があり、草内・飯岡へ急行。明智軍襲撃部隊大将の一人、石原源太を戦死させた。

各々の驀進ルート

家康主従のルート

浜松城→岡崎《5月11日着・12日出発》→番場《14日着・15日出発》→安土《15日着・21日出発》→京都《21日着・27日発》→大坂《28日着・29日出発》→堺《29日着・6月2日朝出発》→（東高野街道を通って）平野→阿部→四条畷→飯盛山《2日昼》→（山根街道を通って）穂谷→尊延寺→草内の渡し→山口城→信楽《3日着・4日出発》・小川城→長太湊《乗船》→大浜《下船》→三河国岡崎《4日着》

穴山梅雪のルート

堺→（東高野街道を通って）平野→阿部→四条畷→飯盛山→（山根街道を通って）穂谷→尊延寺→藪の渡し方面へ向かう→飯岡

本多忠勝のルート

堺→（東高野街道を通って）橋本（男山）→枚方→飯盛山→草内直行

各々の驀進ルート
◆

茶屋四郎次郎のルート

京都↓鳥羽↓横大路村↓石清水八幡宮西岸に上陸か？↓（東高野街道を通って）枚方↓飯盛山↓以降、家康主従に帯同

明智軍のルート

山崎・西岡方面から西国街道を通り桂川を下って、河内・堺方面への近道である橋本湊に上陸↓飯岡↓近江・光秀本陣

吉川親子のルート

長尾（現・奈良県葛飾市）・東八幡社↓飯岡

主要参考文献

編集書・論文（筆者別〔刊行順〕・五十音順）

青柳勝「織田政権における堺衆―津田宗及の従属をめぐって」（『國學院大學大學院紀要　文学研究科』17、國學院大學大学院、一九八五年）。

秋山敬『甲斐武田氏と国人―戦国大名成立過程の研究―』（高志出版、二〇〇三年）。

朝尾直弘『天下一統』（『大系日本の歴史』8、小学館、一九八八年）。『将軍権力の創出』（岩波書店、一九九四年）。

跡部信『豊臣政権の権力構造と天皇』（戎光祥出版、二〇一六年）。

天野忠幸編『松永久秀』（宮帯出版社、二〇一七年）。

網田樹夫「足利氏の奉行人進士氏」（『氷見春秋』六、氷見春秋社　一九八二年）。

網野善彦『異形の王権』（平凡社、一九八六年）。

粟野俊之『織豊政権と東国大名』（吉川弘文館、二〇〇一年）。

池享『戦国・織豊期の武家と天皇』（校倉書房、二〇〇三年）。

石井進『日本の中世1　中世のかたち』（中央公論社、二〇〇二年）。

石毛忠「思想史上の秀吉」（『豊臣秀吉のすべて』、新人物往来社、一九八一年）。

伊藤聡『神道の忠誠―伊勢神宮・吉田神道・中世日本紀』（中央公論新社、二〇二〇年）。

伊藤真昭『京都の寺社と豊臣政権』（法藏館、二〇〇三年）。

伊藤喜良『南北朝動乱と王権』（東京堂出版、一九九七年）。『後醍醐天皇と建武政権』（新日本出版社、一九九九年）。

今谷明『言継卿記―公家社会と町衆文化の接点』（そしえて、一九八〇年）。『天文法華の乱』（平凡社、一九八九年）。『信長と天皇―中世的権威に挑む覇王』（講談社、一九九二年）。『戦国大名と天皇』（福武書店、一九九二年）。『武家と天皇―王権をめぐる相剋―』（岩波書店、一九九三年）。「家康の伊賀越えについて」（『真説 本能寺の変』、集英社、二〇〇二年）。

岩澤愿彦「本能寺の変拾遺」（『歴史地理』91－4、第一書房、一九六八年）。「『三職推任』覚書」（『織豊期研究』4、織豊期研究会、二〇〇二年）。

岡田荘司『兼見卿記』（『日本史「古記録」総覧』、新人往来社、一九八九年）。

荻野三七彦「禁中並公家諸法度と日乗―怪僧日乗研究の一節―」（『日本歴史』522、日本歴史学会、吉川弘文館、一九九一年）。

上島有『京近郊荘園村落の研究』（塙書房、一九九七年）。

臼井信義『足利義満』（吉川弘文館、一九六〇年）。

江後廸子『信長のおもてなし』（吉川弘文館、二〇〇七年）。

遠藤珠紀「消えた前田玄以」（『偽りの秀吉像を打ち壊す』、柏書房、二〇一三年）。「朝廷官位を利用しなかった信長、利用した秀吉」（『戦国時代の天皇と公家衆たち』、洋泉社、二〇一五年）。「徳川家康の左京大夫はいつ」（『古文書研究』95、日本古文書学会、二〇二三年）。

岡野友彦『北畠親房』（ミネルヴァ書房、二〇〇九年）。『源氏長者』（吉川弘文館、二〇一八年）。

奥田勲「紹巴年譜稿」一～三（『宇都宮大学学芸学研究論集』第一部、宇都宮大学学芸学部、一九六三年～

六九年）。『日本人の行動と思想　四十一　連歌師』（評論社、一九七六年）。

尾崎さき子「畿内小領主の成立」（宝月圭吾先生還暦記念会編『日本社会経済史研究』中世編、吉川弘文館、一九六七年）。

小和田哲男『北条早雲とその子孫』（聖文社、一九九〇年）。「家伝史料『武功夜話』の研究」（『日本歴史』７２３、日本歴史学会、吉川弘文館、二〇〇八年）。『明智光秀・秀満』（ミネルヴァ書房、二〇一九年）。

笠谷和比古『徳川家康』（ミネルヴァ書房、二〇一六年）。

片山正彦「山崎片家と本能寺の変」（『十六世紀史論叢』10、十六世紀史研究学会、二〇一八年）。「筒井順慶の日和見」と大和国衆」（『地方史研究』３９２、地方史研究協議会、二〇一八年）。

河合正治『安国寺恵瓊』（吉川弘文館、一九五九年）。

河内将芳『日蓮宗と戦国京都』（淡交社、二〇一五年）。『信長と京都』（淡交社、二〇一八年）。

木下聡『中世武家官位の研究』（吉川弘文館、二〇一一年）。『室町幕府の外様衆と奉公衆』（同成社、二〇一八年）。

木下昌規『戦国期足利将軍家の権力構造』（岩田書院、二〇一四年）。『足利義輝』（「室町幕府の研究」４戎光祥出版、二〇一八年）。

久野雅司「織田政権の京都支配—村井貞勝の職掌の検討を通じて—」（『白山史学』33、白山史学会、一九九七年）。「足利義昭政権と織田政権—京都支配の検討を中心として」（『歴史評論』６４０、歴史科学協議会、二〇〇三年）。

久保文武「家康の伊賀越危難考」（『伊賀史叢考』、同朋舎、一九八六年）。

黒嶋敏「山伏と将軍と戦国大名—末期室町幕府の素描—」（『中世史研究』29、日本大学文理学部史学科中世史研究会、二〇〇四年）。「「光源院殿御代当参衆并足軽以下衆覚」を読む　足利義昭の政権構想」（『東京大学史料編纂所研究紀要』14、東京大学史料編纂所、二〇〇四年）。

黒田基樹『家康の正妻築山殿』（平凡社、二〇二二年）。『戦国期領域権力と地域社会』（岩田書院、二〇〇九年）。

小久保嘉紀「室町幕府・織田政権における細川藤孝の地位─書札礼を中心に─」（『織豊期研究』19、織豊期研究会、二〇一七年）。

小島道裕『信長とは何か』（講談社、二〇〇六年）。

小高敏郎『ある連歌師の生涯─里村紹巴の知られざる生活─』（至文堂、一九六七年）。

小竹文生「豊臣政権と筒井氏」（『地方史研究』279、地方史研究協議会、一九九九年）。

小林正信『正親町帝時代史論─天正十年六月政変の歴史的意義─』（岩田書院、二〇一二年）。『大戦略　桶狭間の戦いと想定外の創出』（里文出版、二〇一三年）。『増補改訂　明智光秀の乱』（里文出版、二〇一九年）。

小山雅人「珠光茶碗の虚実─同安窯系青磁茶碗の系譜」（『京都府埋蔵文化財論集　第6集─創立三十周年記念誌─』、京都府埋蔵文化財調査研究センター、二〇一一年）。

五味文彦『平清盛』（吉川弘文館、一九九九年）。

斎藤慎一『戦国時代の終焉─「北条氏の夢」と秀吉の天下統一─』（中央公論新社、二〇〇五年）。

櫻井芳昭『ものと人間の文化史　輿』（法政大学出版、二〇一一年）。

佐々木潤之助「序説　幕藩制国家論」（『大系日本国家史』3「近世」、東京大学出版会、一九七五年）。

佐藤進一『南北朝の動乱』（『日本の歴史』9、中央公論社、一九七一年）。

佐藤豊三「将軍家御成」（『徳川将軍家の御成』、徳川美術館、二〇一二年）。

佐藤博信『古河公方足利氏の研究』（校倉書房、一九八九年）。

清水康二「本能寺の変と将棋　吉田兼見と村井貞勝の対局を通じて」（『大阪商科大学アミューズメント産業研究所紀要』20、大阪商業大学アミューズメント産業研究所、二〇一八年）。

下村效『日本中世の法と経済』（続群書類従完成会、一九九八年）。

白峰旬「[関原首帳（福嶋家）]について」（『史学論叢』46、別府大学史学研究会、二〇一六年）。

末柄豊『戦国時代の天皇』（山川出版、二〇一八年）。

杉山博「早雲の出自再考」（『歴史と人物』116、中央公論社、一九八二年）。

鈴木将典「織田・豊臣大名細川氏の丹後支配」（『織豊期研究』16、織豊期研究会、二〇一四年）。

スティーブ・コーエン『マジシャンだけが知っている最強の心理戦略』（宮原育子訳、ディスカヴァー・トゥエンティワン、二〇一五年）。

首藤善樹『修験道聖護院辞典』（岩田書院、二〇一四年）。

首藤義之『本能寺の変と武田松姫』（せせらぎ出版、二〇〇三年）。

瀬川秀雄『吉川元春』（マツノ書店、一九八五年）。

染谷光廣『秀吉の手紙を読む』（吉川弘文館、二〇一三年）。

高梨真行「永禄政変後の室町幕府政所と摂津晴門・伊勢貞興の動向—東京国立博物館所蔵〈古文書〉所収三淵藤英書状を題材にして—」（『MUSEUM』592、東京国立博物館、二〇〇四年）。

高埜利彦『江戸幕府と朝廷』（山川出版、二〇〇一年）。

高橋富雄『征夷大将軍』（中央公論社、一九八七年）。『将軍』（近藤出版社、一九九〇年）。

武田忠利「歴史用語と歴史教育」（『日本中世史研究辞典』、東京堂出版、一九九五年）。

竹本千鶴『織豊期の茶会と政治』（思文閣出版、二〇〇六年）、『松井友閑』（吉川弘文館、二〇一八年）。

立花京子『信長権力と朝廷　第二版』（岩田書院、二〇〇二年）。

田辺久子『関東公方足利氏四代―基氏・氏満・満兼・持氏』（吉川弘文館、二〇〇二年）。

谷口克広『織田信長家臣人名辞典』（吉川弘文館、一九九八年）。

田端泰子「本能寺の変直後までの吉田兼和の生き方と交友関係―特に明智光秀、細川藤孝とのつながりを軸に」（『京都橘大学研究紀要』42、京都橘大学、二〇一六年）。

辻達也『天皇と将軍』（『日本の近世』2、中央公論社、一九九一年）。『江戸幕府政治史研究』（続群書類従完成会、一九九六年）。

永原慶二『源頼朝』（岩波書店、一九五八年）。

中野等『秀吉の軍令と大陸侵攻』（吉川弘文館、一九九六年）。『豊臣政権の対外侵略と太閤検地』（校倉書房、二〇〇六年）。『太閤検地－秀吉の目指した国のかたち』（中央公論新社、二〇一九年）。

二木謙一『中世武家儀礼の研究』（吉川弘文館、一九八五年）。

西島太郎『戦国室町幕府と在地領主』（八木書店、二〇〇六年）。「室町幕府奉公方と将軍家」（『日本史研究』583、日本史研究会、二〇一一年）。

萩原大輔『異聞　本能寺の変』（八木書店、二〇二二年）。

橋本正宣『近世公家社会の研究』（吉川弘文館、二〇〇二年）。

服部英雄『河原ノ者・非人・秀吉』（山川出版、二〇一二年）。「ほらの達人 秀吉・「中国大返し」考」（九州大学リポジトリ、二〇一五年）。

馬部隆弘『由緒・偽文書と地域社会―北河内を中心に―』（勉誠出版、二〇一九年）。

浜口誠至「戦国期の大名邸御成と在京大名」（『戦国織豊期の西国社会』、日本史史料研究会、二〇一二年）。

早島大祐「「戒和上昔今様」と織田政権の寺社訴訟制度」(『史窓』74、京都女子大学史学会、二〇一七年)。

平山優『穴山武田氏』(戎光祥出版、二〇一一年)。『天正壬午の乱　増補改訂版　本能寺の変と東国戦史』(戎光祥出版、二〇一五年)。『武田氏滅亡』(KADOKAWA、二〇一七年)。

広吉寿彦「本能寺の変と徳川家康―いわゆる「伊賀越え」についての異説―」(『大和文化論叢』奈良地理学会、一九六七年)。

深谷克己『近世の国家・社会と天皇』(校倉書房、一九九一年)。

福田千鶴『春日局　今日は火宅を遁れぬるかな』(ミネルヴァ書房、二〇一七年)。『江の生涯―徳川将軍家御台所の役割』(中央公論新社、二〇一〇年)。『高台院』(吉川弘文館、二〇二四年)。

福田豊彦『室町幕府と国人一揆』(吉川弘文館、一九九五年)。

藤井譲治『天皇の歴史』5「天皇と天下人」(講談社、二〇一一年)。「徳川家康の叙位任官」(『史林』101―4、二〇一八年)。『徳川家康』(吉川弘文館、二〇二〇年)。編著『織豊期主要人物居所集成』第二版(思文閣出版、二〇一五年)。

藤井学『本能寺と信長』(思文閣出版、二〇〇三年)。

藤田恒春『豊臣秀次』(吉川弘文館、二〇一五年)。

藤田達生『本能寺の変の群像　中世と近世の相剋』(雄山閣出版、二〇〇一年)。

藤本正行「戦国武装用語解」(『中世東国史の研究』、東京大学出版会、一九八八年)。

本多隆成『定本徳川家康』(吉川弘文館、二〇一〇年)。『徳川家康と武田氏』(吉川弘文館、二〇一九年)。「松平信康事件について」(『静岡県地域史研究』7、静岡県地域史研究会、二〇一七年)。『徳川家康の決断』(中央公論新社、二〇二二年)。

マキャヴェィリ『政略論』(責任編集・会田雄次『世界の名著』21、中央公論社、一九七九年)。

松尾良隆「天正八年の大和指出と一国破城について」(『ヒストリア』99、大阪歴史学会、一九八三年)。

三鬼清一郎「水戸藩家臣団の形成過程」(『名古屋大学文学部研究論集　史学篇』25、一九七八年)。『鉄砲とその時代』(教育社、一九八一年)。「『武功夜話』の成立時期をめぐって」(『織豊期研究』2、織豊期研究会、二〇〇〇年)。『織豊期の国家と秩序』『豊臣政権の法と朝鮮出兵』(いずれも、青史出版、二〇一二年)。

水野智之『室町時代公武関係の研究』(吉川弘文館、二〇〇五年)。

水林彪「武家官位制」(『講座 前近代の天皇』3「天皇と社会集団」、青木書店、一九九三年)。

宮崎英修『不受不施派の源流と展開』(平楽寺書店、一九六九年)。『日蓮辞典』(東京堂出版、一九七八年)。

宮沢誠一「幕藩制的武家官位の成立」(『史観』101、早稲田大学史学会、一九七九年)。「幕藩制期の天皇のイデオロギー的基盤―擬制的氏族制の問題を中心に」(北島正元 編『幕藩制国家成立過程の研究―寛永期を中心に』、吉川弘文館、一九七八年)

村井早苗「キリシタン禁制をめぐる天皇と統一権力―統一政権成立過程における―」(『史苑』40―2、立教大学史学会、一九八〇年)。「キリシタンの『天皇観』」(『講座 前近代の天皇』5、「世界史のなかの天皇」青木書店、一九九五年)。

森茂暁『後醍醐天皇―南北朝動乱を彩った覇王―』(中央公論新社、二〇〇〇年)。

村田正志「楠文書の研究」(『國學院雑誌』62-9、國學院大學、一九六一年)。

森茂暁『後醍醐天皇―南北朝動乱を彩った覇王―』(中央公論新社、二〇〇〇年)。

盛本昌広『松平家忠日記』(角川書店、一九九九年)。『本能寺の変　史実の検証』(東京堂出版、二〇一六年)。

両角倉一『連歌師紹巴―伝記と発句―』(新典社、二〇〇二年)。

山内譲『中世の港と海賊』(法政大学出版、二〇一一年)。

山口和夫『近世日本政治と朝廷』(吉川弘文館、二〇一七年)。

山口啓二『鎖国と開国』(岩波書店、一九九三年)。

山田康弘「細川幽斎の養父について」(『日本歴史』730、日本歴史学会、吉川弘文館、二〇〇九年)。

山本浩樹「織豊期における濃尾国境地域」(『織豊期研究』10、織豊期研究会、二〇〇八年)。「織田・毛利戦争の地域的展開と政治動向」(『西国の権力と動乱』清文堂出版、二〇一〇年)。

横山住雄『武田信玄と快川和尚』(戎光祥出版、二〇一一年)。

吉田昌彦『幕末における「王」と「覇者」』(ぺりかん社、一九九七年)。

米原正義『天下一名人　千利休』(淡交社、一九九三年)。

脇田修『織田政権の基礎構造―織豊政権の分析I』(東京大学出版会、一九七七年)。

和田裕弘「『本城宗右衛門覚書』について」(『真説本能寺の変』、集英社、二〇〇二年)。『織田信忠―天下人の嫡男』(中央公論新社、二〇一九年)。『天正伊賀の乱』(中央公論新社、二〇二一年)。

渡辺世佑『室町時代史』(早稲田大学出版部、一九〇七年)。

自治体史・図録・史料　(順不同)

『愛知県史』資料編11「織豊1」(愛知県、二〇〇三年)。

『新編 安城市史』1通史編「原始・古代・中世」(安城市、二〇〇七年)。

『新修 大津市史』3「近世前期」(大津市、一九八〇年)。

『新編 岡崎市史』2「中世」(新編岡崎市史編さん委員会、一九八九年)。

『岐阜県史』史料編「古代・中世4」(岐阜県、一九七三年)。

『群馬県史』資料編12「近世4」(群馬県、一九九二年)。

『奈良県の歴史』(山川出版、二〇〇三年)。

『奈良県史』11「大和武士」(名著出版、一九九三年)。

『山口県史』史料編「中世3」(山口県、二〇〇四年)。

真宗史料刊行会 編『宇野主水記(鷺森日記)』(『大系真宗史料』文書記録編14「東西文脈」、法藏館、二〇一六年)。

堀内信 編『南紀徳川史』第七巻(名著出版、一九七一年)。

『宗及茶湯日記[天王寺屋会記]他会記』(筒井紘一・熊倉功夫・谷晃・谷端昭夫 監修/山田哲也 編『茶書古典集成』3、淡交社、二〇二一年)。

『宗及茶湯日記[天王寺屋会記]自会記』(筒井紘一・熊倉功夫・谷晃・谷端昭夫 監修/山田哲也 編『茶書古典集成』4、淡交社、二〇二三年)。

「三四　津田宗及書状扣(折紙・反古)」(永島福太郎 編『影印本　天王寺屋会記』5「紙背文書」、淡交社、一九八九年)。

竹内理三 編『家忠日記』全2巻(『続史料大成』19〜20　臨川書店、一九六八〜六九年)。

『晴豊卿記』(「日々記」含む)(立花京子『信長権力と朝廷』第二版、岩田書院、二〇〇二年)

奥野高廣・岩澤愿彦 校註『信長公記』(角川書店、一九六九年)。

斎木一馬・染谷光広 校訂『兼見卿記』(続群書類従完成会、一九七一年)。

斎木一馬・染谷光広 校訂/金子拓・遠藤珠紀 新訂増補版校訂『新訂増補　兼見卿記』全6巻(『史料纂集

古記録編』、八木書店、二〇一四年～一七年）。
東京大学史料編纂所 編『言経卿記』全14巻（『大日本古記録』、岩波書店、一九九二年）。
熊倉功夫 校注『山上宗二記 付 茶話指月集』（岩波書店、二〇〇六年）。
黒板勝美・国史大系編修会 編『後鑑』4（『新訂増補 國史大系』37、吉川弘文館、一九九八年）。
黒板勝美・国史大系編修会 編『公卿補任』3（『新訂増補 國史大系』55、吉川弘文館、一九六五年）。
『天正十年安土御献立』（『続群書類従』23下「武家部」、続群書類従完成会、一九五九年）。
『寛政重修諸家譜』全26巻（続群書類従完成会、一九八〇年）。
『新訂 本光国師日記』全7巻（続群書類従完成会、一九六六年）。
松岡久人 編『広島大学所蔵猪熊文書』（福武書店、一九八二年）。
山口県文書館 編『萩藩閥閲録』全5巻（山口文書館、一九六七～七一年、一九八九年）。
渡辺静子・西沢正史 編／高橋良雄・白井忠功 監修『中世日記紀行文学全評釈集成』7（勉誠出版、二〇〇四年）。
奥野高廣 編『増訂 織田信長文書の研究』全3巻（吉川弘文館、一九八八年）。
中村孝也『新訂 徳川家康文書の研究』全5巻（日本学術振興会、一九八〇年）。
戸田茂睡 著・塚本学 校訂『御当代記 将軍綱吉の時代』（平凡社、一九九八年）。
浅利尚民・内地英樹 編『石谷家文書・将軍側近のみた戦国乱世』（吉川弘文館、二〇一五年）。
名古屋市博物館 編『豊臣秀吉文書集』全7巻（吉川弘文館、二〇一五～二一年）。
桑田忠親 校訂『太閤史料集』（新人物往来社、一九六五年）。
島津忠夫 校注『連歌集』（新潮社、一九七九年）。

齋藤一馬・岡山泰四・相良亨『三河物語・葉隠』(『日本思想大系』26、岩波書店、一九七四年)。

高橋隆三・斎木一馬・小坂浅吉 校訂『言継卿記』1〜6(続群書類従完成会、一九六五〜六六年)。

『玉葉』全3巻(名著刊行会、一九七一年)。

辻善之助 編『多聞院日記』全6巻(角川書店、一九六七年)

檜谷昭彦・江本裕 校註『太閤記』(『新日本古典文学大系』60、岩波書店、一九九六年)。

『川角太閤記』(近藤瓶城 編『改定史籍集覧』19「新加書通記類」、近藤活版所、一九〇一年)。

『永禄六年諸役人附』(『群書類従』29「雑部」、続群書類従完成会、一九五九年)。

山鹿素行『新編武家事紀』(新人物往来社、一九六九年)。

『お湯殿の上の日記』全11巻(『続群書類従』補遺3、続群書類従完成会、一九五七年)。

東京大学史料編纂所 編『大日本史料』10〜11(東京大学出版会)。

東京大学史料編纂所 編『大日本古文書　家わけ文書八　毛利家文書』全4巻(東京大学出版会、一九二〇〜二四年)。

東京大学史料編纂所『大日本古文書　家わけ文書九　吉川家文書』全3巻(東京大学出版会、一九二四〜二五年)。

東京大学史料編纂所『大日本古文書　家わけ文書二十一　蜷川家文書』全6巻(東京大学出版会、一九八一年)。成島司直 編『徳川実紀』全10巻(『新訂増補国史大系』38〜47 吉川弘文館、二〇〇七年)。

宮内庁書陵部 編『圖書寮叢刊　看聞日記』6(明治書院、二〇一二年)。

新井浩文・伊藤一美・井上聡 校訂『安保文書』(八木書店、二〇二一年)。

『禁裏・公家文庫研究』1〜9(思文閣出版、二〇〇三年〜二三)。

「天正記」「太閤さま軍記のうち」「川角太閤記」（桑田忠親 校注『太閤史料集』、人物往来社、一九六五年）。

フロイス『日本史』全12巻（松田毅一・川崎桃太 訳、中央公論社、一九九一年）。

土田将雄『綿考輯録』（汲古書院、一九九八年）。

信長資料集編集委員会『図録信長』（岐阜市歴史博物館、二〇一二年）。

たつの市立龍野歴史文化資料館『別冊　秀吉文書集成』（たつの市立龍野歴史文化資料館、二〇一六年）。

たつの市立龍野歴史文化資料館『秀吉からのたより―よみがえる龍野神社の宝物―』（たつの市立龍野歴史文化資料館、二〇一六年）。

熊本県立美術館『重要文化財指定記念　細川コレクション　信長からの手紙』（熊本県立美術館、二〇一六年）。

滋賀県立安土城考古博物館『是非に及ばず　本能寺の変を考える』（滋賀県立安土城考古博物館、二〇〇一年）。

松江市立松江歴史館『［特別展］本能寺の変―再考　何が明智光秀を決起させたか―』（松江市立松江歴史館、二〇一八年）。

富山市郷土博物館『特別展　戦国の強者　津田遠江守重久』（富山市郷土博物館、二〇一五年）。

上松寅三 編纂校訂『宇野主水記（鳥森日記）』（『石山本願寺日記』下［復刻版］、清文堂出版、一九六六年）。

真宗史料刊行会 編『大系真宗史料　文書記録編14　東西分派』（法藏館、二〇一六年）。

三宅家史料刊行会 編『明智一族　三宅家の史料』（清文堂出版、二〇一五年）。

藤田達生・福島克彦 編『明智光秀　史料で読む戦国史』（八木書店、二〇一五年）。

千宗左・千宗室・千宗守 監修『利休大事典』（淡交社、一九八九年）。

巨椋池土地改良区『巨椋池干拓誌』（巨椋池土地改良区、一九六二年）。

あとがき

博士論文の審査会で主査を務めていただいた中野等九州大学大学院教授が、二〇二四年度をもって定年退官を迎えられる。その昔、中野先生について、当時、織豊期研究会会長であった三鬼清一郎先生から「新進気鋭の研究者」と聞いていただけに、隔世の感がある。これまでに中野先生は多大な業績をあげられており、第一人者の地位を確立された。その中野先生と初めて九州大学の六本松の旧校舎でお会いしたのは、平成十九年（二〇〇七）八月九日である。その日は博士論文の審査会の当日であった。もちろん副査をしていただいた服部英雄・吉田昌彦・高野信治同大学院各教授とも面識はなかった。当時、一般社会人であった私には、シュールな経験ではあった。

ともかく、私が九州大学大学院比較社会文化学府に通ったのは、新装オープンした元岡（伊都）の校舎で行われた平成二十三年六月二十九日の二回目の審査会、そして同年九月二十六日の学位授与式の三回である。それはともかく、博士論文の審査会は、歴史学界においても貴重な場になった。というのも、学界を代表する研究者五人が集結し、博士論文の審査という公的な場でいわゆる「本能寺の変」をテーマに議論したことは、この二回しかないからである。

私が九州大学に振り込んだ博士論文の費用は六万円ほどなので、三鬼先生の横浜からの交通費だけで消える。私は二日にわたって五人の教授の午後の貴重な時間を奪ったことになる。しかも、博士論文の審査にあたっては、論考の熟読を余儀なくされた。どちらかといえば、落としたいはずなので矛盾点をチェックする時間もさかなければならなかったに違いない。究極の査読であった。しかも、私の最終学位は学士なので三段跳びになる。そんなことを何度もやっては、大学経営が成り立たなくなる。

なぜそこまでしなければならないかというと、特に本書の最初に記したあの長い一節「天正十年五月十二日　三河国岡崎出発　家康上洛と信長の政権構想」の内容が「国家原理」の問題に関わるだけに看過《かんか》できなかったからではないのか、と思う。この論考は平成十三年六月に三鬼先生に原案を初めてお見せして以来、二回の論文審査を経て本書でも進化している。この問題の要旨を読んでもらうことは大変で、本書執筆においても大きな壁になった。それを救ってくれたのは、淡交社の河村尚子さんであった。さらに、彼女は男山まで行ってくれ、本多忠勝が見たであろう地点から写真まで撮っていただいた。

それにしても、私がすでにその地位を確立していた三鬼先生や将来を約束されていた中野先生のような立場であったならば、学界の秩序を乱してまで私のようなノンキャリアの人物を博士にはしなかった。余計な労力やいらぬ気遣いもさることながら、陰では非難囂々《ひなんごうごう》であったに違いない。しかしながら、両先生の学問に対する真摯な姿勢は、将来、一流の研究者たちからは崇敬されると信じている。

さて、二回の審査を経て私の業績は九州大学に帰属することになった。本書は、中野先生から「九州大学の本分は、実証だ」と口を酸っぱくして言われ続けた成果である。いずれにしても、三鬼先生を加えた五人の教授陣に論文を審査していただいた以上の名誉は、生涯ないと考える。改めて九州大学には謹んで御礼を申し上げたい。そして、徳川賞を受賞されただけでなく、優れた伝記を数多くご執筆し、女性史の大家となられた福田千鶴先生は、幸い大学に残れており、今後、九州大学の歴史学を主導されることは心強い限りである。また、博士論文提出の際に、御世話になった九州大学事務・長浜圭一氏に再度御礼を申し述べたい。

最後に、本著の上梓において、帯に推薦文をいただいた知性派俳優の井浦新氏と、願ってもない方を紹介してくれた妹・川瀬真理に感謝を申し上げたい。本書が映画化されて井浦さんに高力清長役などで出演していただければ、最高である。また、応援をし続けてくれる読者の山田秀和さんと高橋淳一さんにもこの場を借りて御礼を申し上げる。

小林正信

令和六年三月二十三日

小林正信（こばやし　まさのぶ）

昭和37年（1962）、愛知県春日井市生まれ。歴史研究家。平成13年（2001）より織豊期研究会に参加。三鬼清一郎名古屋大学名誉教授に師事。同23年、修士・博士課程を免除されて九州大学比較社会文化学府において論文博士号（比較社会文化）を取得。著書に『織田・徳川同盟と王権—明智光秀の乱をめぐって—』『正親町帝時代史論—天正十年六月政変の歴史的意義—（中世史研究叢書22）』（いずれも岩田書院）、『信長の大戦略　桶狭間の戦いと想定外の創出』『明智光秀の乱　天正十年六月政変　織田政権の成立と崩壊』『新装改訂増補版　明智光秀の乱　天正十年六月政変　織田政権の成立と崩壊』（いずれも里文出版）がある。

http://www.akechi-coup.com／

ブックデザイン：尾崎閑也（鷺草デザイン事務所）

地図製作：石田尊司

カバー・本文イラスト：奈路道程

伊《い》賀《が》越《ご》え
光秀《みつひで》はなぜ家康《いえやす》を討《う》ち漏《も》らしたのか

令和6年5月9日　初版発行

著　者　小林正信

発行者　伊住公一朗

発行所　株式会社 淡交社

本社　〒603-8588 京都市北区堀川通鞍馬口上ル
営業　TEL 075-432-5156
編集　TEL 075-432-5161

支社　〒162-0061 東京都新宿区市谷柳町39-1
営業　TEL 03-5269-7941
編集　TEL 03-5269-1691

www.tankosha.co.jp

印刷・製本　亜細亜印刷 株式会社

ISBN978-4-473-04588-1